新时代智库出版的领跑者

国家智库报告 2023（35）
National Think Tank
经济

中国海外投资国家风险评级报告
（2023）

中国社会科学院国家全球战略智库国家风险评级项目组　著
中国社会科学院世界经济与政治研究所国际投资研究室

REPORT OF COUNTRY-RISK RATING OF OVERSEAS
INVESTMENT FROM CHINA (CROIC-IWEP) (2023)

中国社会科学出版社

图书在版编目(CIP)数据

中国海外投资国家风险评级报告.2023／中国社会科学院国家全球战略智库国家风险评级项目组，中国社会科学院世界经济与政治研究所国际投资研究室著.—北京：中国社会科学出版社，2023.9

（国家智库报告）

ISBN 978-7-5227-2721-9

Ⅰ.①中… Ⅱ.①中…②中… Ⅲ.①海外投资—风险评价—研究报告—中国—2023 Ⅳ.①F832.6

中国国家版本馆 CIP 数据核字（2023）第 196992 号

出 版 人	赵剑英
责任编辑	黄 丹 范娟荣
责任校对	王 龙
责任印制	李寡寡

出　　版	中国社会科学出版社
社　　址	北京鼓楼西大街甲 158 号
邮　　编	100720
网　　址	http://www.csspw.cn
发 行 部	010-84083685
门 市 部	010-84029450
经　　销	新华书店及其他书店
印刷装订	北京君升印刷有限公司
版　　次	2023 年 9 月第 1 版
印　　次	2023 年 9 月第 1 次印刷
开　　本	787×1092　1/16
印　　张	17
插　　页	2
字　　数	221 千字
定　　价	99.00 元

凡购买中国社会科学出版社图书，如有质量问题请与本社营销中心联系调换
电话：010-84083683
版权所有　侵权必究

项目组负责人

高凌云　中国社会科学院世界经济与政治研究所国际投资研究室主任、副研究员，中国社会科学院国家全球战略智库副研究员。

周学智　中国社会科学院世界经济与政治研究所国际投资研究室，中国社会科学院国家全球战略智库，博士。

项目组成员（按照姓氏汉字笔画排序）

王碧珺　周学智　陈逸豪　臧成伟
潘圆圆　李国学　周天蕙　陈　震

执笔人

周学智　陈逸豪　臧成伟　周天蕙　陈震

摘要：2021年中国对外直接投资的流量为1788.2亿美元，连续10年位列全球前三；存量2.79万亿美元，连续5年排名全球前三。中国在全球外国直接投资领域中的影响力举足轻重。然而，2022年爆发的俄乌冲突加大了全球经济和政治的不确定性；美国货币政策不断收紧，引发全球投资者对金融市场以及实体经济的担忧。部分发展中国家债务负担飙升，全球供应链存在定向脱钩风险，全球经济增长势头依然存在诸多变数。在百年未有之大变局的背景下，全球范围内投资风险值得警惕。本报告从中国企业和主权财富的海外投资视角出发，构建了包含经济基础、偿债能力、社会弹性、政治风险和对华关系五大指标共43个子指标的评价体系。报告涵盖120个国家和地区，全面和量化地评估了中国企业海外投资所面临的主要风险。《中国海外投资国家风险评级报告（2023）》在样本范围、评级指标和评级方法方面较2022年版本做出一定改变。样本国家由之前的114个扩展到120个；评级指标"经济基础"部分新增了"是否为重要经济协定成员国"指标；将"对华关系"中的"免签情况""双边政治关系"指标的计算方法进行了调整；整体数据的选取更加具有前瞻性。从总体评级结果来看，发达经济体的经济基础较好，政治风险较低，社会弹性较高，偿债能力较强，整体投资风险低于新兴经济体。不过，中国对发达经济体的投资风险仍需要重视，主要表现为发达经济体的对华关系得分低于新兴经济体，并维持在较低水平，中国企业在发达国家面临的有针对性的政策风险值得重视。对新兴经济体而言，虽然其经济基础和政治风险得分与发达国家的差距依然比较明显，但长期看，随着新兴经济体尤其是共建"一带一路"国家和《区域全面经济伙伴关系协定》（RCEP）区域内部投资需求的上升，其仍将是中国海外投资最具潜力的目的地。目前，"一带一路"沿线地区已经成为中国对外直接投资新的增长点。需要强调的是，2023年海外投资风险仍需要引起投资者的警惕。

关键词：海外投资；国家风险评级；指标体系；"一带一路"；RCEP

Abstract: In 2021, China's outward foreign direct investment (FDI) reached a flow of 178.82 billion dollars, consistently ranking among the top three globally for ten consecutive years. The stock of China's outward FDI amounted to 2.79 trillion dollars, maintaining its position among the top three globally for five consecutive years. China's influence in the global foreign direct investment field is significant. However, the outbreak of the Russia-Ukraine conflict in 2022 has increased global economic and political uncertainties. The tightening of US monetary policy has raised concerns among global investors about financial markets and the real economy. The debt burden of some developing countries has surged, and there are risks of selective decoupling in global supply chains. There are still many variables in the global economic growth momentum. Against the backdrop of unprecedented changes, investment risks worldwide deserve attention. This report takes the perspective of Chinese companies and sovereign wealth in overseas investments and constructs an evaluation system consisting of five major indicators: economic foundation, debt repayment capacity, social resilience, political risks, and relations with China, comprising a total of 43 sub-indicators. The report covers 120 countries and regions, comprehensively and quantitatively assessing the main risks faced by Chinese companies in overseas investments. The "Report of Country-risk Rating of Overseas Investment from China (CROIC-IWEP)" has made certain changes in sample scope, rating indicators, and rating methods compared to the previous year's version. The sample countries expanded from 114 to 120. In the "economic foundation" section of the evaluation indicators, a new indicator "membership of important economic agreements" has been added. The calculation methods for the "visa exemption status" and "bilateral political relations" indicators in the "relations with China" section have been adjusted. The selection of overall data is more forward-looking. From the perspective of overall ratings, developed economies have a better economic foundation, lower political risks, higher social resilience, and stronger debt repayment capacity, resulting in lower investment risks compared to emerging economies. However, the investment risks for China in developed economies still need to be taken seriously, mainly reflected in the lower scores for relations with China compared to emerging economies, maintaining at a relatively low level. The targeted policy risks that Chinese companies face in developed countries deserve attention. As for emerging economies, although there is still a noticeable gap in economic foundation and political risk scores compared to developed countries, in the long run, with the rise of investment demand in emerging economies, especially countries participating in the co-building of the Belt and Road initiative and the RCEP region, they will remain the most potential destinations for China's overseas investment. Currently, the Belt and Road region has become a new growth point for China's outward FDI. It should be emphasized that in 2023, overseas investment risks still need to be heeded by investors.

Key Words: Overseas Investment; Country-Risk Rating; Indicator system; The Belt and Road; RCEP

目 录

2023 年中国海外投资国家风险评级主报告 …………………… （1）
 一　评级背景 ……………………………………………… （1）
 二　各评级机构评级方法综述 …………………………… （3）
  （一）发布国家信用评级的机构简介 …………………… （3）
  （二）评级对象 …………………………………………… （4）
  （三）评级指标体系 ……………………………………… （5）
  （四）评级方法特点 ……………………………………… （5）
 三　CROIC-IWEP 国家风险评级方法 …………………… （8）
  （一）指标选取 …………………………………………… （8）
  （二）标准化、加权与分级 ……………………………… （13）
  （三）评级样本 …………………………………………… （16）
  （四）本评级方法的特点 ………………………………… （19）
  （五）未来规划 …………………………………………… （21）
 四　CROIC-IWEP 国家风险评级结果总体分析 ………… （22）
  （一）总体结果分析 ……………………………………… （22）
  （二）分项指标分析 ……………………………………… （28）
 五　CROIC-IWEP 国家风险评级主要排名变动
   国家分析 ……………………………………………… （41）
  （一）蒙古国（↑27） …………………………………… （41）
  （二）乌兹别克斯坦（↑23） …………………………… （42）
  （三）几内亚（↑18） …………………………………… （43）

- （四）伊朗（↑15） ……………………………………（44）
- （五）斯里兰卡（↓31） ………………………………（45）
- （六）摩尔多瓦（↓25） ………………………………（47）
- （七）突尼斯（↓19） …………………………………（48）
- （八）拉脱维亚（↓16） ………………………………（49）

2023年中国海外投资共建"一带一路"合作国家风险评级子报告 ……………………………………（51）
- 一 共建"一带一路"合作国家风险评级背景 ………（51）
- 二 共建"一带一路"合作国家风险评级样本 ………（55）
- 三 共建"一带一路"合作国家风险评级结果 ………（57）
  - （一）总体结果分析 ……………………………（57）
  - （二）分项指标分析 ……………………………（62）

2023年中国海外投资RCEP成员国风险评级子报告 ………（67）
- 一 中国在RCEP国家的投资情况 ……………………（68）
- 二 RCEP成员国评级结果分析 ………………………（69）
- 三 总体得分分析 ………………………………………（70）

附录 CROIC-IWEP国家风险评级原始指标 ………………（77）

2023年中国海外投资国家风险评级主报告[*]

一 评级背景

2021年中国对外直接投资流量为1788.2亿美元,比上一年增长16.3%,继续稳居全球前三位。截至2021年年末,中国对外直接投资存量达27851.5亿美元,较上年年底增加2044.9亿美元。中国对外直接投资存量在美国和荷兰之后,位列第三,占全球对外直接投资存量的比重为6.7%。2022年年底对外直接投资存量为27950.4亿美元,较2021年增加989亿美元。截至2021年年底,中国有2.86万家境内投资者在国(境)外共设立对外直接投资企业4.6万家,分布在190个国家(地区),资产总额达到8.5万亿美元。"一带一路"沿线地区逐渐成为中国企业对外直接投资的重点。2021年年底,中国境内投资者在"一带一路"沿线设立境外企业超过1.1万家,当年实现直接投资241.5亿美元,较前一年增长7.1%。

中国对外直接投资地域分布的集中度较高,2021年年末对外直接投资存量前20位的国家(地区)合计达到26114.8亿美元,占中国对外直接投资存量的93.8%。与此同时,随着中国企业海外竞争力不断上升、"一带一路"倡议稳步推进和RCEP

---

[*] 本部分主要参与人:周学智、周天惠等。

区域内经贸投资往来进一步增强，中国企业将持续释放更多投资活力，与世界其他经贸伙伴实现共赢。

同时需要注意的是，中国企业面临的外部环境依然充满不确定性。一是一些发达国家对来自中国的直接投资依然保持严格谨慎的态度；二是地缘政治不稳定甚至区域性的军事冲突给中国企业"走出去"带来较大风险；三是新冠疫情结束之后，全球经济目前依然处于脆弱的恢复区间。

截至2021年年末，中国对外直接投资存量前20位国家（地区）中，北美洲、欧洲和大洋洲国家占据8席，依次为美国、澳大利亚、荷兰、英国、卢森堡、瑞典、德国和加拿大。中国企业在这8个国家中的直接投资存量为2247.5亿美元。若将排名前三位的中国香港、英属维尔京群岛和开曼群岛排除，那么中国企业在对外直接投资存量前17位的国家（地区）的直接投资存量只有3848.1亿美元，前述8个国家的直接投资存量就占到投资存量前17位国家总和的58.4%。近年来，前述8个发达国家存在对来自中国企业的投资进行严格审查的案例。所以，中国企业对发达国家进行直接投资时，政策风险仍应引起重视。

当前，全球地缘政治矛盾依然十分突出，2022年爆发的俄乌冲突对全球经济以及投资环境都造成了显著影响。相关国家的经济、政治和社会安全也受到影响。俄乌冲突导致的全球大宗商品价格上涨，给本已存在的通货膨胀问题火上浇油。资源出口国相对获利，对资源进口依赖程度较大的国家则面临贸易条件恶化、通胀显著上升的压力。另外，冲突爆发后，各方的相互制裁也对原有的全球产业链造成影响。

进入2023年，虽然全球经济较2022年有所回暖，但恢复的基础依然脆弱。全球整体的通胀水平依然较高，克服通胀依然具有挑战性。主要国家的利率水平依然维持在高位，较高利率水平给实体经济以及金融业可能带来的风险依然需要留意。俄乌冲突仍未得到妥善解决，全球的地缘政治问题并未随着新冠疫情负面影响的消退而得到根本缓解。2022年10月的英国养老金事件和2023年3月的美国银行业冲击显示了当前全球经济的脆弱性。

二 各评级机构评级方法综述

（一）发布国家信用评级的机构简介

国家信用评级可以追溯到第一次世界大战之前的美国。经过近一个世纪的发展，市场上形成了标准普尔（Standard & Poor）、穆迪（Moody's）和惠誉（Fitch）三家美国信用评级机构垄断的局面，占据全球90%以上的市场份额。

标准普尔是全球知名的独立信用评级机构，拥有150多年的历史并在23个国家和地区设有办事处。目前，标准普尔对126个国家和地区的主权信用进行了评级，并于每周更新各个国家和地区的主权信用评级。穆迪主要对参与国际资本市场的一百多个国家和地区进行评级，分支机构遍布全球29个国家和地区，员工总计约7000人。惠誉是唯一一家欧洲控股的评级机构，规模较以上两家稍小。如今，经历了数次并购后，惠誉已成为世界领先的国际信用评级机构，在全球设立了50家分支机构和合资公司，致力于为国际信用市场提供独立和前瞻性的评级观点、研究成果及数据报告。

与此同时，不同类型、各具特色的评级机构也实现了蓬勃发展，它们通过差异化竞争在市场上谋得了一席之地。其中比较出名的包括：经济学人信息社（EIU，Economist Intelligence Unit）、国际国别风险评级指南机构（ICRG，International Country Risk Guide）以及环球透视（GI，IHS Global Insight）。

EIU是"经济学人集团"下属独立单位，主要进行经济预测和咨询服务，覆盖全球120个国家和地区。EIU风险服务的目标客户是从事借款、贸易信贷以及其他商业活动而面临跨境信用风险或金融风险的机构。

ICRG 自 1980 年起便开始定期发布国家风险指南。目前,该指南的国别风险分析覆盖了全球 140 多个国家和地区,并以季度为基础进行数据更新并逐月发布。

GI 于 2001 年成立,目前为 3800 多家客户提供详尽的国家风险分析,主要针对在海外开展营商活动的投资者。GI 评级的覆盖范围超过 200 个国家和地区。作为一家付费咨询机构,分析的风险对象涵盖范围极广,包括国家的营商、主权信用乃至一国某个地区的运营风险。

由于评级体系的构建对方法的科学性、全面性和多样性有较高的要求,且评级数据的采集和处理较为复杂,目前评级市场仍然由发达国家的评级机构占主导地位,发展中国家的评级机构大多处于起步阶段,其中包括中国的大公国际资信评估公司。

大公国际资信评估公司(简称"大公")于 1994 年成立,拥有自己的主权信用评级标准和方法,定期发布主权信用评级报告。到目前为止,大公已经发布了全球 90 个国家和地区的信用等级报告,评级对象主要来自亚洲、大洋洲和欧洲,其中具有双 AAA 级的国家和地区有八个。

(二)评级对象

标准普尔、穆迪和惠誉三大评级机构从定性和定量的角度,对主权国家政府足额、准时偿还债务的能力和意愿进行综合性评估,针对的是主权债务的综合风险。大公和 ICRG 也遵循类似的原则,对主权债务风险做出判断。在金融市场上,主权债务风险的具体表现往往是一国国债的违约概率、预期损失和回收率。

EIU 评估的风险包括主权风险、货币风险和银行部门风险。ICRG 的风险评级更具独特性,主要考察的是对外直接投资风险，其评级考量除金融市场因素外，还往往涉及与当地经营直接相关的因素，比如治安环境等。

中国社会科学院的中国海外投资国家风险评级体系（CROIC）综合考量了证券投资和直接投资的风险，这与目前中国海外投资形式的多样性紧密契合。

（三）评级指标体系

尽管三大评级机构和大公、EIU、ICRG以及GI这七家评级机构的评级对象各有不同，但指标体系都可以大致分为经济、政治和社会三大模块。

在经济方面，一国的人均收入、国民生产总值等指标可以反映该国的经济基础。而一国的外债占进出口比重、财政收入赤字占国内生产总值（GDP）比重等指标可以反映该国的短期偿债能力。经济基础和短期偿债能力共同构成了一国的总体偿债实力。

在政治方面，各大机构都会对政治稳定性、参与度、治理有效性等指标做出考察。政治风险在本质上衡量的是一国的偿债意愿。即使一国财政实力充足，资源丰富，但由于政治动乱依然可能加大该国的偿债风险。

在社会方面，不同的评级机构有不同的处理方法。大部分机构注重考察社会的弹性程度，也就是社会应对危机的能力，这往往在族群和谐程度、法律健全程度等指标上有所反映。对于衡量直接投资风险的GI评级体系来说，社会弹性是尤其重要的指标模块。

中国海外投资国家风险评级体系（CROIC）综合了上述经济、政治和社会因素，并引入对华关系这一指标模块，力求更为全面、综合，从而有针对性地衡量中国海外投资的风险。

（四）评级方法特点

在制度偏好方面，标准普尔、穆迪与惠誉三大评级机构和

ICRG 都将政治因素视为国家信用评级标准的核心，将政治自由化程度、民主政治观念和体制等作为评判一国政治好坏的标准，同时强调经济开放对于一国信用等级的正面作用。这在一定程度上忽略了各国的具体国情。大公在评级时特别突出了国家管理能力这一指标，力求避免完全以西方政治生态为标杆的评级模式。但由于缺乏一定的评判标准，如何对各国的治理水平进行客观公正的衡量成为摆在大公面前的一道难题。EIU 在经济实力的评价上对发达国家、发展中国家和欧元区国家做出了区分，采用不同的评级标准，对制度偏好的问题有所改善。GI 则更加强调制度的实际效果，而且由于政治制度所占的权重相对较小，在制度偏好上较为中立。

在客观程度方面，由于客观的定量因素不能完全衡量一国的国家风险，因此定性指标是必需的。这对于无法定量衡量的政治与社会风险来说尤其重要。所有评级机构都采取了定性与定量相结合的评级方法，其中定性指标的量化通常采用专家打分的方式，最终的评级结果由评级委员会通过主观调整后给出。这不可避免地会引入分析师的主观判断因素。此外，几乎所有的评级机构都是营利性机构，向客户收取的评级费用和年费是其主要收入来源。而被评级对象为了获得高级别，也会甘愿支付高额评级费用。因此，双方利益的驱动或对评级的独立客观性造成影响。

在指标体系的全面性上，三大评级机构的指标体系都涵盖了政治、经济和外部风险。但从反映各大因素的每一个细项指标来看，惠誉的指标体系要比标准普尔和穆迪更加具体。大公特别突出了政府治理水平和金融水平两大因素对于主权风险的影响作用。为了摒弃三大评级机构的制度偏好，大公将国家治理水平列为一个独立因素进行分析。此外，它还将金融因素从经济因素中抽离出来进行更细致的评估。

EIU 和 GI 的指标体系也较为全面。其中，EIU 包含 60 个细分指标，涵盖面较广。比如在融资和流动性模块下，EIU包括银行业不良贷款比率、OECD国家短期利率、银行业信贷管理能力等指标，这对银行部门的风险衡量十分有效。GI的指标体系也涵盖到了直接投资和商业运营的大多数方面。相比之下，ICRG的评级体系中政治类指标占了大多数，而经济和金融风险的指标相对较少，只选取了比较有代表性的几个指标。这样的评级方法过于偏重政治风险。

在前瞻性方面，几大评级机构都不能预测货币和银行危机，只能在事后进行调整。这主要是因为评级机构在评估时过度依赖历史数据，缺乏对一国长期发展趋势的判断，使得评级效果大打折扣。但机构对未来进行预测时又不可避免地会引入主观评判。因此，如何更快地更新数据，对未来进行科学预测，是所有评级方法都面临的挑战。

在透明度方面，一个完整的信用评价体系应当包括评估对象、指标体系、打分方法、权重设定和评级结果五点，几乎所有的评级机构仅对外公布评级结果和一部分评级方法，所有的指标数据和最终得分并不公开，因此透明度还有待提高。这也与机构的商业性质和数据的核心机密性有关。

在是否适合中国国情方面，大部分评级机构没有对此进行单独考虑。中国对外投资活动日益频繁，而且出现了独特的国别特征。例如，中国对外间接投资和直接投资并举，在发达市场上以国债投资和直接投资为主，在新兴市场上以直接投资为主。因此，在衡量国别风险时，值得对这些因素进行细致考察。此外，在当今国际局势不断变化的环境下，随着中国国力的上升，不同国家与中国外交关系的远近，甚至民间交往的深度和广度，都会对以中国为主体的投资行为有所影响。中国海外投资国家风险评级体系（CROIC）对此有单独考量，在一定程度上弥补了传统评级机构方法的不足。

三 CROIC-IWEP 国家风险评级方法

(一) 指标选取

为了全面和量化评估中国企业海外投资面临的主要风险，本评级体系纳入经济基础、偿债能力、社会弹性、政治风险、对华关系五大指标，共43个子指标。

1. 经济基础

经济基础指标提供了一个国家投资环境的长期基础，较好的经济基础是中国企业海外投资收益水平和安全性的根本保障。

经济基础指标包含12个子指标（见表1），其中，GDP、人均GDP、基尼系数衡量了一国的经济规模和发展水平；经济增速、通货膨胀和失业率衡量了一国的经济绩效；GDP增速的波动系数衡量了一国经济增长的稳定性。本体系还从贸易、投资、资本账户三个方面衡量了一国的开放度，另外是否为经济协定成员国也能够体现出一国对外经济活动的便利开放程度。汇率波动性指标衡量了汇率波动风险，当汇率出现剧烈波动时，一方面会给投资者带来巨大的汇兑风险，另一方面会严重威胁当地金融市场稳定性，带来潜在的投资风险。

其中，GDP总量、人均GDP、通货膨胀和失业率采用了来自国际货币基金组织（IMF）WEO数据库的经济预测值。WEO数据包含2022年预测值，比WDI数据（截至2021年）更具有时效性，而WEO中数据缺失的部分，采用其他数据库的实际值进行补充。

表1　　　　　　　　经济基础指标

经济基础指标	指标说明	资料来源
1. 市场规模	GDP总量	WEO、WDI、CEIC
2. 发展水平	人均GDP	WEO、WDI、CEIC

续表

经济基础指标	指标说明	资料来源
3. 经济增速	GDP 增速	WDI、CEIC
4. 经济波动性	GDP 增速的波动性（5 年波动系数）	根据经济增速计算
5. 贸易开放度	（进口＋出口）/GDP	WDI、UNCTAD
6. 投资开放度	（外商直接投资＋对外直接投资）/GDP	UNCTAD、CEIC
7. 资本账户开放度	Chinn-Ito 指数（反映资本账户管制能力）	Chinn-Ito
8. 通货膨胀	居民消费价格指数（CPI）	WEO、WDI、CEIC
9. 失业率	失业人口占劳动人口的比率	WEO、EIU、WDI、CEIC
10. 收入分配	基尼系数	WDI、CEIC、CIA 等
11. 汇率波动性	直接汇率波动（月度变异系数）	IFS、CEIC
12. 是否为经济协定成员国	是否为 RCEP、CPTPP、美加墨三国协议、欧盟成员国	根据相关资料整理

注：（1）WEO 为国际货币基金组织 World Economic Outlook 数据库，CEIC 为香港环亚经济数据有限公司数据库，WDI 为世界银行 World Development Indicators，UNCTAD 是联合国贸易和发展会议，IFS 为国际金融统计（International Financial Statistics），EIU 为经济学人信息社数据库，CIA 为美国中央情报局，Chinn-Ito 为金融开放指数。

（2）资料来源中第一个数据库为主要资料来源，若存在缺失值则从剩余数据库补充，下同。

2. 偿债能力

偿债能力指标衡量了一国公共部门和私人部门的债务动态和偿债能力。如果一国爆发债务危机，包括直接投资和财务投资在内的各种类型的投资安全都会受到影响。

偿债能力指标包含 9 个子指标（见表 2），其中，公共债务占 GDP 比重和银行业不良资产比重主要用于衡量一国国内公共部门和私人部门的债务水平；外债占 GDP 比重和短期外债占总外债比重衡量了一国的外债规模和短期内爆发偿债危机的风险；财政余额占 GDP 比重衡量了一国的财政实力，外债占外汇储备比重衡量了一国的外汇充裕度，经常账户余额占 GDP 比重以及贸易条件，共同反映了一国的偿债能力。

表2　　　　　　　　　　偿债能力指标

偿债能力指标	指标说明	资料来源
1. 公共债务/GDP	公共债务指各级政府总债务	EIU、WDI
2. 外债/GDP	外债指年末外债余额	QEDS、WDI、WEO
3. 短期外债/总外债	短期外债指期限在一年及以下的债务	QEDS、WDI、EIU
4. 财政余额/GDP	财政余额 = 财政收入 – 财政支出	WEO、WDI
5. 外债/外汇储备	外债指年末外债余额	QEDS、EIU、WDI
6. 经常账户余额/GDP	经常账户余额为货物和服务出口净额、收入净额与经常转移净额之和	WEO、EIU
7. 贸易条件	出口价格指数/进口价格指数	WDI、EIU
8. 银行业不良资产比重	银行不良贷款占总贷款余额的比重	WDI、CEIC
9. 是否为储备货币发行国	扮演国际储备货币角色的程度	德尔菲法 F

注：QEDS 为国际货币基金组织和世界银行 Quarterly External Debt Statistics。

3. 社会弹性

社会弹性指标反映了影响中国企业海外投资的社会风险因素，良好的社会运行秩序能确保企业有序的经营。

社会弹性指标包含 8 个子指标（见表3），其中：教育水平衡量了一个国家基本的劳动力素质；社会、种族、宗教冲突的严重性以及犯罪率衡量了一国的内部冲突程度和社会安全；环境政策、资本和人员流动限制、劳动力市场管制和商业管制反映了一国的经商环境。劳动力素质越高、内部冲突程度越低、社会安全和经商环境越好，企业投资的风险越小。

表3　　　　　　　　　社会弹性指标

社会弹性指标	指标说明	资料来源
1. 内部冲突	由社会、种族或宗教差异引发内战或暴力冲突的程度	BTI
2. 环境政策	对环境议题的重视，环境法规制定和执行的严格程度	BTI
3. 资本和人员流动限制	对资本和人员流动的限制包括外国所有权限制、外国投资限制、资本管制和外国人自由访问限制等	EFW
4. 劳动力市场管制	劳动力市场管制包括雇佣和解雇规定，最低工资和工作时间规定等	EFW
5. 商业管制	行政和官僚成本，开业难易，营业执照限制等	EFW
6. 教育水平	教育、培训和研发机构的水平，学校入学率和文盲率，在教育和投资研发方面的投资水平	BTI
7. 社会安全	每年每十万人中因谋杀死亡的人数	UNODC
8. 其他投资风险	除政治风险、经济风险、金融风险等之外的其他投资风险	ICRG

注：BTI 为 Transformation Index of the Bertelsmann Stiftung，EFW 为 Fraser Institute 的 Economic Freedom of the World 年度报告，UNODC 为联合国毒品和犯罪问题办公室，ICRG 为 PRS 集团 International Country Risk Guide。

4. 政治风险

政治风险指标考察的是一国政府的稳定性治理能力，较低的政治风险是企业安全投资的先决条件之一。

政治风险指标包含8个子指标（见表4），其中：执政时间、政府稳定性、军事干预政治3个子指标反映了一国政府的稳定性；政治体系的腐败程度、政府对民众诉求的回应、公共服务和行政部门的质量反映了一国政府的治理质量；法治水平是契约和产权保护的重要保证。一国政府的稳定性和治理能力越高、法治环境越健全、外部冲突越少，中国企业在其投资的风险越低。

表4 政治风险指标

政治风险指标	指标说明	资料来源
1. 执政时间	剩余执政时间除以总任期	DPI
2. 政府稳定性	政府执行所宣布政策的能力以及保持政权的能力	ICRG
3. 军事干预政治	军队部门对一国政府的参与程度	ICRG
4. 腐败	政治体系的腐败程度	ICRG
5. 民主问责	政府对民众诉求的回应	ICRG
6. 政府有效性	公共服务的质量、行政部门的质量及其独立于政治压力程度、政策制定和执行的质量，以及政府政策承诺的可信度	WGI
7. 法治	法治水平影响履约质量、产权保护、合同执行质量等	WGI
8. 外部冲突	来自国外的行为对在位政府带来的风险。国外的行为包括非暴力的外部压力例如外交压力、中止援助、贸易限制、领土纠纷、制裁等，也包括暴力的外部压力例如跨境冲突，甚至全面战争。	ICRG

注：DPI为世界银行Database of Political Institutions，ICRG为PRS集团International Country Risk Guide，WGI为世界银行Worldwide Governance Indicators。

5. 对华关系

对华关系指标衡量了影响中国企业在当地投资风险的重要双边投资政策、投资受阻程度和双边政治关系，较好的对华关系是降低投资风险的重要缓冲。

对华关系指标包含6个子指标（见表5）。第一个子指标是两国是否签订双边投资协定（Bilateral Investment Treaty，BIT）

以及该协定是否已经生效。如果中国与该国签署了 BIT，将有助于降低中国企业在当地的投资风险。第二个和第三个子指标采用德尔菲法进行专家打分，分别衡量了投资受阻程度和双边政治关系①，较低的投资受阻和较好的双边政治关系，有助于降低中国企业在当地进行投资的风险。贸易（投资）依存度衡量了中国和一国之间的双边贸易（投资）占该国贸易（投资）的比重。免签情况则衡量了东道国对中国公民发放签证的便利程度。

表5　　　　　　　　　　对华关系指标

对华关系指标	指标说明	资料来源
1. 是否签订 BIT	1 为已签订且生效；0.5 为已签订未生效；0 为未签订	中华人民共和国商务部
2. 投资受阻程度	分数越高，投资受阻越小	德尔菲法
3. 双边政治关系	分数越高，双边政治关系越好	德尔菲法
4. 贸易依存度	分数越高，对方对中国贸易依存度越高	WDI、IMF
5. 投资依存度	分数越高，对方对中国直接投资依存度越高	UNCTAD、Wind
6. 免签情况	分数越高，对方对中国公民的签证便利度越高	中国领事服务网

注：BIT 为双边投资协定；德尔菲法又名专家意见法或专家函询调查法，采用背对背的通信方式征询专家小组成员的意见；IMF 为国际货币基金组织；Wind 是金融数据和分析工具服务商。

（二）标准化、加权与分级

在选取指标并获得原始数据后，本评级体系对于定量指标（经济基础和偿债能力）采取标准化的处理方法，而对定性指标

---

① 课题组感谢中国社会科学院金融研究所的张明、中国社会科学院世界经济与政治研究所的张宇燕、姚枝仲、邹治波、张斌、冯维江、徐奇渊、徐秀军、郎平、欧阳向英、熊爱宗、任琳、肖河、赵海、熊婉婷等各位专家对本部报告的支持和贡献。

（政治风险、社会弹性以及对华关系）的处理有两种方式，即运用其他机构的量化结果或者由评审委员打分，再进行标准化。

本评级体系采用0—1标准化，也叫离差标准化，将原始数据进行线性变换，使结果落到[0，1]区间，分数越高表示风险越低。转换函数如下：

$$x^* = 1 - \left| \frac{x - x_{适宜值}}{max - min} \right|$$

其中，x^*为将x进行标准化后的值，$x_{适宜值}$为对应风险最低的指标值，max为样本数据的最大值，min为样本数据的最小值。

对定量指标进行标准化并转化为风险点得分的关键在于找到$x_{适宜值}$。在样本范围内，数值与适宜值越近，得分越高。

适宜值的判断方法有两类：一类是设定绝对适宜值，也就是适宜值的大小与样本国家的选择无关。例如，本评级体系将CPI指标的适宜值设定为2%，失业率的适宜值设定为5%。另一类是在样本中找到相对适宜值。例如，本体系将GDP的适宜值设定为该样本中GDP的最大值，将GDP增速的波动性的适宜值设定为该样本中GDP增速的波动的最小值。此外，由于某些指标对于发达国家和发展中国家不应选用相同的适宜值，本评级体系也进行了区分。例如，偿债能力指标中子指标公共债务/GDP与外债/GDP既反映了债务规模，也反映了举债能力。对于这两个子指标，本评级体系区分为发达国家和发展中国家两组，每一组的最低值为各组的适宜值。

以上标准化过程中，本报告遵循四大原则：第一，标准化必须合乎逻辑；第二，标准化必须要考虑异常值的处理；第三，标准化必须客观，尽量减少主观判断；第四，标准化后的得分需具有区分度。

由于本次评级体系的国家样本有120个，指标体系复杂，出现了较多的异常值情况。为了规范异常值处理流程，本报告对部分原始数据进行缩尾处理。具体而言，在计算适宜值与标准化之前，我们先对原始数据进行前后各5%的缩尾处理①，将样本数据从高到低排列，从5%—95%的样本区间内选取最大值和最小值，并分别替换前5%和95%之后的数据，从而剔除异常值因素在适宜值选择和标准化过程中可能带来的影响。

具体采用缩尾处理的指标包括：经济基础部分的所有指标，偿债能力部分除"是否为储备货币发行国"指标外的所有指标。不需要进行缩尾处理的指标包括四种：第一种是特定赋值数据，如"是否签订BIT"等；第二种是数据形式为打分制的原始数据，主要来自ICRG、BTI、EFW、WGI等衡量政治风险和社会弹性的数据库；第三种不存在异常值的数据，如"贸易依存度"；第四种是用德尔菲法计算的数据，在计算过程中已经进行了类似处理。

在对经济基础、偿债能力、政治风险、社会弹性和对华关系五大指标下的细项指标分别标准化后，加权平均得到这五大风险要素的得分，区间为[0，1]。分数越高表示风险越低。然后，我们对五大要素加权平均，由于五大指标都是中国企业海外投资风险评级的重要考量点，我们采用相同的权重，均为0.2（见表6）。最后，我们将得到的分数转化为相应的级别。本评级体系按照国家风险从低到高进行9级分类：AAA、AA、A、BBB、BB、B、CCC、CC与C。其中AAA和AA为低风险级别，A与BBB为中等风险级别，BB及以下为高风险级别。

表6　　　　　　　　　　国家风险评级指标权重

指标	权重
经济基础	0.2
偿债能力	0.2

---

① 除了投资开放度指标，由于部分国家的开放度水平过高，因此进行了前8%和后5%的截尾处理。

续表

指标	权重
政治风险	0.2
社会弹性	0.2
对华关系	0.2

（三）评级样本

本评级体系2023年共纳入120个国家进入评级样本，较2022年出版的评级报告增加了6个国家。2021年，中国对120个样本国家的投资存量情况如下（见表7）。

表7　2021年中国在评级样本国家的直接投资存量　（单位：亿美元）

	国家	所在洲	投资存量		国家	所在洲	投资存量
1	阿尔巴尼亚	欧	0.05	19	巴西	美	30.08
2	阿尔及利亚	非	17.16	20	白俄罗斯	欧	6.46
3	阿根廷	美	21.41	21	保加利亚	欧	1.51
4	阿联酋	亚＆太	98.45	22	比利时	欧	4.88
5	阿曼	亚＆太	2.85	23	冰岛	欧	0.15
6	阿塞拜疆	亚＆太	0.21	24	波兰	欧	5.36
7	埃及	非	12.73	25	玻利维亚	美	3.08
8	埃塞俄比亚	非	28.11	26	博茨瓦纳	非	1.54
9	爱尔兰	欧	17.46	27	布基纳法索	非	0.05
10	爱沙尼亚	欧	0.05	28	丹麦	欧	2.54
11	安哥拉	非	27.10	29	德国	欧	166.97
12	奥地利	欧	7.20	30	多哥	非	0.67
13	澳大利亚	亚＆太	344.30	31	俄罗斯	欧	106.44
14	巴布亚新几内亚	亚＆太	15.57	32	厄瓜多尔	美	4.70
15	巴基斯坦	亚＆太	74.85	33	法国	欧	48.64
16	巴拉圭	美	0.04	34	菲律宾	亚＆太	8.84
17	巴林	亚＆太	1.35	35	芬兰	欧	4.53
18	巴拿马	美	10.02	36	哥伦比亚	美	1.09

续表

	国家	所在洲	投资存量		国家	所在洲	投资存量
37	哥斯达黎加	美	0.36	68	摩尔多瓦	欧	0.04
38	哈萨克斯坦	亚&太	74.87	69	摩洛哥	非	3.49
39	韩国	亚&太	66.02	70	莫桑比克	非	12.64
40	荷兰	欧	284.88	71	墨西哥	美	13.02
41	洪都拉斯	美	0.07	72	纳米比亚	非	2.21
42	吉尔吉斯斯坦	亚&太	15.31	73	南非	非	52.94
43	几内亚	非	9.59	74	尼加拉瓜	美	0.06
44	加拿大	美	137.93	75	尼日尔	非	14.24
45	加纳	非	10.94	76	尼日利亚	非	26.96
46	柬埔寨	亚&太	69.66	77	挪威	欧	0.27
47	捷克	欧	5.27	78	葡萄牙	欧	0.29
48	喀麦隆	非	4.34	79	日本	亚&太	48.83
49	卡塔尔	亚&太	7.89	80	瑞典	欧	170.32
50	科威特	亚&太	8.54	81	瑞士	欧	69.50
51	克罗地亚	欧	2.46	82	萨尔瓦多	美	0
52	肯尼亚	非	22.60	83	塞尔维亚	欧	4.82
53	拉脱维亚	欧	0.21	84	塞内加尔	非	4.39
54	老挝	亚&太	99.40	85	塞浦路斯	亚&太	1.31
55	黎巴嫩	亚&太	0	86	沙特阿拉伯	亚&太	35.24
56	立陶宛	欧	0.07	87	斯里兰卡	亚&太	6.40
57	卢森堡	欧	181.31	88	斯洛伐克	欧	0.04
58	罗马尼亚	欧	2.20	89	斯洛文尼亚	欧	0.50
59	马达加斯加	非	3.23	90	苏丹	非	11.16
60	马耳他	欧	0.33	91	塔吉克斯坦	亚&太	16.27
61	马来西亚	亚&太	103.55	92	泰国	亚&太	99.17
62	马里	非	4.39	93	坦桑尼亚	非	15.77
63	美国	美	771.72	94	突尼斯	非	0.33
64	蒙古国	亚&太	15.70	95	土耳其	亚&太	19.21
65	孟加拉国	亚&太	22.04	96	土库曼斯坦	亚&太	2.94
66	秘鲁	美	21.81	97	危地马拉	美	0
67	缅甸	亚&太	39.88	98	委内瑞拉	美	5.88

续表

	国家	所在洲	投资存量		国家	所在洲	投资存量
99	乌干达	非	6.33	110	伊拉克	亚&太	19.42
100	乌克兰	欧	1.37	111	伊朗	亚&太	34.20
101	乌拉圭	美	2.18	112	以色列	亚&太	34.48
102	乌兹别克斯坦	亚&太	28.08	113	意大利	欧	34.13
103	西班牙	欧	11.37	114	印度	亚&太	35.19
104	希腊	欧	1.33	115	印度尼西亚	亚&太	200.80
105	新加坡	亚&太	672.02	116	英国	欧	190.05
106	新西兰	亚&太	31.29	117	约旦	亚&太	1.84
107	匈牙利	欧	3.82	118	越南	亚&太	108.52
108	牙买加	美	10.81	119	赞比亚	非	30.30
109	亚美尼亚	亚&太	0.27	120	智利	美	12.35

截至2021年年底，中国对外直接投资分布在全球190个国家（地区），本评级体系选用上述120个国家作为本次评级样本，主要是基于以下3个标准。

1. 主要涉及的是真实的投资活动。中国在当地进行的主要是真实的投资活动（生产、研发、雇佣、经营等），而不是以该地为投资中转地或者避税等资金运作中心。中国香港就是中国对外直接投资的重要中转地之一。2021年，56.6%的中国对外直接投资首先流向了中国香港，远超对其他地区投资。不排除其中有一部分以中国香港为平台，最终流向其他地方。中国对避税港地区的投资以商务服务业为主。因此，本次评级暂不纳入中国香港、开曼群岛、英属维尔京群岛等国际自由港。

2. 重点选择G20国家以及中国海外投资额较大的其他国家。这120个评级样本国家全面覆盖了北美洲、大洋洲、非洲、拉丁美洲、欧洲和亚洲，由于中国在当地的投资额较大，因此具有广泛的代表性。

3. 满足主要指标数据，尤其是定量指标（经济基础和偿债能力）的可得性。本评级体系运用经济基础、偿债能力、政治风险、社会弹性和对华关系五大指标作为国家风险评级的依据，因此数据的完备性和可得性十分重要。例如，利比亚虽满足前两个条件，即中国在该国的投资额较大且主要涉及的是真实的投资活动，但由于缺乏大量支持数据，主要是经济基础和偿债能力数据，因此本次评级样本没有纳入利比亚。

（四）本评级方法的特点

1. 中国企业海外投资视角

本国家风险评级体系从中国企业和主权财富的海外投资视角出发，构建经济基础、偿债能力、社会弹性、政治风险和对华关系五大指标共43个子指标全面地量化评估了中国企业海外投资所面临的战争风险、国有化风险、政党更迭风险、缺乏政府间协议保障风险、金融风险以及东道国安全审查等主要风险。本评级体系通过提供风险警示，为企业降低海外投资风险、提高海外投资成功率提供参考。

2. 重点关注直接投资，同时兼顾主权债投资

现有主要评级机构的国家风险评级体系衡量的是投资者所面临的针对某一个国家的金融敞口风险，其中核心关注点是主权债，即从定性和定量的角度，对主权国家政府足额、准时偿还商业债务的能力和意愿进行综合性评估。本评级体系在兼顾主权债投资所面临的国家风险的同时，重点关注的是中国企业海外直接投资面临的风险。随着国内转型升级和企业竞争力的提高，中国对外直接投资将会继续增长。传统上主要对主权债投资风险的关注已经无法满足当下中国企业的实际需求，因此，本国家风险评级体系重点关注直接投资所面临的风险要素，纳入的指标涵盖环境政策、资本和人员流动限制、劳动力市场管制、商业管制、是否签订BIT、贸易依存度、投资依存度、免签情况以及投资受阻程度等。

3. 五大指标体系综合全面覆盖经济、社会、政治、偿债能力和对华关系

影响一国投资风险的因素很多，并且它们之间的关系错综复杂，不存在一个定量模型将全部因素包括进去。在进行国家风险评级时，本评级方法将定性和定量指标相结合，综合全面覆盖了经济基础、偿债能力、社会弹性、政治风险和对华关系五大指标体系。在传统由经济和金融指标构成的定量评估的基础上，增加了社会弹性、政治风险和对华关系等定性评估指标，且定性分析指标占到本评级体系指标总量的一半以上。本评级体系对这五大指标体系进行了深入研究，明确了各部分的核心指标，并根据各国国情的不同，对核心指标的评价方法进行区别对待，同时密切关注指标之间、要素之间的内在联系，从而形成了一个逻辑清晰、框架严谨、指标优化、论证科学的方法体系。

4. 特色指标：对华关系

中国需要创建适合自身国情需要的国家风险评级体系。本评级体系一个重要的特色指标是对华关系，包含双方是否签订 BIT 以及该协定是否已经生效、投资受阻程度、双边政治关系、贸易依存度、投资依存度以及免签情况 6 个子指标，良好的对华关系是降低中国海外投资风险的重要缓释器。对华关系这一指标既是本评级体系区别于其他国家风险评级的特色指标，也是为评估中国海外直接投资所面临的主要风险量身打造。

5. 依托智库，将客观独立作为国家风险评级的基本立场

本评级体系依托中国社会科学院世界经济与政治研究所这一中国领先、国际知名的智库。该研究所的主要研究领域包括全球宏观、国际金融、国际贸易、国际投资、全球治理、产业经济学、国际政治理论、国际战略、国际政治经济学等，拥有近百位专业研究人员。在美国宾夕法尼亚大学 2020 年全球智库

排名榜[①]上，中国社会科学院排名第 38 位，而世界经济与政治研究所在全球国际经济学智库中排名第 12，在公共政策影响智库中排名全球第 26。

发布国家风险评级的团队是世界经济与政治研究所国际投资研究室。该室的主要研究领域包括跨境直接投资、跨境间接投资、外汇储备投资、国家风险、国际收支平衡表与国际投资头寸表等。团队成员为王碧珺、周学智、陈逸豪、臧成伟、潘圆圆、李国学、周天蕙和陈震；此外，课题组感谢中国社会科学院金融研究所的张明，中国社会科学院世界经济与政治研究所的张宇燕、姚枝仲、邹治波、张斌、冯维江、徐奇渊、徐秀军、郎平、欧阳向英、熊爱宗、任琳、肖河、赵海、熊婉婷等各位专家对本报告的支持和贡献。研究室定期发布国际投资研究系列（International Investment Studies），主要产品包括中国对外投资报告、国家风险评级报告、工作论文与财经评论等。

中国社会科学院世界经济与政治研究所将客观独立作为国家风险评级的基本立场。客观独立是本着对国家风险关系所涉及的各方利益同等负责的态度，采取公正的、客观的立场制定国家风险评级标准，反对通过信用评级进行利益输送。

（五）未来规划

每年发布一次。这是本评级体系建成后第十次发布国家风险评级结果。我们将不断改进评级体系，并计划每年都发布一次国家风险评级，提供若干风险变化之警示。

动态选取有代表性的国家样本。本次评级是第十次评级，选取了 120 个国家作为评级样本。如上所述，本报告的样本选择遵循三个基本原则：一是主要涉及的是真实的投资活动；二是在地理分布上具有广泛的覆盖性，在当地的投资额较大；三

[①] 资料来源：《2020 Global Go To Think Tank Index Report》，https：//repository.upenn.edu/think_ tanks/18/.

是满足主要指标数据，尤其是定量指标（经济基础和偿债能力）的可得性。

有针对性完善评级体系。为了完整研判新形势下对外投资风险，本报告除沿用2022年报告的评级指标体系外，还专门考察了RCEP的签署与中国对外直接投资风险的关系。当然，未来随着形势变化，本评级体系仍有较大改进空间，依托强大的研究团队和智库支持，评级体系也将逐渐趋于完善。未来在指标选择、权重设定、方法构建上，本评级体系将根据国内外不断变化的形势、中国企业不断演进的海外投资模式以及不断出现的新的投资风险进行相应改进。

深化学术和政策研究。未来，本报告将基于本评级体系深入学术和政策性研究，分析中国企业海外投资所面临的国家风险的决定因素、影响途径以及化解方法。

四 CROIC-IWEP 国家风险评级结果总体分析

本次评级对120个国家进行了评级，包括38个发达经济体和82个新兴经济体。从区域分布来看，美洲涉及20个国家，欧洲涉及37个国家，非洲涉及25个国家，亚洲和太平洋涉及38个国家。评级结果共分为九级，由高至低分别为AAA、AA、A、BBB、BB、B、CCC、CC、C。其中AAA – AA为低风险级别，包括20个国家；A – BBB为中等风险级别，包括70个国家；BB – B为高风险级别，包括30个国家。

（一）总体结果分析

从总的评级结果来看（见表8），发达国家评级得分普遍高于新兴经济体，海外投资风险相对较低。在排名前20的国家之中，除了卡塔尔之外，都是发达国家；而82个新兴经济体中排名最高的卡塔尔是第8名。

中国海外投资国家风险评级报告(2023) 23

表8 总体评级结果

排名	国家	本年级别	排名变化	上年级别	排名	国家	本年级别	排名变化	上年级别
1	新加坡（亚&太）	AAA	↑	AA	19	法国（欧）	AA	↑	A
2	丹麦（欧）	AAA	↓	AAA	20	奥地利（欧）	AA	↑	A
3	新西兰（亚&太）	AAA	—	AAA	21	芬兰（欧）	A	↓	AA
4	挪威（欧）	AAA	↑	AA	22	智利（美）	A	↓	A
5	荷兰（欧）	AAA	↑	AA	23	阿曼（亚&太）	A	↓	A
6	瑞士（欧）	AA	—	AA	24	马耳他（欧）	A	↓	A
7	德国（欧）	AA	↑	AAA	25	以色列（亚&太）	A	↑	A
8	卡塔尔（亚&太）	AA	↑	AA	26	沙特阿拉伯（亚&太）	A	↓	A
9	爱尔兰（欧）	AA	↑	AA	27	爱沙尼亚（欧）	A	↓	A
10	澳大利亚（亚&太）	AA	↑	AA	28	捷克（欧）	A	↑	A
11	冰岛（欧）	AA	↑	A	29	科威特（亚&太）	A	↑	A
12	阿联酋（亚&太）	AA	↑	AA	30	印度尼西亚（亚&太）	A	↓	A
13	加拿大（美）	AA	↓	AA	31	波兰（欧）	A	↓	A
14	卢森堡（欧）	AA	↓	AA	32	乌拉圭（美）	A	↑	A
15	瑞典（欧）	AA	↓	AA	33	西班牙（欧）	A	↑	A
16	英国（欧）	AA	↓	AA	34	秘鲁（美）	A	↑	A
17	日本（亚&太）	AA	↓	AA	35	罗马尼亚（欧）	A	↓	A
18	韩国（亚&太）	AA	↓	AAA	36	蒙古（亚&太）	A	↑	BBB

续表

排名	国家	本年级别	排名变化	上年级别	排名	国家	本年级别	排名变化	上年级别
37	葡萄牙（欧）	A	↓	A	55	巴林（亚＆太）	A	↑	BBB
38	意大利（欧）	A	↓	A	56	塞尔维亚（欧）	BBB	N	N
39	匈牙利（欧）	A	↓	A	57	保加利亚（欧）	BBB	↓	A
40	越南（亚＆太）	A	↑	BBB	58	乌兹别克斯坦（亚＆太）	BBB	↑	BBB
41	美国（美）	A	↓	A	59	坦桑尼亚（非）	BBB	↓	A
42	哈萨克斯坦（亚＆太）	A	↑	A	60	柬埔寨（亚＆太）	BBB	↓	BBB
43	厄瓜多尔（美）	A	↑	BBB	61	巴拿马（美）	BBB	↓	N
44	立陶宛（欧）	A	↓	A	62	斯洛伐克（欧）	BBB	N	BBB
45	比利时（欧）	A	N	N	63	土库曼斯坦（亚＆太）	BBB	-	BBB
46	斯洛文尼亚（欧）	A	↓	A	64	阿尔巴尼亚（欧）	BBB	↑	BBB
47	俄罗斯（欧）	A	↓	A	65	塔吉克斯坦（亚＆太）	BBB	↓	BBB
48	马来西亚（亚＆太）	A	↓	A	66	吉尔吉斯斯坦（亚＆太）	BBB	↓	BBB
49	克罗地亚（欧）	A	↓	A	67	希腊（欧）	BBB	↓	BBB
50	阿塞拜疆（亚＆太）	A	↓	A	68	孟加拉国（亚＆太）	BBB	↓	BBB
51	老挝（亚＆太）	A	↑	A	69	赞比亚（非）	BBB	↑	BBB
52	亚美尼亚（亚＆太）	A	↑	BBB	70	南非（非）	BBB	↓	BBB
53	博茨瓦纳（非）	A	↓	A	71	肯尼亚（非）	BBB	↓	BBB
54	塞浦路斯（欧）	A	↓	A	72	菲律宾（亚＆太）	BBB	↓	BBB

续表

排名	国家	本年级别	排名变化	上年级别	排名	国家	本年级别	排名变化	上年级别
73	巴布亚新几内亚（亚&太）	BBB	N	N	90	埃塞俄比亚（非）	BBB	↑	BB
74	牙买加（美）	BBB	N	N	91	阿尔及利亚（非）	BB	↑	BB
75	拉脱维亚（欧）	BBB	↓	BBB	92	尼日利亚（非）	BB	↓	BB
76	埃及（非）	BBB	↓	BBB	93	危地马拉（美）	BB	↓	BBB
77	泰国（亚&太）	BBB	↑	BBB	94	尼日尔（非）	BB	↑	B
78	摩洛哥（非）	BBB	↓	BBB	95	缅甸（亚&太）	BB	↓	BBB
79	加纳（非）	BBB	↓	BBB	96	白俄罗斯（欧）	BB	↓	BBB
80	印度（亚&太）	BBB	↓	BBB	97	塞内加尔（非）	BB	↑	BB
81	伊朗（亚&太）	BBB	↓	BB	98	巴西（美）	BB	↓	BB
82	哥斯达黎加（美）	BBB	↓	BBB	99	乌干达（非）	BB	↓	BB
83	约旦（亚&太）	BBB	↓	BBB	100	墨西哥（美）	BB	↓	BB
84	玻利维亚（美）	BBB	↓	BBB	101	马里（非）	BB	↓	BB
85	巴基斯坦（亚&太）	BBB	↓	BBB	102	喀麦隆（非）	BB	↓	BB
86	几内亚（非）	BBB	↑	BB	103	斯里兰卡（亚&太）	BB	↓	BBB
87	阿根廷（美）	BBB	—	BB	104	摩尔多瓦（欧）	BB	↓	BBB
88	尼加拉瓜（美）	BBB	↑	BB	105	突尼斯（非）	BB	↓	BBB
89	多哥（非）	BBB	↑	BB	106	洪都拉斯（美）	BB	↑	B

续表

排名	国家	本年级别	排名变化	上年级别	排名	国家	本年级别	排名变化	上年级别
107	布基纳法索（非）	BB	↓	BB	114	哥伦比亚（美）	B	↓	B
108	安哥拉（非）	BB	↓	BB	115	莫桑比克（非）	B	↓	B
109	土耳其（亚&太）	BB	↓	BB	116	萨尔瓦多（美）	B	N	N
110	马达加斯加（非）	BB	↓	BBB	117	巴拉圭（美）	B	↓	BB
111	纳米比亚（非）	B	↓	BB	118	黎巴嫩（亚&太）	B	↓	B
112	伊拉克（亚&太）	B	—	B	119	乌克兰（欧）	B	↓	BB
113	委内瑞拉（美）	B	↑	B	120	苏丹（非）	B	↓	B

注：（1）—表示与在可获取的次新数据基础上做出结果相比，相对排名没有变化的国家；↑表示与在可获取的次新数据基础上做出结果相比，相对排名上升的国家；↓表示与在可获取的次新数据基础上做出结果相比，相对排名下降的国家。N表示新增样本国家，不计算排名变化。

与更新数据之后重新计算的2022年评级结果相比，39个国家的相对排名有所上升。上升名次最多的5个国家分别是蒙古国、乌兹别克斯坦、几内亚、伊朗和尼日尔，分别上升了27、23、18、15和13位。70个国家的相对排名有所下降。下降名次最多的5个国家分别是乌克兰、斯里兰卡、摩尔多瓦、巴基斯坦和立陶宛，分别下降了31、31、25、24和20位。从中国海外投资前10位目的地来看，美国和瑞典排名下降较多，分别下降了9位和6位，荷兰和德国则分别上升了9位和5位。

整体来看，发达国家的平均排名为25.9名，远高于新兴经济体的平均排名（76.5名）。与2022年相比，发达经济体中相对排名上升的国家有12个，相对排名下降的国家有22个，另有2个新增发达国家样本。其中，立陶宛、拉脱维亚和韩国的风险上升最为明显。在新兴经济体和发展中国家中，相对排名上升的国家有27个，相对排名下降的国家有48个，另外新增的新兴经济体样本国家为4个。其中，乌克兰、斯里兰卡和摩尔多瓦的投资风险上升最为明显，乌克兰和斯里兰卡排名分别下降了31位，摩尔多瓦下降了24位。蒙古国、乌兹别克斯坦和几内亚的投资风险则有所降低，排名明显上升。

根据IMF在2023年4月发布的全球经济展望（World Economic Outlook，WEO），全球经济增速在2023年可能为2.8%，这一增速与2019年持平，但明显低于2018年及之前的平均增速。

2020—2022年，连续三年的新冠疫情冲击给全球经济造成了严重影响，俄乌冲突又给全球经济和政治带来了新的不稳定因素。全球需求被压制，供应链风险不断凸显，通胀逐步高企，在大宗商品价格大涨的影响下，许多经济体的通胀水平都达到了数十年来的最高水平。各国央行逐步实行紧缩政策，不仅给实体经济造成压力，也给金融系统造成了风险隐患。

对发达经济体而言，IMF对发达经济体2023年的预期经济增长率为1.3%,相比2022年2.7%的增速下降了1.4个百分点。发达国家的经济疲软是引发全球经济相对疲软的重要原因。不仅如此,对于中国对外直接投资而言,发达国家的对华关系得分整体低于新兴经济体。来自发达国家东道国的政策风险依然值得警惕。

对于主要的新兴经济体和发展中国家而言,IMF对其经济前景预判则相对乐观。IMF认为,2023年新兴经济体和发展中国家经济增速将为3.9%,虽然该数值低于2022年4.0%的增速,但下跌并不明显——尤其相对于发达国家而言。对中国而言,"一带一路"沿线国家中新兴市场国家和发展中国家占比相对较高,这为中国企业对外直接投资提供了相对稳定可预期的宏观经济环境。尽管如此,仍需看到新兴经济体和发展中国家的投资风险依然相对较高。

(二)分项指标分析

1. 经济基础

经济基础方面,发达国家经济基础普遍好于新兴经济体,排名前20位的国家均为发达经济体。与上一年报告相比,新版报告中的经济基础部分加入了"是否为重要经济协定成员国"指标。

与根据前一年度最新数据计算的结果相比,摩尔多瓦、立陶宛和洪都拉斯排名下降较多。排名上升较多的国家为科威特、尼日尔和赞比亚。

表9　　　　　　　　　经济基础评级结果

排名	国家	排名变化	排名	国家	排名变化	排名	国家	排名变化
1	加拿大	↑	3	英国	↓	5	日本	↑
2	澳大利亚	↑	4	美国	↑	6	爱尔兰	↓

续表

排名	国家	排名变化	排名	国家	排名变化	排名	国家	排名变化
7	挪威	↑	36	巴林	↑	65	约旦	↓
8	法国	—	37	科威特	↑	66	保加利亚	↓
9	以色列	↑	38	印度	↑	67	蒙古国	↓
10	德国	↑	39	比利时	N	68	泰国	↓
11	新加坡	↓	40	乌拉圭	↑	69	哈萨克斯坦	↓
12	瑞典	↓	41	巴拿马	↓	70	塞内加尔	↑
13	丹麦	↓	42	捷克	↓	71	哥斯达黎加	↓
14	韩国	↑	43	乌干达	↑	72	立陶宛	↓
15	荷兰	↓	44	波兰	↓	73	坦桑尼亚	↑
16	芬兰	↑	45	斯洛文尼亚	↓	74	塔吉克斯坦	↑
17	瑞士	↓	46	匈牙利	↓	75	玻利维亚	↓
18	新西兰	↑	47	危地马拉	—	76	喀麦隆	↑
19	奥地利	↑	48	越南	↑	77	阿尔巴尼亚	↓
20	卢森堡	↓	49	孟加拉国	↑	78	乌兹别克斯坦	↑
21	意大利	↑	50	爱沙尼亚	↓	79	巴基斯坦	↓
22	葡萄牙	↑	51	菲律宾	↑	80	赞比亚	↑
23	沙特阿拉伯	↑	52	埃及	↑	81	马达加斯加	↑
24	冰岛	↑	53	阿塞拜疆	↓	82	哥伦比亚	↑
25	西班牙	↓	54	拉脱维亚	↓	83	巴西	↑
26	马耳他	↓	55	智利	↓	84	亚美尼亚	↑
27	塞浦路斯	—	56	秘鲁	↑	85	莫桑比克	↑
28	卡塔尔	↑	57	俄罗斯	↓	86	马里	↓
29	阿联酋	—	58	肯尼亚	↑	87	几内亚	↑
30	柬埔寨	↑	59	多哥	↑	88	老挝	↓
31	印度尼西亚	↑	60	厄瓜多尔	↑	89	牙买加	N
32	阿曼	↑	61	尼日尔	↑	90	缅甸	↑
33	罗马尼亚	↑	62	尼加拉瓜	↓	91	巴布亚新几内亚	N
34	墨西哥	↑	63	克罗地亚	↑	92	巴拉圭	↓
35	马来西亚	↑	64	希腊	↓	93	土库曼斯坦	↓

续表

排名	国家	排名变化	排名	国家	排名变化	排名	国家	排名变化
94	斯洛伐克	N	103	萨尔瓦多	N	112	博茨瓦纳	↓
95	布基纳法索	↓	104	尼日利亚	↑	113	土耳其	↓
96	阿尔及利亚	↑	105	加纳	↓	114	斯里兰卡	↓
97	黎巴嫩	↑	106	洪都拉斯	↓	115	安哥拉	—
98	吉尔吉斯斯坦	↓	107	摩洛哥	↓	116	纳米比亚	↓
99	伊拉克	↑	108	塞尔维亚	N	117	白俄罗斯	↓
100	南非	↓	109	委内瑞拉	↑	118	乌克兰	↓
101	伊朗	↓	110	阿根廷	↑	119	摩尔多瓦	↓
102	埃塞俄比亚	↑	111	突尼斯	↓	120	苏丹	↓

注：（1）—表示与在可获得的最新前一期数据基础上得出结果相比，相对排名没有变化的国家；↑表示与在可获得的最新前一期数据基础上得出结果相比，相对排名上升的国家；↓表示与在可获得的最新前一期数据基础上得出结果相比，相对排名下降的国家。N表示新增样本国家，不计算排名变化。

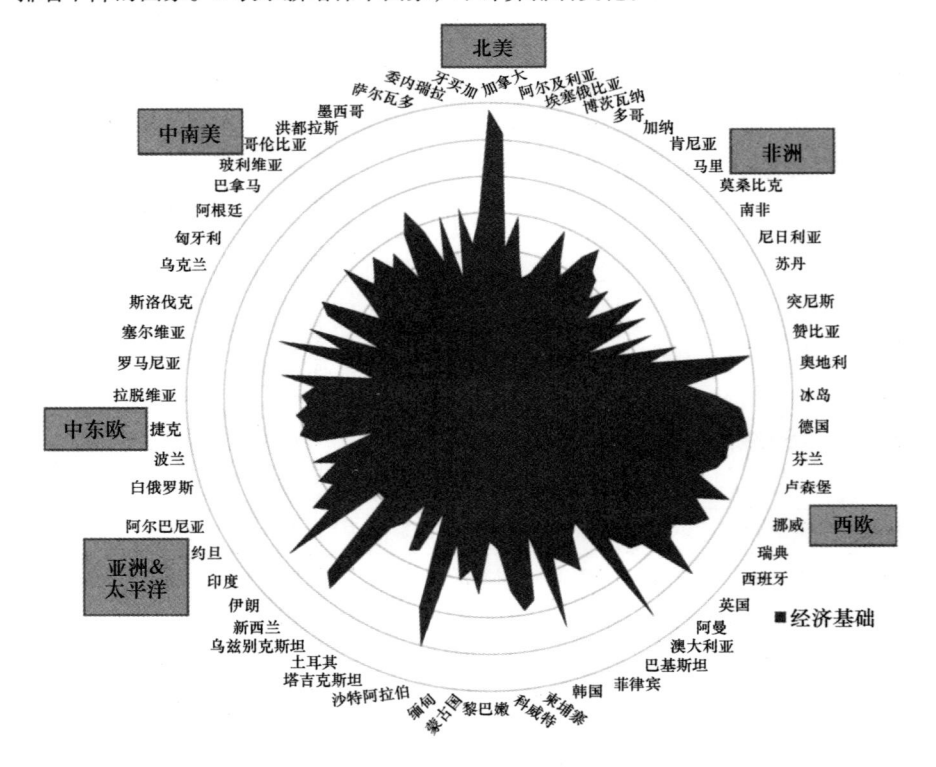

图1 经济基础评级结果

2. 政治风险

政治风险方面,与2022年的度量方法相同,本报告主要关注8个指标。整体而言,发达国家的政治风险普遍低于新兴经济体和发展中国家。发达国家平均排名为25.8位,新兴经济体和发展中国家则为76.6位。政治风险指标排名前20的国家均为发达国家。

与根据前一年度最新数据计算的结果相比,乌克兰、斯里兰卡和拉脱维亚排名有所下降,乌兹别克斯坦、阿尔巴尼亚和捷克的排名则有所上升。

表10　　　　　　　　政治风险评级结果

排名	国家	排名变化	排名	国家	排名变化	排名	国家	排名变化
1	荷兰	↑	20	阿联酋	↓	39	科威特	↑
2	冰岛	↑	21	智利	↑	40	阿尔巴尼亚	↑
3	加拿大	↑	22	瑞典	↓	41	波兰	↓
4	爱尔兰	↑	23	西班牙	↓	42	斯洛伐克	N
5	澳大利亚	↑	24	美国	↓	43	斯洛文尼亚	↑
6	丹麦	↓	25	克罗地亚	↑	44	塞浦路斯	↓
7	瑞士	↓	26	葡萄牙	↓	45	巴拿马	↓
8	挪威	↑	27	沙特阿拉伯	↑	46	摩洛哥	↓
9	日本	↑	28	纳米比亚	—	47	匈牙利	↓
10	芬兰	↓	29	卡塔尔	↑	48	罗马尼亚	↓
11	新西兰	↓	30	乌拉圭	↓	49	印度	↓
12	德国	↑	31	法国	↓	50	乌兹别克斯坦	↑
13	卢森堡	↓	32	马耳他	↓	51	意大利	↓
14	捷克	↑	33	阿曼	↑	52	南非	↓
15	爱沙尼亚	↑	34	牙买加	N	53	希腊	↓
16	新加坡	↑	35	立陶宛	↓	54	哥斯达黎加	↓
17	奥地利	↑	36	博茨瓦纳	↓	55	吉尔吉斯斯坦	↓
18	英国	↓	37	巴林	↑	56	约旦	↑
19	比利时	N	38	蒙古国	↑	57	赞比亚	↓

续表

排名	国家	排名变化	排名	国家	排名变化	排名	国家	排名变化
58	韩国	↓	79	墨西哥	↓	100	危地马拉	↓
59	秘鲁	↑	80	俄罗斯	↓	101	孟加拉国	↓
60	保加利亚	↑	81	塞内加尔	↓	102	尼加拉瓜	↓
61	拉脱维亚	↓	82	菲律宾	↓	103	尼日利亚	↑
62	加纳	↓	83	埃塞俄比亚	↓	104	阿尔及利亚	↓
63	塔吉克斯坦	↑	84	萨尔瓦多	N	105	委内瑞拉	↓
64	亚美尼亚	↑	85	伊朗	↑	106	几内亚	↑
65	哈萨克斯坦	↓	86	乌干达	↑	107	白俄罗斯	↑
66	越南	↑	87	伊拉克	↑	108	土耳其	↓
67	马来西亚	↓	88	老挝	↑	109	喀麦隆	↓
68	厄瓜多尔	↑	89	肯尼亚	↑	110	埃及	↓
69	摩尔多瓦	↓	90	以色列	↓	111	马达加斯加	↓
70	尼日尔	↑	91	泰国	↓	112	马里	↓
71	洪都拉斯	↑	92	巴西	↑	113	巴拉圭	↓
72	印度尼西亚	↓	93	布基纳法索	↓	114	柬埔寨	↓
73	突尼斯	↓	94	斯里兰卡	↓	115	黎巴嫩	↓
74	坦桑尼亚	↓	95	阿塞拜疆	↓	116	安哥拉	↓
75	多哥	↓	96	玻利维亚	↓	117	巴基斯坦	↓
76	阿根廷	↑	97	巴布亚新几内亚	N	118	乌克兰	↓
77	塞尔维亚	N	98	哥伦比亚	↓	119	缅甸	↓
78	莫桑比克	↓	99	土库曼斯坦	↓	120	苏丹	↓

注：（1）—表示与在可获得的最新前一期数据基础上得出结果相比，相对排名没有变化的国家；↑表示与在可获得的最新前一期数据基础上得出结果相比，相对排名上升的国家；↓表示与在可获得的最新前一期数据基础上得出结果相比，相对排名下降的国家。N 表示新增样本国家，不计算排名变化。

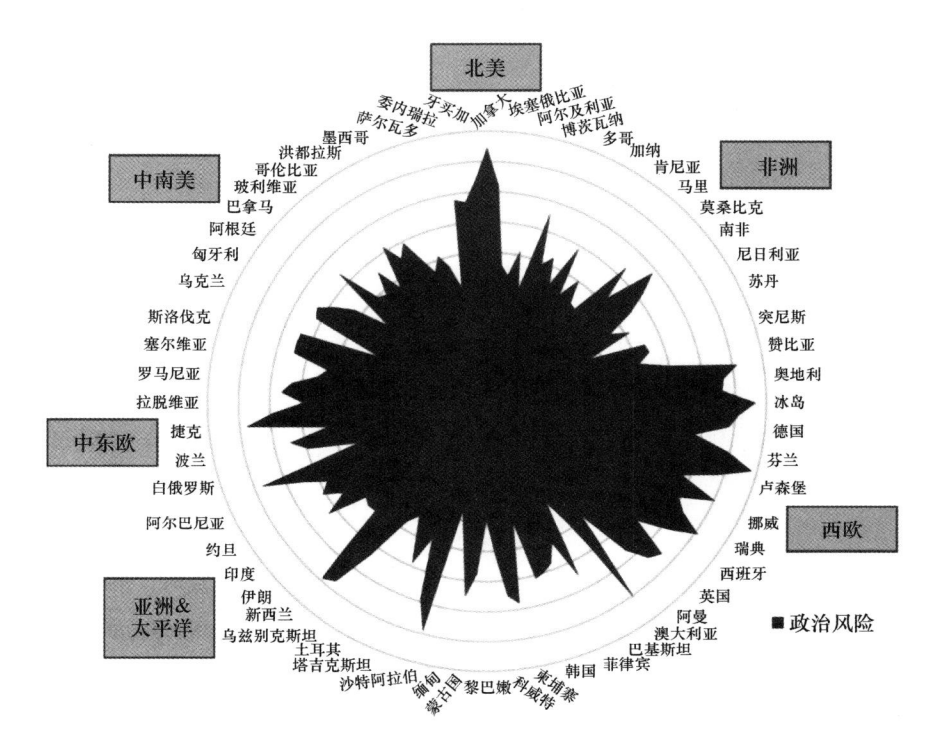

图 2　政治风险评级结果

3. 社会弹性

社会弹性方面，与 2022 年的度量指标相同，本报告主要关注 8 个指标。通过分析具体指标，发现发达国家社会弹性发展状况普遍好于新兴经济体。发达国家平均排名为 21.9 位，新兴经济体和发展中国家则为 78.4 位。排名前 20 的国家中，除了卡塔尔和阿联酋之外，均为发达国家。

与根据前一年度最新数据计算的结果相比，乌克兰、埃塞俄比亚和以色列等国的排名有所下降，卢森堡、意大利和保加利亚的排名则有所上升。

表11　社会弹性评级结果

排名	国家	排名变化	排名	国家	排名变化	排名	国家	排名变化
1	新加坡	—	30	匈牙利	↑	59	哈萨克斯坦	↓
2	日本	—	31	爱沙尼亚	↓	60	黎巴嫩	↓
3	爱尔兰	—	32	立陶宛	↓	61	阿塞拜疆	↓
4	新西兰	↑	33	以色列	↓	62	加纳	↓
5	荷兰	↓	34	澳大利亚	↓	63	哥斯达黎加	—
6	英国	—	35	波兰	↑	64	秘鲁	↓
7	德国	—	36	巴林	—	65	阿根廷	↑
8	意大利	↑	37	希腊	↓	66	老挝	↓
9	丹麦	↑	38	罗马尼亚	↑	67	越南	↓
10	瑞典	↑	39	保加利亚	↑	68	塞内加尔	↑
11	韩国	↑	40	拉脱维亚	↓	69	埃及	↓
12	阿联酋	↓	41	约旦	↓	70	摩尔多瓦	↓
13	加拿大	↓	42	马来西亚	↓	71	乌干达	↓
14	比利时	N	43	阿曼	↑	72	智利	↓
15	瑞士	↓	44	克罗地亚	↓	73	伊朗	↓
16	卢森堡	↑	45	亚美尼亚	↓	74	俄罗斯	↓
17	冰岛	↓	46	博茨瓦纳	↑	75	菲律宾	↓
18	挪威	↓	47	斯洛文尼亚	↓	76	土耳其	↓
19	马耳他	↑	48	塞尔维亚	N	77	厄瓜多尔	—
20	捷克	↓	49	科威特	↓	78	摩洛哥	↓
21	卡塔尔	↓	50	柬埔寨	↓	79	巴拉圭	—
22	法国	↓	51	阿尔巴尼亚	↓	80	白俄罗斯	↑
23	芬兰	—	52	蒙古国	↑	81	印度	↓
24	奥地利	—	53	沙特阿拉伯	↓	82	牙买加	N
25	西班牙	↑	54	赞比亚	↓	83	布基纳法索	—
26	美国	—	55	印度尼西亚	↓	84	尼加拉瓜	↓
27	葡萄牙	↓	56	巴拿马	↑	85	吉尔吉斯斯坦	↓
28	塞浦路斯	↓	57	乌拉圭	↓	86	斯里兰卡	↓
29	斯洛伐克	N	58	肯尼亚	↓	87	坦桑尼亚	↓

续表

排名	国家	排名变化	排名	国家	排名变化	排名	国家	排名变化
88	危地马拉	↓	99	玻利维亚	↓	110	尼日利亚	↓
89	突尼斯	↓	100	萨尔瓦多	N	111	洪都拉斯	↓
90	喀麦隆	↓	101	缅甸	↑	112	尼日尔	↓
91	泰国	↓	102	南非	—	113	几内亚	↓
92	纳米比亚	↓	103	墨西哥	↓	114	马里	↓
93	孟加拉国	↓	104	巴基斯坦	↓	115	委内瑞拉	↓
94	土库曼斯坦	↓	105	哥伦比亚	↓	116	伊拉克	↓
95	安哥拉	↓	106	巴西	↓	117	乌克兰	↓
96	乌兹别克斯坦	↓	107	巴布亚新几内亚	N	118	埃塞俄比亚	↓
97	塔吉克斯坦	↓	108	马达加斯加	↓	119	莫桑比克	↓
98	阿尔及利亚	↓	109	多哥	↓	120	苏丹	↓

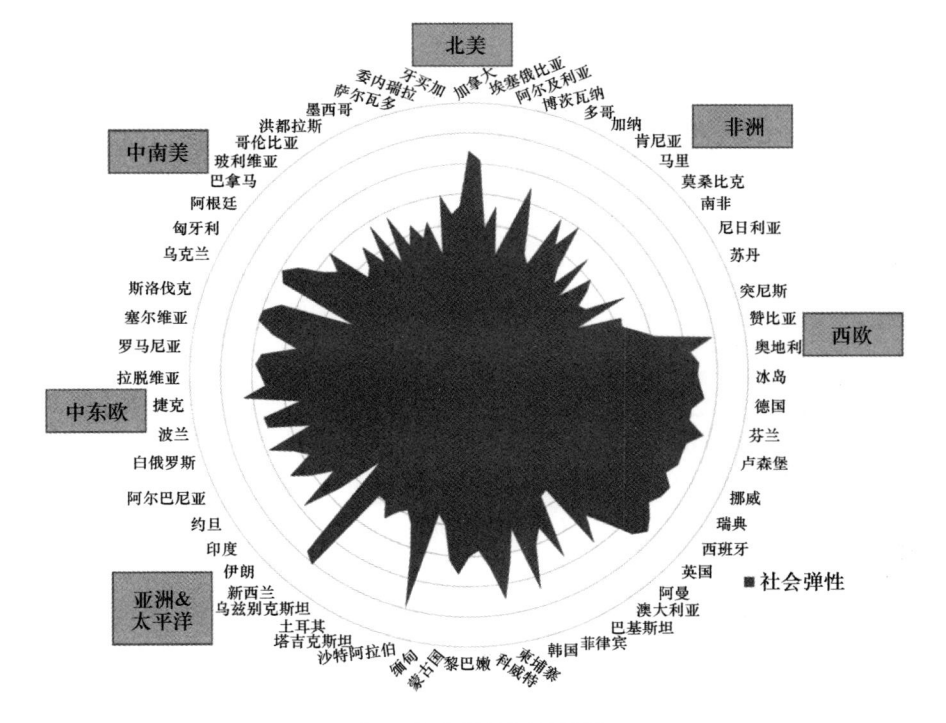

注：（1）—表示与在可获得的最新前一期数据基础上得出结果相比，相对排名没有变化的国家；↑表示与在可获得的最新前一期数据基础上得出结果相比，相对排名上升的国家；↓表示与在可获得的最新前一期数据基础上得出结果相比，相对排名下降的国家。N表示新增样本国家，不计算排名变化。

图3 社会弹性评级结果

4. 偿债能力

偿债能力指标从一国的负债规模、负债结构和偿还能力的角度对东道国的投资风险进行衡量。虽然发达经济体的平均偿债能力强于新兴经济体,但是也有部分发达国家偿债能力较弱,如塞浦路斯和希腊等。整体而言,发达国家偿债能力风险依然低于新兴经济体和发展中国家,但是"优势"并不如前几个指标明显。发达国家"偿债能力"的平均排名为45.7位,新兴经济体和发展中国家的平均排名为67.4位。

与根据前一年度最新数据计算的结果相比,阿根廷、吉尔吉斯斯坦和阿联酋等国的排名有所下降;加拿大、莫桑比克和哈萨克斯坦等国的排名有所上升。

表12　　　　　　　　偿债能力评级结果

排名	国家	排名变化	排名	国家	排名变化	排名	国家	排名变化
1	智利	↑	17	美国	↑	33	加拿大	↑
2	丹麦	↑	18	巴布亚新几内亚	↑	34	罗马尼亚	↓
3	危地马拉	↓	19	德国	↓	35	阿曼	↑
4	阿塞拜疆	↓	20	乌兹别克斯坦	↑	36	阿联酋	↓
5	波兰	↑	21	卡塔尔	↓	37	伊拉克	↑
6	土库曼斯坦	↑	22	沙特阿拉伯	↑	38	科威特	↓
7	韩国	↓	23	卢森堡	↑	39	保加利亚	↑
8	澳大利亚	↓	24	哈萨克斯坦	↑	40	新加坡	↓
9	以色列	↑	25	爱沙尼亚	↓	41	捷克	↑
10	瑞典	↓	26	俄罗斯	↓	42	塞尔维亚	↑
11	爱尔兰	↑	27	尼加拉瓜	↓	43	尼日利亚	↑
12	挪威	↓	28	立陶宛	↑	44	墨西哥	↑
13	博茨瓦纳	↑	29	印度尼西亚	↑	45	越南	↓
14	冰岛	↑	30	洪都拉斯	↑	46	乌拉圭	↑
15	秘鲁	↑	31	新西兰	↓	47	奥地利	↑
16	厄瓜多尔	↑	32	瑞士	↓	48	坦桑尼亚	↓

续表

排名	国家	排名变化	排名	国家	排名变化	排名	国家	排名变化
49	安哥拉	↑	73	法国	↑	97	牙买加	N
50	匈牙利	↓	74	芬兰	↓	98	尼日尔	↓
51	埃塞俄比亚	↓	75	埃及	↓	99	委内瑞拉	↑
52	斯洛文尼亚	↑	76	斯洛伐克	N	100	印度	↓
53	几内亚	↓	77	菲律宾	↑	101	西班牙	↑
54	荷兰	↑	78	塔吉克斯坦	↓	102	比利时	N
55	亚美尼亚	↑	79	阿尔巴尼亚	↑	103	摩洛哥	↑
56	喀麦隆	↑	80	老挝	↓	104	肯尼亚	↑
57	南非	↓	81	柬埔寨	↑	105	塞内加尔	↑
58	拉脱维亚	↓	82	萨尔瓦多	N	106	葡萄牙	↑
59	马里	↓	83	多哥	↓	107	乌克兰	↓
60	巴拉圭	↓	84	日本	↓	108	巴基斯坦	↓
61	布基纳法索	↓	85	阿根廷	↓	109	加纳	↓
62	巴西	↓	86	莫桑比克	↑	110	土耳其	↑
63	缅甸	↓	87	孟加拉国	↓	111	摩尔多瓦	↓
64	哥伦比亚	↑	88	吉尔吉斯斯坦	↑	112	塞浦路斯	↑
65	哥斯达黎加	↑	89	泰国	↑	113	突尼斯	↓
66	英国	↑	90	赞比亚	↓	114	伊朗	↓
67	克罗地亚	↑	91	马达加斯加	↓	115	希腊	↑
68	蒙古国	↑	92	巴拿马	↑	116	约旦	—
69	马耳他	↑	93	马来西亚	↓	117	巴林	↑
70	乌干达	↑	94	纳米比亚	↑	118	斯里兰卡	↓
71	白俄罗斯	↓	95	意大利	↓	119	黎巴嫩	—
72	玻利维亚	↓	96	阿尔及利亚	↑	120	苏丹	↓

注：（1）—表示与在可获得的最新前一期数据基础上得出结果相比，相对排名没有变化的国家；↑表示与在可获得的最新前一期数据基础上得出结果相比，相对排名上升的国家；↓表示与在可获得的最新前一期数据基础上得出结果相比，相对排名下降的国家。N表示新增样本国家，不计算排名变化。

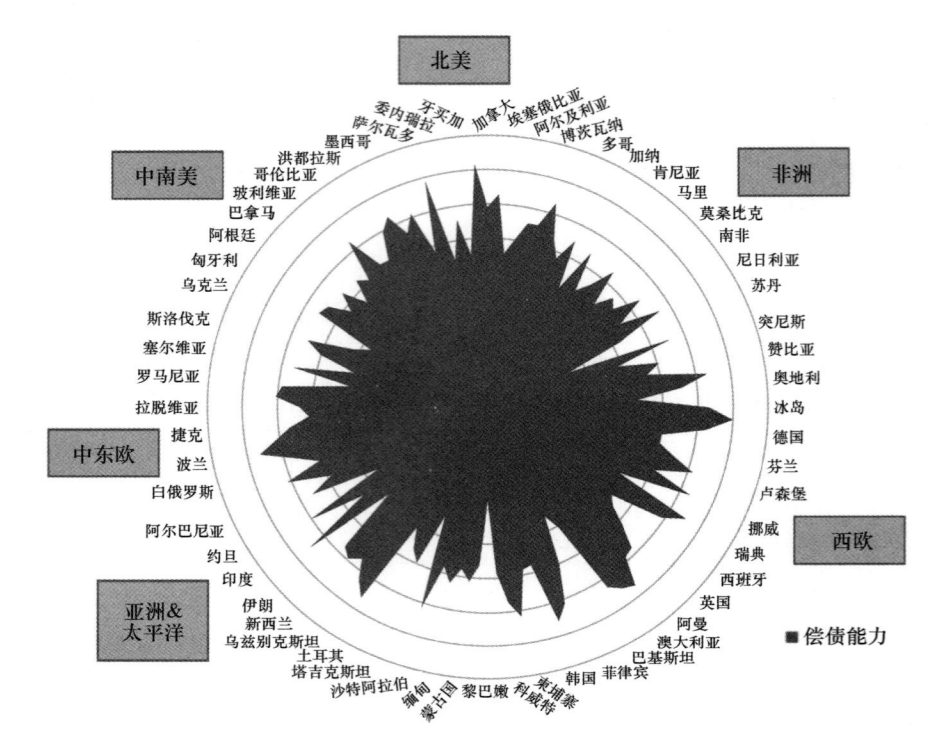

图4 偿债能力评级结果

5. 对华关系

对华关系方面，本报告主要关注6个指标。通过分析具体指标，本报告发现，排名前20的国家均为新兴经济体和发展中国家。发达国家对华关系指标的平均排名为79.9位，新兴经济体和发展中国家的平均排名为51.5位。

与根据前一年度最新数据计算的结果相比，马达加斯加、黎巴嫩和澳大利亚等国对华关系的排名有所下降，法国、阿尔及利亚、几内亚等国对华关系的排名有所上升。

表 13　　　　　　　　　　　对华关系评级结果

排名	国家	排名变化	排名	国家	排名变化	排名	国家	排名变化
1	老挝	↑	30	巴布亚新几内亚	N	59	突尼斯	↓
2	巴基斯坦	↓	31	尼日利亚	↓	60	多哥	↓
3	卡塔尔	—	32	泰国	↓	61	巴拿马	↑
4	孟加拉国	↑	33	科威特	↑	62	沙特阿拉伯	↓
5	坦桑尼亚	↑	34	乌拉圭	↑	63	摩尔多瓦	↑
6	塞尔维亚	N	35	南非	↓	64	匈牙利	↑
7	俄罗斯	↑	36	埃塞俄比亚	↓	65	赞比亚	↓
8	土库曼斯坦	↓	37	阿塞拜疆	↑	66	希腊	↓
9	伊朗	↑	38	乌兹别克斯坦	↓	67	新西兰	↓
10	越南	↑	39	肯尼亚	↓	68	牙买加	N
11	厄瓜多尔	↑	40	巴林	↑	69	马达加斯加	↓
12	缅甸	↓	41	委内瑞拉	↓	70	卢森堡	↓
13	蒙古国	↑	42	玻利维亚	↓	71	克罗地亚	↓
14	印度尼西亚	↓	43	加纳	↓	72	斯洛文尼亚	↑
15	吉尔吉斯斯坦	↑	44	苏丹	↑	73	塞浦路斯	↑
16	几内亚	↑	45	马里	↑	74	阿尔巴尼亚	↑
17	塔吉克斯坦	↑	46	摩洛哥	↓	75	斯洛伐克	N
18	柬埔寨	↓	47	土耳其	↓	76	罗马尼亚	↑
19	阿联酋	↑	48	埃及	↓	77	奥地利	↑
20	斯里兰卡	↑	49	法国	↑	78	葡萄牙	↓
21	新加坡	↑	50	马耳他	—	79	巴西	↓
22	阿尔及利亚	↑	51	尼日尔	↓	80	西班牙	↓
23	哈萨克斯坦	↑	52	阿根廷	↑	81	黎巴嫩	↓
24	阿曼	↓	53	韩国	↓	82	保加利亚	↓
25	白俄罗斯	↑	54	以色列	↑	83	芬兰	↓
26	秘鲁	↓	55	菲律宾	↓	84	意大利	↓
27	亚美尼亚	↓	56	博茨瓦纳	↓	85	荷兰	↓
28	智利	↑	57	安哥拉	↓	86	乌克兰	↓
29	马来西亚	↓	58	瑞士	↑	87	波兰	↓

续表

排名	国家	排名变化	排名	国家	排名变化	排名	国家	排名变化
88	丹麦	↓	99	塞内加尔	↓	110	布基纳法索	↓
89	立陶宛	↑	100	比利时	N	111	哥伦比亚	↓
90	挪威	↓	101	莫桑比克	↓	112	哥斯达黎加	↓
91	德国	↑	102	印度	↓	113	加拿大	↓
92	冰岛	↓	103	澳大利亚	↓	114	乌干达	↓
93	英国	↑	104	尼加拉瓜	↑	115	纳米比亚	↓
94	爱沙尼亚	↓	105	洪都拉斯	↑	116	拉脱维亚	↓
95	瑞典	↓	106	伊拉克	↓	117	墨西哥	↓
96	日本	↓	107	约旦	↓	118	巴拉圭	↓
97	捷克	↓	108	爱尔兰	↓	119	危地马拉	↓
98	喀麦隆	↓	109	萨尔瓦多	N	120	美国	↓

注：（1）—表示与在可获得的最新前一期数据基础上得出结果相比，相对排名没有变化的国家；↑表示与在可获得的最新前一期数据基础上得出结果相比，相对排名上升的国家；↓表示与在可获得的最新前一期数据基础上得出结果相比，相对排名下降的国家。N表示新增样本国家，不计算排名变化。

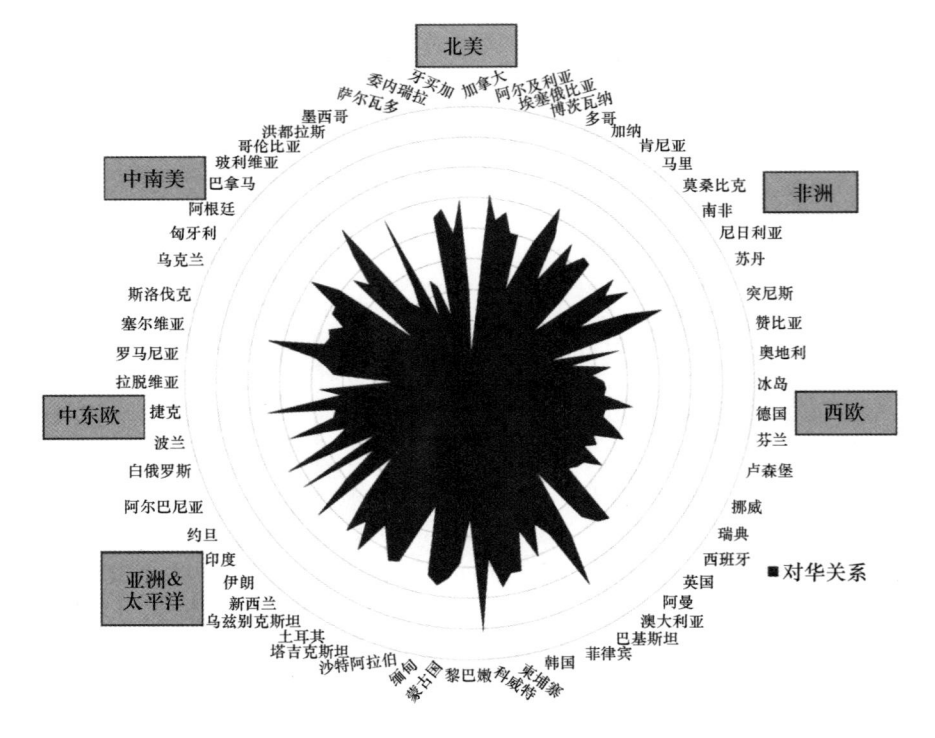

图5 对华关系评级结果

五 CROIC-IWEP 国家风险评级主要排名变动国家分析

根据2023年国家风险评级报告各个国家的风险评级得分和排名，本报告筛选出了具有代表性的8个国家进行详细分析。具体筛选标准为：排名上升较大的4个国家，以及排名下降较大的4个国家。

（一）蒙古国（↑27）

在2023年中国海外投资国家风险评级结果中，蒙古国的排名上升了27位。蒙古国政治风险和对华关系指标上升明显，偿债能力指标也呈向好趋势。在对华关系方面，2022年11月27日至28日，应习近平主席邀请，蒙古国总统乌赫那·呼日勒苏赫对中国进行国事访问①。同年9月10日至12日，中国全国人大常委会委员长栗战书对蒙古国进行正式友好访问，开启蒙中最高立法机构合作的新篇章②。此外，中蒙经贸投资依存度也在提升，中国已连续18年成为蒙最大的贸易伙伴和投资国。2022年前11个月，中蒙双边贸易额为107.9亿美元，同比增长24%。其中，蒙古国对华出口额为81.6亿美元，占蒙出口总额80%以上③。对于免签指标，今年计算方法有所改变，其中公务普通护照免签分数有所提升。在偿债能力方面，蒙古国财政赤字

---

① 《中华人民共和国和蒙古国关于新时代推进全面战略伙伴关系的联合声明》，人民网，2022年11月28日，http://world.people.com.cn/n1/2022/1128/c1002-32576276.html。
② 《栗战书对蒙古国进行正式友好访问》，央广网，2022年9月13日，https://china.cnr.cn/news/sz/20220913/t20220913_526007346.shtml。
③ 《中国同蒙古国的关系》，中华人民共和国外交部网站，2023年7月，http://switzerlandemb.fmprc.gov.cn/web/gjhdq_676201/gj_676203/yz_676205/1206_676740/sbgx_676744/。

大幅下降。截至 2022 年年末，蒙古国财政预算收入（含外来援助）50 亿美元，同比增长 35.3%；财政支出（含偿债金额）53 亿美元，同比增长 16.2%；财政赤字 3 亿美元，同比下降 66.5%[①]。

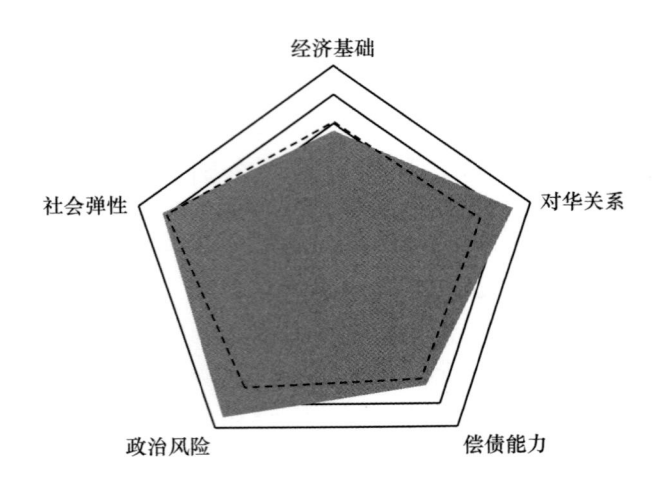

图 6　蒙古国得分对比

注：实线部分代表 2023 年得分，虚线部分代表 2022 年得分。

（二）乌兹别克斯坦（↑23）

在 2023 年中国海外投资国家风险评级的结果中，乌兹别克斯坦的排名上升了 23 位，这是因为其政治风险指标得分有明显改善，另外其偿债能力指标的得分也有上升。在政治风险方面，2021 年 10 月，米尔济约耶夫以 80.1% 的得票率获得连任，并于 2022 年 1 月制订了《2022—2026 年新乌兹别克斯坦发展战略》，新战略包括七大重点方向和 100 个具体目标，拟使乌兹别克斯坦能够尽快迈入世界中高平均水平收入国家行列，该国迎来"新乌兹别克斯坦"建设时代[②]。在偿债能力方面，2022 年，

---

① 《2022 年蒙古国国民经济运行情况》，中华人民共和国商务部网站，2023 年 2 月 2 日，http://www.mofcom.gov.cn/article/zwjg/zwxw/zwxwyz/202302/20230203382052.shtml。
② 《乌兹别克斯坦：在深刻变革中前进》，中国国际问题研究院，2023 年 1 月 30 日，https://www.ciis.org.cn/yjcg/xslw/202301/t20230130_8852.html。

乌兹别克斯坦国内生产总值首次突破800亿美元,吸引外国直接投资达80亿美元,出口额达190亿美元。此外,国民生活条件不断改善。养老金和社会福利水平得到提高,共有200万个贫困家庭得到救助,总金额超过11万亿苏姆①。

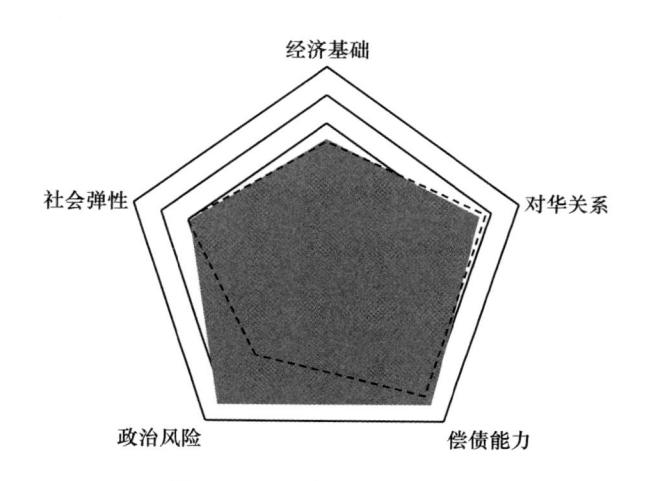

图7　乌兹别克斯坦得分对比

注:实线部分代表2023年得分,虚线部分代表2022年得分。

(三) 几内亚 (↑18)

在2023年中国海外投资国家风险评级的结果中,几内亚的排名上升了18位,这是因为其对华关系和经济基础指标有所上升。在经济基础方面,2022年几内亚经济增长率回落至4.7%,但已强于撒哈拉以南非洲地区的平均水平;通胀率约为12.5%,基本与2021年持平;公共债务约占GDP的40%,远低于地区60%的平均水平;国际货币基金组织认为几内亚经济具有一定韧性;另据几内亚经济和财政部数据,2022年几内亚经济增长率为4.7%②。在对华关系方面,中几两国投资依存度分数大幅提

---

① 《乌兹别克斯坦国内生产总值首次突破800亿美元》,《经济日报》2023年1月3日。
② 《国际货币基金组织展望几内亚经济》,中华人民共和国商务部网站,2022年12月1日,http://gn.mofcom.gov.cn/article/jmxw/202212/20221203371466.shtml。

升,2022年12月22日,中国宝武、赢联盟控股公司、Simfer和几内亚政府在几内亚首都科纳克里共同签署《西芒杜基础设施项目条款清单》,围绕西芒杜项目整体开发所需的铁路、港口等基础设施共同投资开发达成了重要合作共识。2023年1月13日,几内亚总统府办公厅主任迪亚基特率总统府代表团抵达上海,对宝武进行为期一周的商务访问,双方围绕铁矿项目进行了深度讨论。①

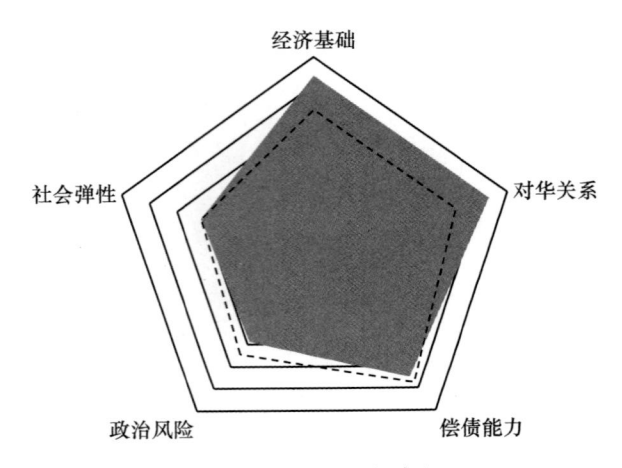

图 8　几内亚得分对比

注:实线部分代表2023年得分,虚线部分代表2022年得分。

(四) 伊朗 (↑15)

在2023年中国海外投资国家风险评级的结果中,伊朗的排名上升了15位,这是由于其政治风险指标上升较为明显,另外其对华关系指标的得分也有上升。在政治风险方面,2021年8月3日,伊朗最高领袖哈梅内伊批准莱希出任伊朗新一任总统,宣布新政府将致力于应对通货膨胀、就业、住房等民生问题,修复伊朗民众对政府的信任②。在对华关系方面,2022年12月

---

① 《宝武西芒杜铁矿项目里程碑进展:四方就基础设施投资达成共识》,澎湃新闻,2022年12月24日,https://www.thepaper.cn/newsDetail_forward_21297526.
② 《伊朗最高领袖批准莱希出任总统》,人民网,2021年8月3日,http://world.people.com.cn/n1/2021/0803/c1002-32180348.html.

13 日，国务院副总理胡春华在伊朗首都德黑兰会见伊总统莱希①。此外，为深化发展中伊全面战略伙伴关系，伊朗总统莱希于 2023 年 2 月 14 日至 16 日对中国进行国事访问②。同年 3 月 6 日至 10 日，在中方支持下，中沙伊三方在北京签署并发表联合声明，宣布沙伊双方同意恢复外交关系，达成"北京协议"③。援引伊朗海关数据，2022 年 3 月 21 日至 2023 年 1 月 22 日，中国保持伊朗的第一大贸易伙伴地位，领先于阿联酋、土耳其和伊拉克，近年来也是伊朗的第一大出口目的地，中伊贸易总额达 253 亿美元，其中伊朗对中国出口和进口分别为 126 亿美元和 127 亿美元，分别同比增长 10% 和 33%④。

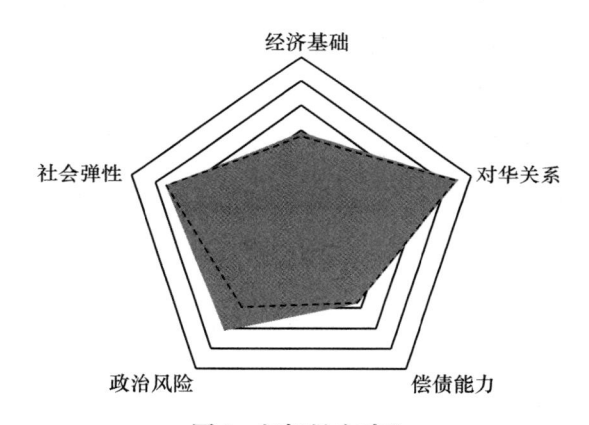

图 9 伊朗得分对比

注：实线部分代表 2023 年得分，虚线部分代表 2022 年得分。

（五）斯里兰卡（↓31）

在 2023 年中国海外投资国家风险评级的结果中，斯里兰卡

---

① 《胡春华会见伊朗总统莱希》，中华人民共和国中央人民政府网站，2022 年 12 月 14 日，https://www.gov.cn/govweb/xinwen/2022-12/14/content_5731822.htm.

② 《中华人民共和国和伊朗伊斯兰共和国联合声明（全文）》，人民网，2023 年 2 月 16 日，http://politics.people.com.cn/n1/2023/0216/c1001-32625102.html.

③ 《综述：国际社会欢迎沙伊复交赞赏中方发挥积极作用》，新华社，2023 年 3 月 12 日，http://www.news.cn/world/2023-03/12/c_1129428778.htm.

④ 《中国在伊朗贸易中的地位》，中华人民共和国商务部网站，2023 年 2 月 20 日，http://ir.mofcom.gov.cn/article/jmxw/202302/20230203392145.shtml.

的排名下降了31位，其中经济基础和政治风险指标的得分下降明显，偿债能力、社会弹性指标的得分也有所下降。在政治风险方面，2022年7月9日，斯里兰卡首都科伦坡爆发抗议活动，斯总统戈塔巴雅·拉贾帕克萨于7月15日正式辞职。[①] 在经济基础方面，2022年2月以来，俄乌冲突升级等因素导致全球粮食和能源价格不断上涨，使得本就外汇紧张的斯里兰卡更加难以进口足够的粮食和能源，从而使其国内通胀问题持续恶化，2022年7月，斯里兰卡的通货膨胀率达到了54.6%的历史新高，食品通货膨胀率飙升至81%。[②] 政府仓促而失败的农业转型加剧了滚雪球般的经济和债务危机，经济濒临崩溃。根据世界粮食计划署数据，在斯里兰卡约2200万人口中，超过620万人面临食品短缺，约61%的家庭不得不减少食品消费。在偿债能力方面，2022年4月12日，斯里兰卡宣布暂时中止偿还全部外债，成为当年首个债务违约的国家（截至2022年5月，

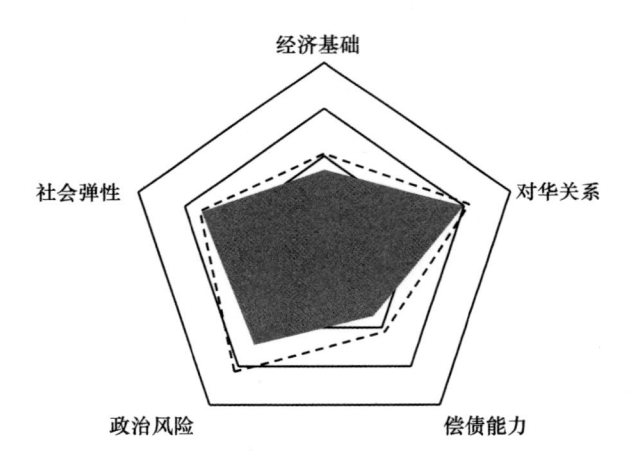

图10 斯里兰卡得分对比

注：实线部分代表2023年得分，虚线部分代表2022年得分。

[①] 《维克拉马辛哈当选斯里兰卡总统》，新华社，2022年7月20日，http://www.news.cn/world/2022-07-20/c_1128848640.htm.

[②] 《斯里兰卡食品通胀率高达81%，经济和债务危机"滚雪球"》，联合国新闻，2022年7月20日，https://news.un.org/zh/story/2022/07/1106312.

斯里兰卡拖欠了510亿美元债务)。同年7月13日,新任总统拉尼尔·维克拉马辛哈对国会表示,斯里兰卡已经遭遇"国家破产"。①

(六) 摩尔多瓦 (↓25)

在2023年中国海外投资国家风险评级的结果中,摩尔多瓦的排名下降了25位,其中经济基础指标的得分下降明显,偿债能力、政治风险指标的得分也有所下降。在经济基础方面,俄乌冲突引发了摩尔多瓦的能源危机和通货膨胀。此前,摩尔多瓦的天然气完全依赖从俄罗斯进口,其电力供应在很大程度上依赖乌克兰。俄乌冲突导致摩尔多瓦的天然气和电力供应短缺,进一步引发通货膨胀。此外,摩尔多瓦通胀率一直徘徊在27%左右,2022年8月更一度飙升至34%。逾10万乌克兰难民的涌入,让摩尔多瓦的经济雪上加霜②。在政治风险方面,2022年10月9日,摩尔多瓦首都基希讷乌爆发大规模抗议集会,约6万人聚集在政府和议会大楼前,高呼要求持亲欧立场的该国总统马娅·桑杜与现任政府的下台口号,要求政府向公民支付电力和天然气价格上涨的补偿费用,并增加对弱势群体的财政补贴③。2023年2月10日,该国总理加夫里利察在摩尔多瓦首都基希讷乌宣布辞职④。

---

① 《斯里兰卡政府宣布暂时中止偿还全部外债》,人民网,2022年4月20日,http://world.people.com.cn/n1/2022/0412/c1002-32397455.html.
② 《摩尔多瓦陷经济危机自身难保》,大公网,2023年4月18日,http://www.takungpao.com/news/232111/2023/0418/840948.html.
③ 《摩尔多瓦首都爆发6万人抗议集会,要求亲欧总统与政府下台》,观察者网,2022年10月10日,https://www.guancha.cn/internation/2022_10_10_661450.shtml?s=zwyxgtjdt.
④ 《摩尔多瓦总理加夫里利察辞职》,2023年2月10日,新华网,http://www.news.cn/world/2023-02/10/c_1129356032.htm.

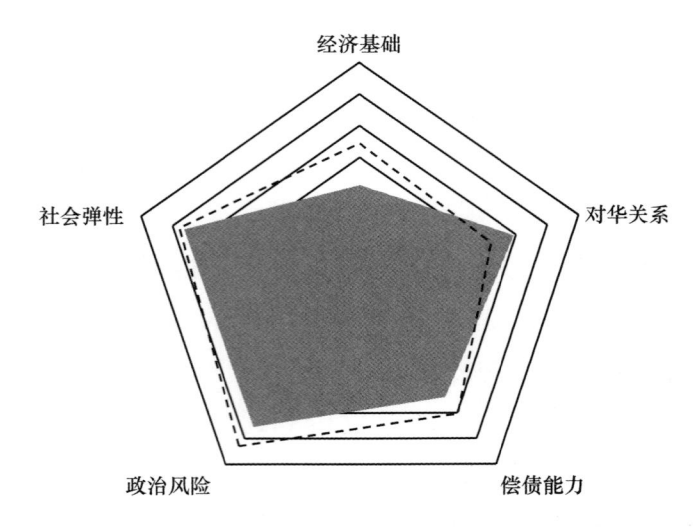

图 11　斯里兰卡得分对比

注：实线部分代表 2023 年得分，虚线部分代表 2022 年得分。

（七）突尼斯（↓19）

在 2023 年中国海外投资国家风险评级的结果中，突尼斯的排名下降了 19 位，原因在于其政治风险和对华关系指标的得分下降明显，经济基础、偿债能力和社会弹性指标得分也有所下降。在政治风险方面，2021 年 7 月 25 日，突尼斯主要城市爆发大规模游行示威，抗议政府和议会抗击疫情、提振经济不力，总统赛义德宣布一系列紧急措施，包括解除总理迈希希职务、暂停议会活动等①，自那以来，突尼斯一直处于严重的政治危机中。在经济基础方面，突尼斯 55% 的粮食都依赖俄乌两国出口，俄乌冲突导致这些粮食难以运抵突尼斯。此外，突尼斯 2022 年通胀率持续攀升，6 月达到 8.1%，为 1991 年 10 月以来的最高值。突尼斯食品价格 2022 年 6 月上涨了 9.5%，其中鸡蛋和食用油涨幅最大，分别达到 20.8% 和 20.2%，水果、禽肉和谷类

---

① 《观察丨突尼斯新动荡背后的政经危机和人心得失》，腾讯网，2021 年 8 月 8 日，https：//new.qq.com/rain/a/20210808A070LQ00。

制品涨幅也超过10%①。

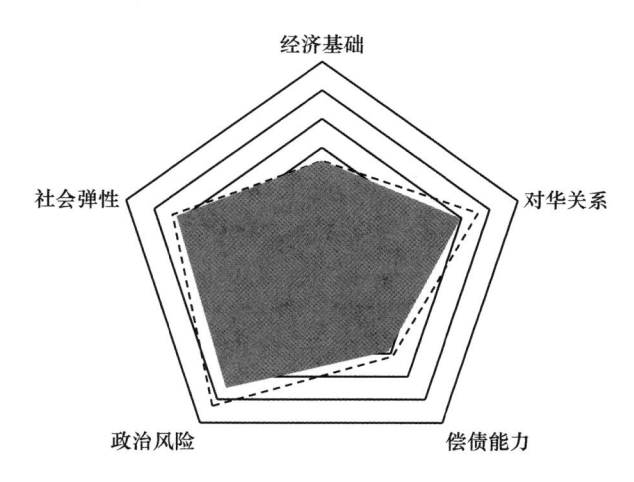

图12 突尼斯得分对比

注：实线部分代表2023年得分，虚线部分代表2022年得分。

（八）拉脱维亚（↓16）

在2023年中国海外投资国家风险评级的结果中，拉脱维亚的排名下降了16位，这是因为其经济基础、偿债能力和政治风险指标得分均有不同程度的下降。在经济基础方面，2022年9月拉脱维亚通货膨胀率为21.3%，在欧盟国家中位居"榜首"（平均水平为9.1%）。2022年8月，拉脱维亚商品和服务价格总体上涨了21.5%；总体上看，2022年以来商品和服务价格涨幅达到26.1%，其中非食品类商品涨幅最高，达到了30.3%，一个重要因素是该大类中包含能源类商品。② 在政治风险方面，2022年9月27日，拉脱维亚政府宣布与俄罗斯接壤的几个城市

---

① 《物价上涨、原料短缺 突尼斯经济陷入困境》，央视网，2022年7月9日，https：//finance.sina.com.cn/jjxw/2022-07-09/doc-imizirav2618813.shtml? r = 0&tr = 174.
② 《中东欧国家周报》，中国—中东欧研究院，2022年3月，http：//ies.cssn.cn/chinacee/zdo_ cbw/zdo_ zb/202203/P020220328394043217531.pdf.

进入紧急状态，持续时间为 9 月 28 日至 12 月 26 日。① 此外，2022 年 10 月 1 日，拉脱维亚举行第 14 届议会选举，共有 7 个政党或政党联盟突破进入议会的 5% 的得票率门槛，其中包括由总理卡林斯领导的中右翼政党新统一党、"绿党"和农民联盟、政党联盟"联合名单"等。2022 年 12 月 14 日，拉脱维亚议会批准新一届政府成员名单，克里斯亚尼斯·卡林斯连任总理。

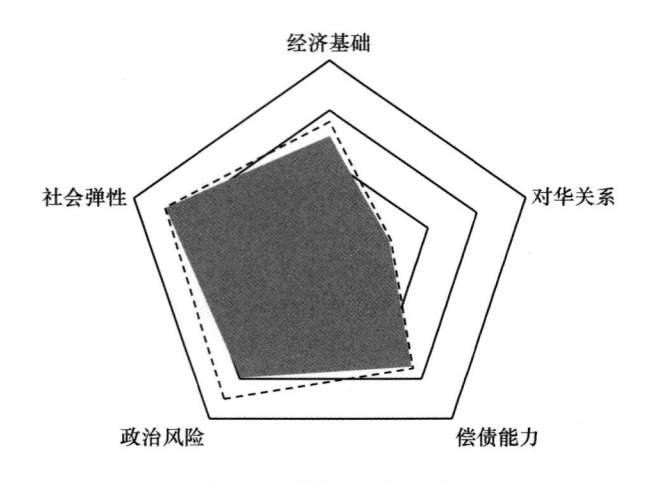

图 13　拉脱维亚得分对比

注：实线部分代表 2023 年得分，虚线部分代表 2022 年得分。

---

① 《拉脱维亚宣布与俄接壤的几个城市进入紧急状态》，央视网，2022 年 9 月 28 日，https：//news.cctv.com/2022/09/28/ARTIHqhjKSNsSKxY1w0JVWp1220928.shtml.

2023年中国海外投资共建"一带一路"合作国家风险评级子报告[*]

一 共建"一带一路"合作国家风险评级背景

自2013年习近平总书记提出"一带一路"倡议以来，十年间，共建"一带一路"合作国家在政策沟通、设施联通、贸易畅通、资金融通和民心相通等方面取得丰硕成果，为各国有效开展政治、经济、文化等维度的交流合作树立典范。

在政策沟通方面，参与共建"一带一路"合作的经济体日益增加，"一带一路"倡议获得普遍支持和广泛响应。截至2023年1月6日，中国已与151个国家、32个国际组织签署200余份共建"一带一路"合作文件。[①]"一带一路"国际合作高峰论坛、中国发展高层论坛、博鳌亚洲论坛等国际合作平台成为世界各国和国际组织沟通协作、交流互通的重要途径，成为共商共建共享原则的生动示范。平台发展为合作扩容创造空间。全球层面，"一带一路"倡议同联合国2030年可持续发展议程有效对接；区域层面，"一带一路"倡议与《东盟互联互通总体规划》、非盟《2063年议程》、欧盟"欧亚互联互通战略"

---

[*] 本部分主要参与人：陈逸豪、陈震等。
[①] 《已同中国签订共建"一带一路"合作文件的国家一览》，中国一带一路网，2023年6月26日，https://www.yidaiyilu.gov.cn/xwzx/roll/77298.htm。

等区域发展规划或合作倡议有效对接。"一带一路"倡议嵌入区域和全球合作框架，为全球经济合作和发展协同注入了新的活力。

在设施联通方面，高质量共建"一带一路"带动合作国家的基础设施建设，辐射经济增长进程，深化各国货物和人员交流，成为各国互联互通的基石和互利共赢项目的标杆。在新建基础设施方面，"六廊六路多国多港"稳步推进，中老铁路、雅万铁路、中吉乌国际公路、塔吉克斯坦瓦亚铁路等项目纷纷落地，为当地就业和商品货物贸易创造便利。在交通联通方面，2022年开行中欧班列1.6万列、发送160万标箱，同比分别增长9%、10%。[1] 中老铁路开通运营一年间，累计发送旅客850万人次，跨境货物超190万吨。[2]

在贸易畅通方面，中国同"一带一路"共建国家的经贸联系不断深入，贸易与投资的自由化和便利化程度不断提升。2013—2022年，在贸易方面，中国与"一带一路"共建国家货物贸易额从1.04万亿美元扩大到2.07万亿美元，年均增长8%，中国已成为25个沿线国家的最大经贸伙伴[3]；在投资方面，中国与沿线国家双向投资累计超过2700亿美元；中国在沿线国家承包工程新签合同额、完成营业额累计分别超过1.2万亿美元和8000亿美元，占对外承包工程总额的比重超过了一半。经贸畅通为"一带一路"共建国家的经济增长注入内生动力。截至2022年年底，中国企业在"一带一路"沿线国家建设

---

[1] 《2022年中欧班列开行1.6万列》，光明网，2023年1月3日，https://m.gmw.cn/2023-01/03/content_1303242253.htm。

[2] 《中老铁路开通一年交出客货齐旺"成绩单"》，中华人民共和国中央人民政府网站，2022年12月2日，https://www.gov.cn/xinwen/2022-12/02/content_5730006.htm。

[3] 《党的十八大以来经济社会发展成就系列报告："一带一路"建设成果丰硕推动全面对外开放格局形成》，中华人民共和国中央人民政府网站，2022年10月9日，http://www.gov.cn/xinwen/2022-10/09/content_5716806.htm。

的经贸合作区累计投资达 571.3 亿美元，为东道国创造岗位累计 42.1 万个。①

在资金融通方面，中国同沿线国家建立起多层次的金融体系。在金融机构协同机制方面，中国等 29 个国家共同核准《"一带一路"融资指导原则》，促进融资体系建设。在金融机构建设层面，亚洲基础设施投资银行（简称"亚投行"）、丝路基金等多边合作金融机构成立。截至 2023 年 1 月，亚投行已有 106 个成员国，累计批准项目 202 个，分布于全球 33 国，融资总额超过 388 亿美元。新兴金融机构和协调机制的建立，为"一带一路"沿线发展中国家的基础设施建设提供重要的资金支持。

在民心相通方面，中国同共建"一带一路"合作国家的人员、科技和文化交流日益频繁，国家间互信不断增强。在教育领域，中国制定《推进共建"一带一路"教育行动》，并举办多样化的文化交流互动，增进高校间互信互认。在科技交流方面，截至 2023 年 1 月，中国已与 160 多个国家和地区建立科技合作关系，签订 114 个政府间科技合作协定。② 在民生发展方面，根据世界银行预测，共建"一带一路"有望使相关国家 760 万人摆脱极端贫困、3200 万人摆脱中度贫困。

"一带一路"沿线区域是中国对外直接投资的重要目的地之一。在流量方面，根据商务部数据，2022 年中国企业在"一带一路"沿线国家非金融类直接投资 1410.5 亿元人民币，较上年增长 7.7%（折合 209.7 亿美元，增长 3.3%），占同期总额的 17.9%。新加坡、印度尼西亚、马来西亚、泰国、越南等东盟

---

① 《我国与"一带一路"沿线国家货物贸易额十年年均增长 8%》，中华人民共和国中央人民政府网站，2023 年 3 月 2 日，https：//www.gov.cn/xinwen/2023-03/02/content_5744191.htm.

② 《中国科创惠及世界——2022 年中国国际科技合作成果丰硕》，中华人民共和国中央人民政府网站，2023 年 1 月 16 日，https：//www.gov.cn/xinwen/2023-01/16/content_5737216.htm.

国家，以及巴基斯坦、阿联酋、柬埔寨、塞尔维亚、孟加拉国等国家是中国在"一带一路"沿线国家的主要投资目的地。对外承包工程方面，中国在"一带一路"沿线国家新签对外承包工程项目合同5514份，新签合同额8718.4亿元人民币，增长0.8%；完成营业额5713.1亿元人民币，下降1.3%，占同期总额的54.8%。在存量方面，根据商务部《2021年中国对外直接投资统计公报》，2021年中国对"一带一路"沿线国家的直接投资存量为2138.4亿美元，占中国对外直接投资存量的7.7%。从投资方式来看，绿地投资依然是中国对"一带一路"沿线投资的主要投资方式，2021年，绿地投资占总投资流量的比重超过70%。截至2022年9月30日，中国在新加坡投资备案的企业数量最多，有1575家，其次是越南，有1200家。近年来中国对越南的直接投资大幅增长，2021年，越南在中国对"一带一路"沿线国家的投资存量中超过俄罗斯，排第三位，中国对越投资增速同比达17.6%。

总体来看，伴随世界各国逐渐走出疫情阴霾，全球经贸合作和人员往来逐步恢复，中国高水平对外开放的进程不断加速，高水平共建"一带一路"将在全球经济复苏和中国推动建设新发展格局的历史进程中迎来新的机遇，谱写新的篇章。

同样需要认识到，后疫情时代，高质量共建"一带一路"、增进"一带一路"合作国家投资面临新挑战。后疫情时代经济恢复进程缓慢，发达国家的通货膨胀、银行业危机存在蔓延趋势；发展中国家的粮食安全仍然面临威胁，债务问题日益凸显，全球经济面临多重压力。部分发展中经济体的经济问题诱发政治问题，国内社会稳定存在不确定性；地缘政治冲突仍在延续，大国之间的竞争逐渐升级，大国间面向发展中国家的政策博弈日益凸显，全球治理体系仍需变革。各种因素叠加使得共建"一带一路"面临新的挑战。

仍须看到，"一带一路"地区多为发展中国家，经济基础整体较为薄弱，经济结构较为单一，经济稳定性较差；部分国家地缘政治复杂，政权更迭频繁，政治风险较高。世纪疫情冲击和经济复苏进程放缓诱发并加剧了部分发展中经济体的债务问题，加之内部社会弹性不足，酝酿出更大的投资风险。因此，做好风险预警，对风险进行正确识别和有效应对，对中国企业海外投资具有重要的政策和现实指导意义。

二 共建"一带一路"合作国家风险评级样本

2023年评级报告对58个共建"一带一路"合作国家进行了风险评级，其中包括发达国家14个，新兴经济体和发展中国家44个。① 从区域分布来看，涉及非洲国家6个，欧洲国家19个，亚太地区国家33个（包括14个西亚国家、11个东亚国家、5个中亚国家和3个南亚国家）。具体评级样本及中国对58国的投资存量数据参见表14。东亚国家依然是中国对外投资的重要目的地，在中国对共建"一带一路"合作国家直接投资存量超过60亿美元的12个样本国家中，除了俄罗斯、巴基斯坦和哈萨克斯坦外，其余8个均为东亚国家。

表14 2021年中国在"一带一路"评级样本国家里的直接投资存量

（单位：亿美元）

国家	"一带一路"地区	发达国家	2021年中国对其投资存量（亿美元）	国家	"一带一路"地区	发达国家	2021年中国对其投资存量（亿美元）
新加坡	东亚	是	672.02	埃及	非洲		12.73
印度尼西亚	东亚		200.80	菲律宾	东亚		8.84

---

① 因样本原因和数据可得性原因，选取58个国家。

续表

国家	"一带一路"地区	发达国家	2021年中国对其投资存量（亿美元）	国家	"一带一路"地区	发达国家	2021年中国对其投资存量（亿美元）
越南	东亚		108.52	科威特	西亚		8.54
俄罗斯	欧洲		106.44	卡塔尔	西亚		7.89
马来西亚	东亚		103.55	白俄罗斯	欧洲		6.46
老挝	东亚		99.40	斯里兰卡	南亚		6.40
泰国	东亚		99.17	波兰	欧洲	是	5.36
阿联酋	西亚		98.45	捷克	欧洲	是	5.27
巴基斯坦	南亚		74.85	塞尔维亚	欧洲		4.82
哈萨克斯坦	中亚		74.87	匈牙利	欧洲	是	3.82
柬埔寨	东亚		69.66	阿曼	西亚		2.85
韩国	东亚	是	66.02	土库曼斯坦	中亚		2.94
南非	非洲		52.94	克罗地亚	欧洲		2.45
缅甸	东亚		39.88	罗马尼亚	欧洲	是	2.20
沙特阿拉伯	西亚		35.24	约旦	西亚		1.84
以色列	西亚	是	34.48	保加利亚	欧洲		1.51
伊朗	西亚		34.20	乌克兰	欧洲		1.37
意大利	欧洲	是	34.13	巴林	西亚		1.35
赞比亚	非洲		30.30	塞浦路斯	欧洲	是	1.31
埃塞俄比亚	非洲		28.11	希腊	欧洲	是	1.33
乌兹别克斯坦	中亚		28.08	斯洛文尼亚	欧洲	是	0.50
尼日利亚	非洲		26.96	亚美尼亚	西亚		0.27
肯尼亚	非洲		22.60	阿塞拜疆	西亚		0.21
孟加拉国	南亚		22.04	拉脱维亚	欧洲	是	0.21
伊拉克	西亚		19.42	立陶宛	欧洲		0.07
土耳其	西亚		19.21	爱沙尼亚	欧洲	是	0.05
塔吉克斯坦	中亚		16.27	阿尔巴尼亚	欧洲		0.05
蒙古国	东亚		15.70	摩尔多瓦	欧洲		0.04
吉尔吉斯斯坦	中亚		15.31	黎巴嫩	西亚		0

资料来源：中华人民共和国商务部、国家统计局、国家外汇管理局：《2021年度中国对外直接投资统计公报》。

三 共建"一带一路"合作国家风险评级结果

本报告的评级方法与主报告保持一致,包括经济基础、偿债能力、政治风险、社会弹性和对华关系五大指标,具体的指标选取及其变化可参见主报告。首先,对五大指标之下的具体指标的得分标准化,并对异常值进行截尾处理,分别加权得到每个指标的得分,分值区间为0—1,分数越高表示风险越低;其次,对五个指标的得分加权平均,权重均为0.2;最后,将所得分数转化为相应的级别,包括AAA、AA、A、BBB、BB、B、CCC、CC、C共9级分类,其中AAA和AA为低风险级别,A、BBB为中等风险级别,BB及以下为高风险级别。

(一)总体结果分析

从总的评级结果来看(见表15),低风险级别(AAA-AA)有新加坡、卡塔尔、阿联酋和韩国4个国家;中等风险级别(A-BBB)包括45个国家,占58个国家的绝大多数;高风险级别(BB-B)包括9个国家。

表15 共建"一带一路"合作国家评级结果

排名	国家	地区	发达国家	排名变化	2022评级结果
1	新加坡	东亚	是	↑	AAA
2	卡塔尔	西亚		↓	AA
3	阿联酋	西亚		↓	AA
4	韩国	东亚	是	↓	AA
5	阿曼	西亚		↓	A
6	以色列	西亚	是	↓	A
7	沙特阿拉伯	西亚		↑	A

续表

排名	国家	地区	发达国家	排名变化	2022 评级结果
8	爱沙尼亚	欧洲	是	↓	A
9	捷克	欧洲	是	↑	A
10	科威特	西亚		↑	A
11	印度尼西亚	东亚		↓	A
12	波兰	欧洲	是	↓	A
13	罗马尼亚	欧洲	是	↓	A
14	蒙古国	东亚		↑	A
15	意大利	欧洲	是	↓	A
16	匈牙利	欧洲	是	↓	A
17	越南	东亚		↑	A
18	哈萨克斯坦	中亚		↑	A
19	立陶宛	欧洲	是	↓	A
20	斯洛文尼亚	欧洲	是	↓	A
21	俄罗斯	欧洲		↓	A
22	马来西亚	东亚		↓	A
23	克罗地亚	欧洲		↓	A
24	阿塞拜疆	西亚		↓	A
25	老挝	东亚		↑	A
26	亚美尼亚	西亚		↑	A
27	塞浦路斯	欧洲	是	↓	A
28	巴林	西亚		↑	A
29	塞尔维亚	欧洲		N	BBB
30	保加利亚	欧洲		↓	BBB
31	乌兹别克斯坦	中亚		↑	BBB
32	柬埔寨	东亚		↓	BBB
33	土库曼斯坦	中亚		↓	BBB
34	阿尔巴尼亚	欧洲		—	BBB
35	塔吉克斯坦	中亚		↑	BBB
36	吉尔吉斯斯坦	中亚		↑	BBB
37	希腊	欧洲	是	↓	BBB

续表

排名	国家	地区	发达国家	排名变化	2022评级结果
38	孟加拉国	南亚		↓	BBB
39	赞比亚	非洲		↑	BBB
40	南非	非洲		↓	BBB
41	肯尼亚	非洲		↓	BBB
42	菲律宾	东亚		↓	BBB
43	拉脱维亚	欧洲	是	↓	BBB
44	埃及	非洲		↓	BBB
45	泰国	东亚		↑	BBB
46	伊朗	西亚		↑	BBB
47	约旦	西亚		↑	BBB
48	巴基斯坦	南亚		↓	BBB
49	埃塞俄比亚	非洲		↑	BBB
50	尼日利亚	非洲		↓	BB
51	缅甸	东亚		↓	BB
52	白俄罗斯	欧洲		↓	BB
53	斯里兰卡	南亚		↓	BB
54	摩尔多瓦	欧洲		↓	BB
55	土耳其	西亚		↓	BB
56	伊拉克	西亚		—	B
57	黎巴嫩	西亚		↓	B
58	乌克兰	欧洲		↓	B

与2022年版相比，在中国对共建"一带一路"合作地区投资存量的前十大目的地中，中国对新加坡的投资存量居于首位，其评级也较高，是唯一低风险的AAA级别国家。伴随能源价格的波动，2022年版评级上升较多的西亚原油出口国的综合排名略有变动，除韩国外，卡塔尔、阿联酋、科威特、阿曼、沙特阿拉伯均位于2—7位之间。在中国对其直接投资存量超过10亿美元的30个国家中，4个国家的评级为BB和B，存在较高的投资风险。部分存在地缘政治风险、债务风险和政治动荡风险的

国家，需要引起投资者的充分注意。

与2022年版相比，新加坡重回"一带一路"评级样本第1位，卡塔尔排名下降至第2位，阿联酋维持第3位，韩国下降至第4位；排名最后一位的国家为乌克兰。7个国家的评级上调，9个国家的评级下调。缅甸、白俄罗斯、斯里兰卡、摩尔多瓦、乌克兰下调至高风险等级（B-BB）。由于地缘政治冲突、债务风险、政治动荡风险、粮食安全风险和经济复苏缓慢等因素，乌克兰、黎巴嫩、土耳其、伊拉克等国的投资风险相对较高。

"一带一路"样本国家中有14个发达国家，分别是新加坡、韩国、以色列、爱沙尼亚、捷克、波兰、罗马尼亚、意大利、匈牙利、立陶宛、斯洛文尼亚、塞浦路斯、拉脱维亚和希腊。整体来看，虽然今年发达国家平均排名有所下降，从第13.9位下降到第16.4位，下降2.5位，但发达国家评级结果仍好于新兴经济体和发展中国家。新兴经济体和发展中国家的平均排名为33.7位。与2022年排名相比，发达国家由于受通货膨胀、能源和粮食价格波动、银行业危机、经济复苏不及预期等经济因素，以及地缘政治冲突等政治与社会因素影响，排名相对出现下降。从细项来看，发达国家的经济基础、偿债能力、政治风险和社会弹性四个子指标的表现都显著好于新兴经济体和发展中国家。尤其是在社会弹性方面，其平均排名比新兴经济体和发展中国家高26.0位（经济基础高18.9位，偿债能力高8.6位，政治风险高16.8位）。在时代之变和世纪疫情相互叠加、世界进入新的动荡变革期的历史背景下，发达国家因其相对而言更加完善的产业链—供应链体系、更加成熟的制度框架、更加稳定的国内环境，拥有更加稳定的经济基础、更强的偿债能力和相对较低的政治风险，因此具有更高的评级水平。在发达国家中，与2022年版本相比，新加坡在"一带一路"样本国家评级中的排名由第3位重新回到第1位，这主要得益于其较好的社会弹性和经济基础。排名靠后的国家为依然为希腊和拉脱维亚，其排名为37位和43位，与

2022年版本相比排名均有所下降。

与2022年版相比，本次评级新兴经济体和发展中国家中蒙古国和科威特的排名上升较多，国家投资风险相对下降，评级上调。蒙古国排名上升主要来自于债务状况的改善、政府稳定性的提升和对华关系的升温。债务方面，蒙古国的公共债务和外债水平得到控制，偿债能力有所提升；政治风险方面，蒙古国新任政府自2021年6月就职以来，部分风险处置得当，政府稳定性有所提升；对华关系方面，中蒙双边政治关系排名上升，签证状况得分增加。科威特排名上升较多主要是得益于其稳固的经济基础、较强的偿债能力以及较低的政治风险。经济基础排名上升与原油价格上涨具有非常重要的关系，科威特作为OPEC成员国，石油产量及储备量基本上都保持在前10的位置，俄乌冲突以来，油价快速上涨使得产油国的经济状况都有所改善。油价上涨同样使得该国偿债能力得到进一步提升。伊朗和沙特阿拉伯的排名出现较为显著的提升。这是因为伴随中东各国外交关系的改善，其地缘政治冲突在短期内存在缓解迹象。从双边关系来看，共建"一带一路"合作国家中，新兴经济体和发展中国家与去年情况类似，都大大高于发达国家。

从样本国家来看，共建"一带一路"合作国家中亚洲和非洲国家在经济基础、偿债能力以及政治风险方面都存在排名比较靠后的情况，这主要是由其结构性问题导致的，例如，在许多亚洲以及非洲国家，经济结构中能源出口是其收入的主要来源，这导致其经济稳定性与能源价格的波动相关性非常高，当能源价格上涨时，其经济状况以及债务情况都会得到一定的改善，但是一旦能源价格下跌时，其经济状况和债务情况就会受到冲击。例如前面提到的科威特，以及沙特阿拉伯在最近几年的排名中都有不同程度的上升，这与其石油价格近年上涨有非常大的关系。

RCEP自2022年1月1日正式实施。一年多以来，国际局势风起云涌，世界经济面临衰退的风险，在此背景下，RCEP的实施使政策红利得到持续释放，中国同周边国家之间贸易动能进一步增加，有效促进了区域经济一体化的深入。

通过将共建"一带一路"国家的整体风险与整个样本中国家风险进行比较，可以从整体上把握共建"一带一路"合作国家的风险情况，同时也可以进行更加客观全面的评价。从结果来看，总分情况与去年情况类似，共建"一带一路"合作国家总得分与全样本国家基本持平。从各个分项来看，共建"一带一路"合作国家社会弹性和对华关系部分均高于全样本国家，其中对华关系高出的比例相对较高，这与我们的直觉是相符的，在加入"一带一路"倡议的国家中，大部分对华关系都相对较好，认同"一带一路"所提出的倡议。除了社会弹性和对华关系以外，全样本国家的整体得分都略高于共建"一带一路"合作国家。

表16　　共建"一带一路"合作国家和总体的评分比较

国家	总平均分	经济基础	偿债能力	政治风险	社会弹性	对华关系
一带一路	0.544	0.478	0.519	0.571	0.603	0.547
整体	0.542	0.496	0.526	0.596	0.598	0.493

（二）分项指标分析

从分项指标来看，与去年版本相比，发达国家和发展中国家在各指标上的差距呈现出总体差距扩大、排名前列国家差距减小的特征。就各子指标排名前10位的国家而言，发达国家在经济基础指标中具有5位，偿债能力指标中具有4位，政治风险指标中具有4位，社会弹性指标中具有8位。对华关系指标前10位国家中无发达国家。

在经济基础方面，地缘政治危机和通货膨胀因素对部分国家的冲击显著，使得部分欧洲国家的经济状况面临挑战；在偿债能力方面，部分欧洲国家和西亚国家的债务问题需要加以关注；在政治风险方面，部分亚洲国家因即将开始政府改选，或先期国内政治冲突尚未完全解决，有潜在的政治风险因素；在社会弹性方面，发展中国家和新兴经济体在以经济发展带动社会进步上仍有较大空间。

在对华关系方面，共建"一带一路"合作国家中，发展中经济体一直排名高于发达国家。本报告中对华关系部分既考虑了双边政治关系，同时还考虑了双边经贸关系以及人员自由流动情况。共建"一带一路"合作国家对华的政治和经济关系分化较大，既有与中国政治关系密切，经济依存度高的国家；也有对中国怀有警惕心理，投资阻力较大，经济依存度较低的国家；还存在由于国内稳定性和开放度原因，投资阻力较大，双方经贸往来难度较高的国家。此外，一些国家虽然与中国政治关系友好，但是经济依存度较低，因此对华关系得分较低。

与去年相比，对华关系方面排名的变动主要来自发展中国家，发达国家排名变化较小，对华关系排名最高的发达国家为新加坡，位居样本国第18位。韩国下降到第35位，韩国对华关系得分的下降与其对华政治关系趋冷有很大的联系。尹锡悦政府在政治和经济上亲美疏中的政策趋势显著，其在半导体产业上配合美日对中国采取封锁措施的后续影响仍需观察。虽然发展中国家对华关系整体相较于发达国家要好，但是就具体国家而言，对华关系的变动明显。其中包括蒙古国、塔吉克斯坦、吉尔吉斯斯坦等。

表17　　　　共建"一带一路"合作国家分指标排名

排名	经济基础	偿债能力	政治风险	社会弹性	对华关系
1	以色列	阿塞拜疆	捷克	新加坡	老挝
2	新加坡	波兰	爱沙尼亚	意大利	巴基斯坦
3	韩国	土库曼斯坦	新加坡	韩国	卡塔尔

续表

排名	经济基础	偿债能力	政治风险	社会弹性	对华关系
4	意大利	韩国	阿联酋	阿联酋	孟加拉国
5	沙特阿拉伯	以色列	克罗地亚	捷克	塞尔维亚
6	塞浦路斯	乌兹别克斯坦	沙特阿拉伯	卡塔尔	俄罗斯
7	卡塔尔	卡塔尔	卡塔尔	塞浦路斯	土库曼斯坦
8	阿联酋	沙特阿拉伯	阿曼	匈牙利	伊朗
9	柬埔寨	哈萨克斯坦	立陶宛	爱沙尼亚	越南
10	印度尼西亚	爱沙尼亚	巴林	立陶宛	缅甸
11	阿曼	俄罗斯	蒙古国	以色列	蒙古国
12	罗马尼亚	立陶宛	科威特	波兰	印度尼西亚
13	马来西亚	印度尼西亚	阿尔巴尼亚	巴林	吉尔吉斯斯坦
14	巴林	罗马尼亚	波兰	希腊	塔吉克斯坦
15	科威特	阿曼	斯洛文尼亚	罗马尼亚	柬埔寨
16	捷克	阿联酋	塞浦路斯	保加利亚	阿联酋
17	波兰	伊拉克	匈牙利	拉脱维亚	斯里兰卡
18	斯洛文尼亚	科威特	罗马尼亚	约旦	新加坡
19	匈牙利	保加利亚	乌兹别克斯坦	马来西亚	哈萨克斯坦
20	越南	新加坡	意大利	阿曼	阿曼
21	孟加拉国	捷克	南非	克罗地亚	白俄罗斯
22	爱沙尼亚	塞尔维亚	希腊	亚美尼亚	亚美尼亚
23	菲律宾	尼日利亚	吉尔吉斯斯坦	斯洛文尼亚	马来西亚
24	埃及	越南	约旦	塞尔维亚	尼日利亚
25	阿塞拜疆	匈牙利	赞比亚	科威特	泰国
26	拉脱维亚	埃塞俄比亚	韩国	柬埔寨	科威特
27	俄罗斯	斯洛文尼亚	保加利亚	阿尔巴尼亚	南非
28	肯尼亚	亚美尼亚	拉脱维亚	蒙古国	埃塞俄比亚
29	克罗地亚	南非	塔吉克斯坦	沙特阿拉伯	阿塞拜疆
30	希腊	拉脱维亚	亚美尼亚	赞比亚	乌兹别克斯坦
31	约旦	缅甸	哈萨克斯坦	印度尼西亚	肯尼亚
32	保加利亚	克罗地亚	越南	肯尼亚	巴林
33	蒙古国	蒙古国	马来西亚	哈萨克斯坦	土耳其

续表

排名	经济基础	偿债能力	政治风险	社会弹性	对华关系
34	泰国	白俄罗斯	摩尔多瓦	黎巴嫩	埃及
35	哈萨克斯坦	埃及	印度尼西亚	阿塞拜疆	韩国
36	立陶宛	菲律宾	塞尔维亚	老挝	以色列
37	塔吉克斯坦	塔吉克斯坦	俄罗斯	越南	菲律宾
38	阿尔巴尼亚	阿尔巴尼亚	菲律宾	埃及	沙特阿拉伯
39	乌兹别克斯坦	老挝	埃塞俄比亚	摩尔多瓦	摩尔多瓦
40	巴基斯坦	柬埔寨	伊朗	伊朗	匈牙利
41	赞比亚	孟加拉国	伊拉克	俄罗斯	赞比亚
42	亚美尼亚	吉尔吉斯斯坦	老挝	菲律宾	希腊
43	老挝	泰国	肯尼亚	土耳其	克罗地亚
44	缅甸	赞比亚	以色列	白俄罗斯	斯洛文尼亚
45	土库曼斯坦	马来西亚	泰国	吉尔吉斯斯坦	塞浦路斯
46	黎巴嫩	意大利	斯里兰卡	斯里兰卡	阿尔巴尼亚
47	吉尔吉斯斯坦	肯尼亚	阿塞拜疆	泰国	罗马尼亚
48	伊拉克	乌克兰	土库曼斯坦	孟加拉国	黎巴嫩
49	南非	巴基斯坦	孟加拉国	土库曼斯坦	保加利亚
50	伊朗	土耳其	尼日利亚	乌兹别克斯坦	意大利
51	埃塞俄比亚	摩尔多瓦	白俄罗斯	塔吉克斯坦	乌克兰
52	尼日利亚	塞浦路斯	土耳其	缅甸	波兰
53	塞尔维亚	伊朗	埃及	南非	立陶宛
54	土耳其	希腊	柬埔寨	巴基斯坦	爱沙尼亚
55	斯里兰卡	约旦	黎巴嫩	尼日利亚	捷克
56	白俄罗斯	巴林	巴基斯坦	伊拉克	伊拉克
57	乌克兰	斯里兰卡	乌克兰	乌克兰	约旦
58	摩尔多瓦	黎巴嫩	缅甸	埃塞俄比亚	拉脱维亚

从区域上看，在经济基础方面，东亚国家的平均得分最高，为0.525分，其次是西亚地区（0.498分）和欧洲地区（0.472分），南亚和非洲的经济基础较为薄弱。这同全球产业链供应链分布、地缘政治、能源价格等因素相关。中亚国家的得分分散

度较低。在偿债能力方面，中亚国家（0.575分）的得分较高，东亚国家（0.529分）和欧洲国家（0.525分）的表现较好，非洲（0.508分）和南亚国家（0.409分）的国家得分和平均排名较低，东亚国家和西亚国家的得分分散程度较大，不同国家的偿债能力差异较为明显。在政治风险方面，欧洲国家（0.612分）、西亚国家（0.580分）和中亚国家（0.576分）的得分相对较高，非洲国家（0.522分）和南亚国家（0.448分）的得分相对较低，东亚国家和西亚国家的政治风险同样分散程度较大，需注意债务风险和政治风险之间的联动。在社会弹性方面，欧洲国家平均得分显著较高（0.645分），西亚国家（0.627分）和东亚国家（0.615分）次之，南亚国家（0.497分）和非洲国家（0.515分）的得分较低。在对华关系方面，南亚地区的得分相对较高（0.683分），其次是东亚（0.619分）和中亚地区（0.616分），而欧洲地区（0.473分）的对华关系得分最低。对华关系的得分同双方的投资和贸易依存度息息相关，同时受大国博弈与地缘政治事件的影响，并随之发生变动。

2023年中国海外投资 RCEP 成员国风险评级子报告[*]

2022年1月1日,《区域全面经济伙伴关系协定》正式生效,2023年6月2日起,RCEP对15个成员国全面生效。一年多来,在风云变幻的国际局势与持续低迷的全球经济走势下,RCEP在加深成员国之间的经贸往来、强化区域内部产业链分工效率与韧性、实现成员国及全球经济繁荣稳定等方面发挥了巨大作用。但同时,RCEP国家的投资风险也值得注意。

本部分重点分析了RCEP成员国的国家风险评级结果。首先,介绍了2021年中国对RCEP成员国的直接投资情况。其次,分析RCEP成员国的具体评级情况。除新加坡、新西兰、澳大利亚、日本和韩国以外,RCEP成员国的评级结果大多位于中等风险级别（A级到BBB级,简写为A－BBB）。最后,根据风险评级总指标和分项指标的得分情况,将RCEP成员国风险评级得分均值与总体国家风险评级得分均值进行对比。从分析结果来看,企业对RCEP成员国进行直接投资时,需要重点关注政治风险指标。此外,除经济基础指标外,其余指标的平均排名较2022年版均有下滑,值得注意。

---

[*] 本部分主要参与人:臧成伟、周学智等。

一 中国在 RCEP 国家的投资情况

RCEP 由包括中国在内的 15 个国家构成。RCEP 其余 14 个成员国与中国的经贸、投资关系十分紧密，是中国对外直接投资的重要目的地。截至 2021 年年底，中国在其余 14 个 RCEP 成员国的投资存量达 1893 亿美元，较 2020 年增加 7.5%；中国在其余 14 个成员国的直接投资流量达到 231 亿美元，较 2020 年增加 26.1%。从投资存量角度看，2021 年中国企业在 RCEP 成员国中投资存量最多的三个国家分别为新加坡、澳大利亚和印度尼西亚。该格局与 2020 年情况相同，中国在澳大利亚的直接投资存量有轻微下降，但相较 2020 年降速大幅回升，表明中澳关系有了一定缓和。从流量角度看，中国企业对所有 RCEP 国家都进行了净值为正的直接投资流出。但是，对澳大利亚、马来西亚、老挝、泰国等 7 个国家的直接投资流量有明显的减少。

表 18　截至 2021 年年底中国对 RCEP 成员国直接投资往来情况

（单位：万美元）

国家	投资存量	投资流量
新加坡	6720228	840504
澳大利亚	3443047	192254
印度尼西亚	2008048	437251
越南	1085211	220762
马来西亚	1035515	133625
老挝	993974	128232
泰国	991721	148601
柬埔寨	696559	46675
韩国	660150	47804
日本	488287	76214
缅甸	398821	1846

续表

国家	投资存量	投资流量
新西兰	312871	22461
菲律宾	88390	15286
文莱	9628	375

资料来源：Wind 数据库。

二 RCEP 成员国评级结果分析

从具体国家评级结果来分析，本报告包含了 13 个 RCEP 成员国，分别是：韩国、新西兰、新加坡、澳大利亚、日本、印度尼西亚、马来西亚、柬埔寨、老挝、越南、菲律宾、泰国和缅甸。由于数据可得性原因，文莱不在此次分析中。

从整体评级结果来看，除了新加坡、新西兰、澳大利亚、日本和韩国为低风险国家（AAA－AA）外，大部分国家都为中等风险国家。其中，风险最低的 3 个国家为新加坡、新西兰和澳大利亚。菲律宾、泰国和缅甸则排在最后 3 位，在总体排名中排第 72 位、第 77 位和第 95 位（见表 19）。

表 19　　　　　RCEP 区域内国家风险评级情况

排名	国家	2023 年风险评级	排名变化	2022 年风险评级
1	新加坡	AAA	↑	AA
3	新西兰	AAA	—	AAA
10	澳大利亚	AA	↓	AA
17	日本	AA	↓	AA
18	韩国	AA	↓	AA
30	印度尼西亚	A	↓	A
40	越南	A	↑	BBB
48	马来西亚	A	↓	A
51	老挝	A	↑	BBB

续表

排名	国家	2023年风险评级	排名变化	2022年风险评级
60	柬埔寨	BBB	↓	BBB
72	菲律宾	BBB	↓	BBB
77	泰国	BBB	↑	BBB
95	缅甸	BB	↓	BB

三　总体得分分析

本部分根据韩国、新西兰、新加坡、澳大利亚、日本、印度尼西亚、马来西亚、柬埔寨、老挝、越南、菲律宾、泰国、缅甸13个国家的风险评级得分，计算出RCEP成员国的风险评级得分均值，并与总体风险评级得分均值进行对比分析。从总体国家风险评级得分来分析，RCEP成员国的国家风险评级得分均值高于总体国家风险评级得分均值，排名也高于平均水平。根据结果，RCEP中除中国和文莱之外的13个成员国平均得分为0.585分，全体样本国家的平均分为0.542，非RCEP国家得分均值则为0.537。RCEP国家得分平均水平高于非RCEP国家得分。从排名看，2023年RCEP国家的平均排名为40.2位，高于60.5位的平均水平，非RCEP国家的平均排名为63位。从以上分析看，RCEP国家的投资风险低于全球水平。

不过，相对于2022年的评级结果，RCEP国家的投资风险则呈现出相对小幅上升的情形，更多地表现为两极分化情况。从整体结果看，2022年RCEP国家平均排名为37.2位，2023年下滑到40.2位。从排名靠前的5个RCEP国家的结果看，新加坡的排名大幅上升，韩国排名大幅下降，其他国家排名变化较小。排名中后段的RCEP成员国，两极分化更加明显，越南、泰国的排名大幅上升，马来西亚、柬埔寨、缅甸的排名大幅下降。

总体而言，RCEP国家依旧比较适宜进行直接投资，但是个别国家的投资风险值得重视，无论是发达国家还是发展中国家，均有国家存在风险上升的现象。

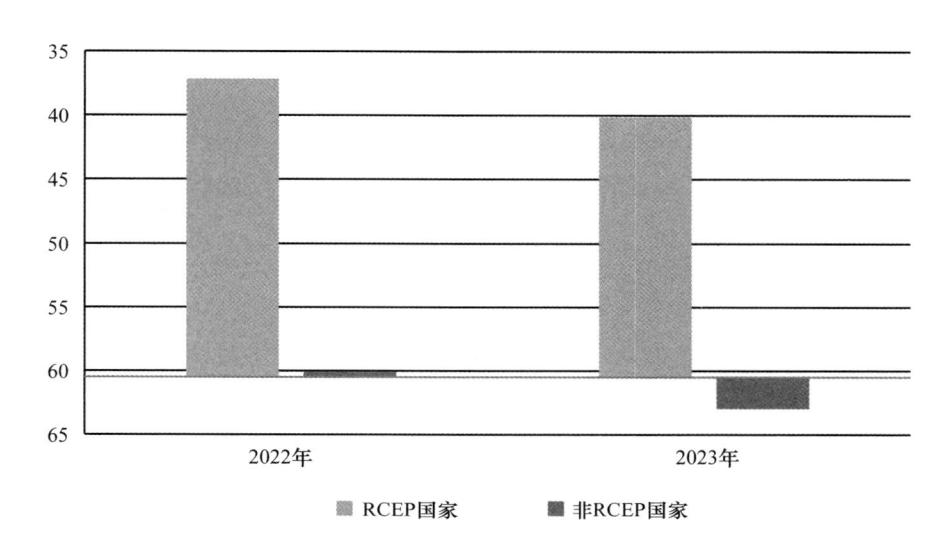

图 14　RCEP 成员国总体风险评级情况

注：坐标轴值为 60.5，即 2023 年评级结果全体国家的平均排名。纵坐标轴为逆序。由于 2023 年度新增了国家样本，平均排名相较 2022 年度略有变化。后同。

从经济基础得分来分析，RCEP 成员国的经济基础好于总体国家经济基础的平均水平。2023 年版的评级结果显示，RCEP 国家经济基础的平均排名为 37.8 位，远高于 60.5 位的平均水平。非 RCEP 国家的平均排名为 63.3 位，经济风险相对较高。RCEP 国家的经济基础的整体排名较 2022 年版上升了 10 位。2022 年版中，RCEP 国家的经济基础平均排名为 48 位。这表明，在新冠疫情冲击的背景下，RCEP 国家受到冲击之后恢复得较快。一方面，受疫情影响，RCEP 国家普遍采取较为严格的疫情防控措施，受到的冲击相对较小，产业链韧性较强；另一方面，RCEP 成员国中的劳动密集型国家承接了大量制造业的转移。此外，RCEP 生效对于成员国更加深入参与全球分工、承接制造业专业具有极大推动作用。

RCEP 成员国中的发展中国家依然具有较大的发展潜力，是全球产业链中的重要节点。

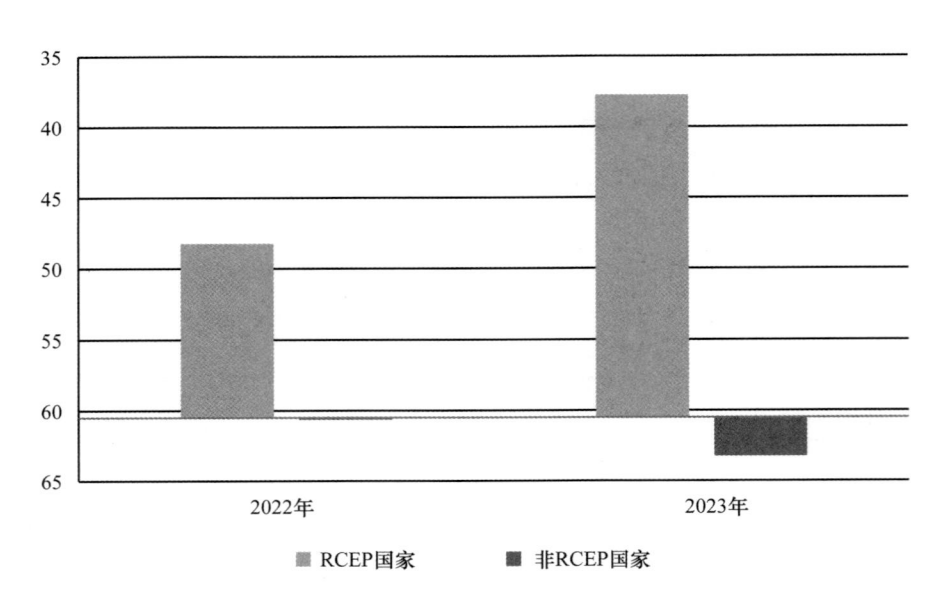

图15 RCEP成员国经济基础评级情况

注：坐标轴值为60.5，即2023年评级结果全体国家的平均排名。纵坐标轴为逆序。

从偿债能力来分析，RCEP成员国的偿债能力情况相对较好，强于全体样本国家的平均水平。2023年版中，RCEP国家偿债能力平均排名为55.9位，高于总体样本国家60.5位的平均排名，也明显高于非RCEP国家61.1位的平均排名。虽然偿债能力依然强于平均水平，但是RCEP国家偿债能力的排名较2022年版略有下降。2022年版中，RCEP国家偿债能力的平均排名为53.2位。造成这一情况的主要原因是，2023年版中的不少资源型国家因能源和资源产品价格上涨，国内经济状况和财政状况得到一定程度改善，造成了RCEP国家排名的被动下滑。受疫情、高通胀等因素影响，新加坡、日本等发达国家偿债能力排名也有所下降。

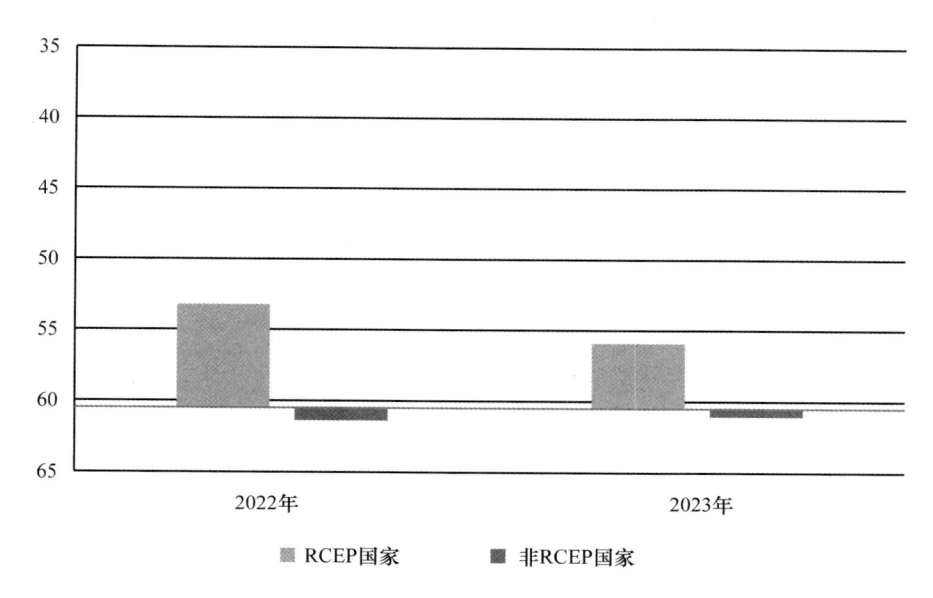

图 16　RCEP 成员国偿债能力评级情况

注：坐标轴值为60.5，即2023年评级结果全体国家的平均排名。纵坐标轴为逆序。

从政治风险得分来分析，RCEP成员国的政治风险的平均得分略低于总样本国家的平均得分。从排名看，2022年版中，RCEP国家政治风险的平均排名为61.4位，低于60.5位的均值。这表明，RCEP国家的政治风险相对较高，各国政权更迭风险、政府执政风险值得高度关注。例如，RCEP成员国中，军事干预政治的情况相对普遍，政变时有发生，并存在地方割据武装势力等。

从社会弹性得分来分析，RCEP成员国的社会弹性得分均值高于整体国家的平均水平。2023年版中，RCEP国家社会弹性平均排名为46.1位，高于60.5位的平均水平。这表明，RCEP成员国的社会状况相对较好。

但是，值得注意的是，RCEP成员国社会风险状况虽然强于非RCEP成员国整体水平，但是该结果相对于2022年度的评级结果有明显的下降。2022年版中，RCEP成员国社会弹性平均排名为42.8位。实际上，社会弹性和政治风险往往是一枚硬币的两面。

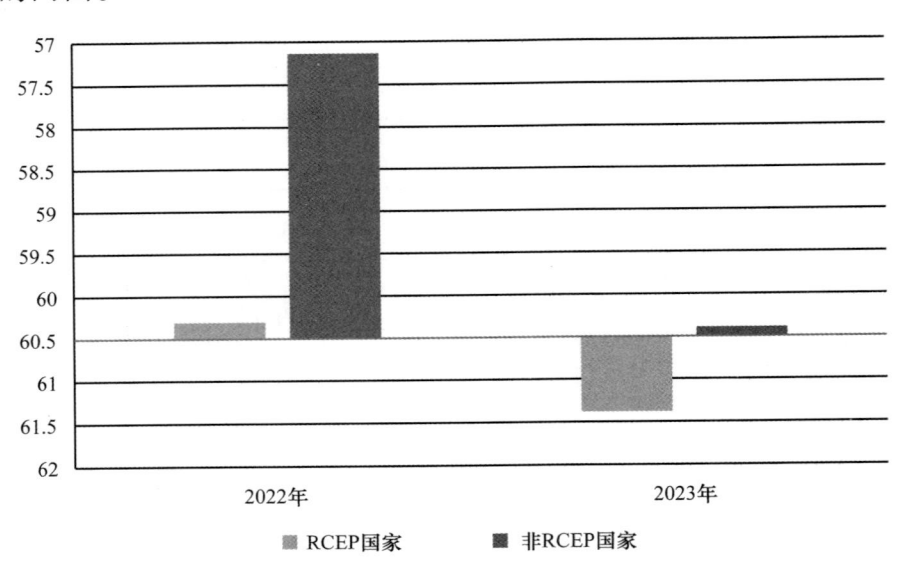

图 17　RCEP 成员国政治风险评级情况

注：坐标轴值为 60.5，即 2023 年评级结果全体国家的平均排名。纵坐标轴为逆序。

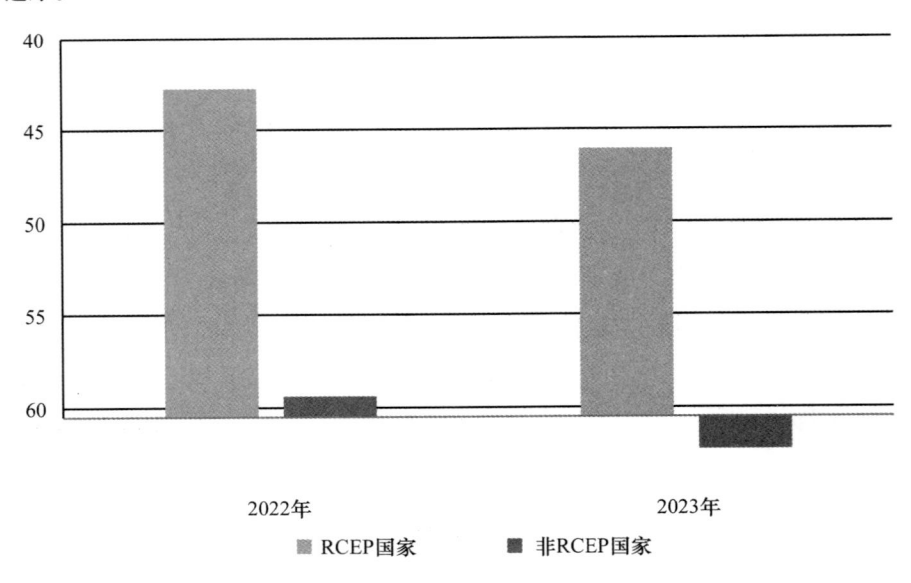

图 18　RCEP 成员国社会弹性评级情况

注：坐标轴值为 60.5，即 2023 年评级结果全体国家的平均排名。纵坐标轴为逆序。

从对华关系得分来分析，RCEP成员国的对华关系得分均值整体高于总体国家的平均水平。这表明RCEP成员国与中国双边关系较好。2023年版的结果中，RCEP成员国对华关系平均排名高达39.3位，显著高于60.5位的平均水平。

值得注意的是，RCEP成员国社会风险状况虽然强于非RCEP成员国整体水平，但是该结果相对于2022年度的评级结果有明显的下降。2022年版中，RCEP成员国社会弹性平均排名为25位。2023年版中，13国中仅有新加坡、越南和老挝3国对华关系排名上升。其中排名下降最大的是澳大利亚、韩国、日本等发达国家，主要是受到双边政治关系等因素的影响。

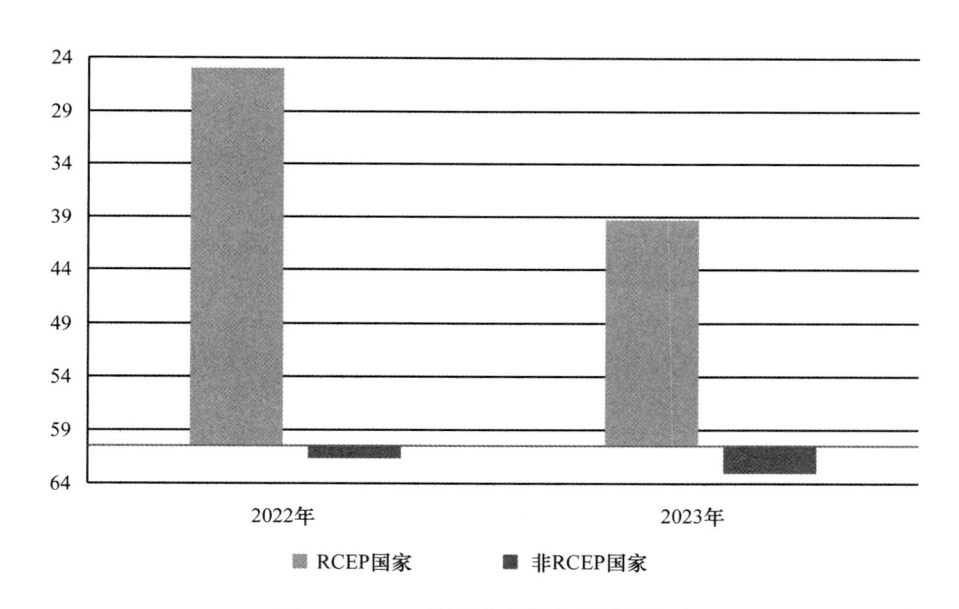

图19　RCEP成员国对华关系评级情况

注：坐标轴值为60.5，即2023年评级结果全体国家的平均排名。纵坐标轴为逆序。

综上所述，RCEP成员国的国家风险评级得分好于总体国家平均水平。从细分指标来看，RCEP成员国在经济基础、偿债能力、社会弹性和对华关系方面都强于样本国家的平均水平，但政治风险值得关注。此外，相较于上一年度，RCEP成员国多项指标的排名出现下滑，只有经济基础显著上升。这一点值得注意。

附录 CROIC-IWEP 国家风险评级原始指标

表 1 GDP 总量 （单位：十亿美元）

国家\年份	2016	2017	2018	2019	2020	2021	2022
阿尔巴尼亚	11.9	13.1	15.2	15.4	15.2	18.3	18.5
阿尔及利亚	160.0	167.5	174.9	171.7	145.7	163.1	195.4
阿根廷	556.8	643.9	524.4	451.8	389.1	486.7	632.2
阿联酋	369.3	390.5	427.0	418.0	349.5	415.0	507.5
阿曼	75.1	80.9	91.5	88.1	74.0	88.2	114.7
阿塞拜疆	37.8	41.4	47.1	48.2	42.7	54.6	69.9
埃及	351.4	246.8	263.2	317.9	382.5	423.3	475.2
埃塞俄比亚	72.1	76.8	80.2	92.6	96.6	99.3	120.4
爱尔兰	299.0	336.3	385.9	399.4	425.5	504.5	529.7
爱沙尼亚	24.1	26.9	30.6	31.1	31.3	37.2	38.1
安哥拉	101.1	122.0	101.4	84.5	57.1	74.8	121.4
奥地利	395.7	417.1	455.2	444.7	434.9	480.7	471.7
澳大利亚	1263.5	1381.6	1417.0	1385.3	1360.7	1646.4	1701.9
巴布亚新几内亚	20.8	22.7	24.1	24.8	23.8	26.7	31.8
巴基斯坦	313.6	339.2	356.2	321.1	300.4	348.2	376.5
巴拉圭	36.1	39.0	40.2	37.9	35.4	40.0	41.3
巴林	32.2	35.5	37.8	38.7	34.6	39.3	44.4

续表

年份 国家	2016	2017	2018	2019	2020	2021	2022
巴拿马	57.9	62.2	64.9	67.0	54.0	63.6	72.0
巴西	1796.6	2063.5	1916.9	1873.3	1476.1	1648.7	1924.1
白俄罗斯	47.7	54.7	60.0	64.4	61.3	68.2	73.1
保加利亚	53.9	59.3	66.4	68.9	70.3	84.1	89.1
比利时	475.9	502.6	543.5	535.9	524.8	594.5	582.2
冰岛	20.8	24.7	26.3	24.7	21.6	25.6	27.8
波兰	469.7	524.8	588.8	596.0	599.5	679.5	688.3
玻利维亚	34.2	37.8	40.6	41.2	36.9	40.7	43.2
博茨瓦纳	15.1	16.1	17.0	16.7	14.9	18.8	19.2
布基纳法索	12.8	14.2	15.9	16.2	18.0	19.7	19.6
丹麦	313.1	332.1	356.8	346.5	355.2	398.3	390.7
德国	3468.9	3689.6	3976.3	3888.7	3886.6	4262.8	4075.4
多哥	6.0	6.4	7.1	7.2	7.6	8.4	8.2
俄罗斯	1280.7	1575.1	1653.0	1695.7	1488.1	1836.6	2215.3
厄瓜多尔	99.9	104.3	107.6	108.1	99.3	106.2	116.4
法国	2472.3	2594.2	2792.2	2729.2	2635.9	2957.4	2784.0
菲律宾	318.6	328.5	346.8	376.8	361.8	394.1	404.3
芬兰	240.7	255.6	275.8	268.5	271.7	296.6	281.0
哥伦比亚	282.7	311.9	334.1	323.1	270.2	318.5	343.9
哥斯达黎加	58.8	60.5	62.4	64.4	62.4	64.6	68.4
哈萨克斯坦	137.3	166.8	179.3	181.7	171.1	197.1	225.8
韩国	1499.4	1623.1	1725.4	1651.4	1644.7	1811.0	1665.3
荷兰	783.8	833.6	914.5	910.3	909.1	1013.5	993.7
洪都拉斯	21.7	23.1	24.1	25.1	23.7	28.3	31.5
吉尔吉斯斯坦	6.8	7.7	8.3	8.9	7.8	8.7	11.1
几内亚	8.6	10.3	11.9	13.4	14.2	16.2	20.5
加拿大	1528.0	1649.3	1725.3	1743.7	1647.6	2001.5	2139.8
加纳	56.1	60.4	67.3	68.4	70.0	79.2	72.8
柬埔寨	20.0	22.2	24.6	27.1	25.8	26.6	28.5

续表

年份 国家	2016	2017	2018	2019	2020	2021	2022
捷克	196.3	218.6	249.0	252.5	246.0	281.8	290.4
喀麦隆	33.8	36.1	40.0	39.7	40.9	45.4	43.7
卡塔尔	151.7	161.1	183.3	176.4	144.4	179.7	225.5
科威特	109.4	120.7	138.2	136.2	105.9	136.8	184.6
克罗地亚	52.4	55.9	61.4	61.3	57.6	68.9	71.0
肯尼亚	74.8	82.0	92.2	100.4	100.7	110.3	116.0
拉脱维亚	28.1	30.5	34.4	34.3	34.6	39.8	42.2
老挝	15.9	17.1	18.1	18.8	18.5	18.5	15.3
黎巴嫩	51.1	53.0	54.9	50.9	24.5	n/a	n/a
立陶宛	43.0	47.7	53.8	54.8	56.8	66.5	70.5
卢森堡	62.2	65.7	71.0	69.8	73.9	85.6	82.3
罗马尼亚	185.3	210.5	243.5	251.0	251.7	285.6	301.8
马达加斯加	11.8	13.2	13.8	14.1	13.1	14.6	15.2
马耳他	11.7	13.5	15.3	15.9	15.0	17.8	17.8
马来西亚	301.9	319.2	359.0	365.3	337.6	373.0	407.9
马里	14.0	15.4	17.1	17.3	17.6	19.7	19.0
美国	18695.1	19477.4	20533.1	21381.0	21060.5	23315.1	25464.5
蒙古国	11.2	11.5	13.2	14.2	13.3	15.3	16.8
孟加拉国	265.2	293.8	321.4	351.2	373.9	416.3	460.2
秘鲁	195.5	215.7	226.8	232.3	205.8	225.9	242.4
缅甸	60.1	61.3	66.7	68.8	81.3	65.2	56.8
摩尔多瓦	8.1	9.5	11.3	11.7	11.5	13.7	14.4
摩洛哥	111.6	118.5	127.3	128.9	121.3	142.9	138.1
莫桑比克	11.9	13.2	14.8	15.4	14.2	15.8	17.9
墨西哥	1078.5	1158.9	1222.4	1269.0	1090.5	1272.8	1414.1
纳米比亚	10.7	12.9	13.7	12.5	10.6	12.3	12.3
南非	323.5	381.3	404.0	388.4	337.5	418.9	405.7
尼加拉瓜	13.3	13.8	13.0	12.6	12.6	14.0	15.8
尼日尔	10.4	11.2	12.8	12.9	13.8	14.9	15.2

续表

年份 国家	2016	2017	2018	2019	2020	2021	2022
尼日利亚	404.6	375.7	421.7	448.1	429.4	441.4	477.4
挪威	371.0	401.7	439.8	408.7	367.6	490.3	579.3
葡萄牙	206.4	221.3	242.4	240.0	228.8	254.2	252.4
日本	5003.7	4930.8	5040.9	5118.0	5048.8	5005.5	4233.5
瑞典	515.7	541.0	555.5	533.9	547.1	636.9	585.9
瑞士	687.6	695.3	725.8	721.8	739.0	799.7	807.2
萨尔瓦多	24.2	25.0	26.0	26.9	24.6	28.7	31.6
塞尔维亚	40.7	44.2	50.6	51.5	53.4	63.1	70.9
塞内加尔	19.0	21.0	23.1	23.4	24.5	27.6	27.5
塞浦路斯	21.0	22.9	25.6	25.9	25.0	28.4	28.5
沙特阿拉伯	666.0	715.0	846.6	838.6	734.3	868.6	1108.2
斯里兰卡	88.0	94.4	94.5	89.0	85.3	89.0	75.3
斯洛伐克	89.9	95.6	106.2	105.7	106.6	116.6	113.5
斯洛文尼亚	44.8	48.6	54.2	54.3	53.7	61.8	62.2
苏丹	64.9	48.9	33.4	33.6	34.4	34.7	49.4
塔吉克斯坦	7.0	7.5	7.8	8.3	8.1	8.9	10.5
泰国	413.5	456.5	506.5	543.9	500.5	505.5	536.2
坦桑尼亚	49.8	53.2	56.7	60.7	65.5	69.9	77.1
突尼斯	44.4	42.2	42.7	41.9	42.5	46.7	46.6
土耳其	869.3	858.9	779.7	759.5	720.1	817.5	905.5
土库曼斯坦	41.7	46.4	48.7	53.0	53.2	64.4	78.0
危地马拉	66.0	71.6	73.3	77.2	77.6	87.0	93.7
委内瑞拉	112.9	115.9	102.0	73.0	43.8	57.1	93.1
乌干达	29.6	31.4	34.2	38.1	37.5	42.9	48.8
乌克兰	93.3	112.1	130.9	153.9	156.6	200.2	151.5
乌拉圭	57.3	64.3	64.5	61.2	53.6	59.3	71.9
乌兹别克斯坦	85.7	62.1	52.9	60.3	60.2	69.6	80.4
西班牙	1233.2	1312.8	1422.4	1394.5	1275.9	1428.3	1400.5
希腊	193.1	199.8	212.1	205.3	188.8	215.0	219.2

续表

年份 国家	2016	2017	2018	2019	2020	2021	2022
新加坡	319.0	343.3	376.9	376.8	348.4	423.8	466.8
新西兰	185.9	203.6	209.6	210.8	210.1	249.3	241.9
匈牙利	128.6	143.1	160.6	164.0	157.2	181.8	168.3
牙买加	14.1	14.8	15.6	15.8	13.9	14.7	16.0
亚美尼亚	10.5	11.5	12.5	13.6	12.6	13.9	19.5
伊拉克	167.8	192.3	227.2	234.0	169.4	206.5	270.4
伊朗	458.0	486.8	246.3	241.7	195.5	289.3	352.2
以色列	322.1	358.2	376.7	402.5	413.3	488.5	522.5
意大利	1876.6	1961.1	2092.9	2011.5	1895.7	2115.8	2012.0
印度	2294.8	2651.5	2702.9	2835.6	2671.6	3150.3	3386.4
印度尼西亚	932.1	1015.5	1042.7	1119.5	1062.5	1187.7	1318.8
英国	2709.7	2685.6	2881.9	2858.7	2706.5	3123.2	3070.6
约旦	39.9	41.7	43.4	45.1	44.2	45.8	48.8
越南	252.1	277.1	304.5	331.8	346.3	369.7	406.5
赞比亚	21.0	25.9	26.3	23.3	18.1	22.1	28.5
智利	249.3	276.4	295.4	278.4	254.3	316.7	300.7

资料来源：WEO，CEIC。

表2　　　　　　　　　　　　人均GDP　　　　　　　　（单位：千美元）

年份 国家	2016	2017	2018	2019	2020	2021	2022
阿尔巴尼亚	4.1	4.5	5.3	5.3	5.3	6.4	6.5
阿尔及利亚	3.9	4.0	4.1	4.0	3.3	3.7	4.3
阿根廷	12.8	14.6	11.8	10.1	8.6	10.6	13.7
阿联酋	40.5	42.0	45.6	44.0	37.6	43.4	51.3
阿曼	17.0	17.7	19.9	19.1	16.6	19.5	24.8
阿塞拜疆	3.9	4.2	4.8	4.8	4.2	5.4	6.8
埃及	3.9	2.6	2.7	3.2	3.8	4.1	4.6
埃塞俄比亚	0.8	0.8	0.8	0.9	1.0	1.0	1.2

续表

年份\国家	2016	2017	2018	2019	2020	2021	2022
爱尔兰	62.7	69.7	79.0	80.7	85.2	100.1	103.2
爱沙尼亚	18.3	20.4	23.2	23.4	23.6	28.0	28.6
安哥拉	3.5	4.0	3.2	2.6	1.7	2.2	3.4
奥地利	45.3	47.3	51.2	50.2	48.9	53.5	52.3
澳大利亚	51.8	55.8	56.3	54.3	53.1	63.9	65.5
巴布亚新几内亚	2.6	2.8	2.9	2.9	2.7	3.0	3.5
巴基斯坦	1.6	1.7	1.7	1.5	1.4	1.6	1.7
巴拉圭	5.3	5.6	5.7	5.3	4.9	5.4	5.5
巴林	22.6	23.6	25.1	26.1	23.5	26.1	28.8
巴拿马	14.3	15.2	15.6	15.9	12.6	14.7	16.4
巴西	8.8	10.0	9.2	8.9	7.0	7.8	9.0
白俄罗斯	5.0	5.8	6.4	6.8	6.5	7.3	7.9
保加利亚	7.6	8.4	9.5	9.9	10.2	12.3	13.1
比利时	42.1	44.3	47.7	46.8	45.5	51.5	50.1
冰岛	62.5	73.1	75.4	69.1	59.2	69.3	74.0
波兰	12.4	13.8	15.5	15.7	15.8	18.0	18.3
玻利维亚	3.1	3.4	3.6	3.6	3.2	3.4	3.6
博茨瓦纳	6.4	6.7	6.9	6.7	5.9	7.2	7.3
布基纳法索	0.7	0.7	0.8	0.8	0.8	0.9	0.9
丹麦	54.9	57.8	61.7	59.7	61.0	68.2	66.5
德国	42.1	44.6	48.0	46.8	46.7	51.2	48.6
多哥	0.8	0.8	0.9	0.9	0.9	1.0	0.9
俄罗斯	8.7	10.7	11.3	11.6	10.2	12.6	15.4
厄瓜多尔	6.0	6.2	6.3	6.3	5.7	6.0	6.5
法国	38.3	40.1	43.1	41.9	40.4	45.2	42.4
菲律宾	3.1	3.2	3.3	3.5	3.3	3.6	3.6
芬兰	43.9	46.4	50.0	48.7	49.2	53.6	50.7
哥伦比亚	6.0	6.6	6.9	6.5	5.4	6.2	6.7
哥斯达黎加	12.0	12.2	12.4	12.7	12.2	12.5	13.1

续表

年份 国家	2016	2017	2018	2019	2020	2021	2022
哈萨克斯坦	7.7	9.2	9.7	9.8	9.1	10.1	11.4
韩国	29.3	31.6	33.4	31.9	31.7	35.0	32.3
荷兰	46.2	48.8	53.2	52.7	52.2	58.0	56.5
洪都拉斯	2.3	2.5	2.5	2.6	2.4	2.8	3.1
吉尔吉斯斯坦	1.1	1.3	1.3	1.4	1.2	1.3	1.6
几内亚	0.7	0.8	0.9	1.0	1.0	1.1	1.4
加拿大	42.4	45.2	46.6	46.4	43.4	52.4	55.1
加纳	2.0	2.1	2.3	2.3	2.3	2.5	2.3
柬埔寨	1.3	1.4	1.6	1.7	1.6	1.7	1.8
捷克	18.6	20.7	23.5	23.7	23.0	26.3	27.6
喀麦隆	1.4	1.5	1.6	1.5	1.5	1.7	1.6
卡塔尔	58.0	59.1	66.4	63.0	53.8	68.6	84.4
科威特	25.3	27.2	29.9	28.5	22.7	28.9	38.3
克罗地亚	12.5	13.6	15.0	15.1	14.2	17.8	18.4
肯尼亚	1.7	1.8	2.0	2.1	2.1	2.2	2.3
拉脱维亚	14.3	15.6	17.8	17.9	18.1	21.0	22.3
老挝	2.3	2.4	2.6	2.6	2.5	2.5	2.0
黎巴嫩	7.6	7.8	8.0	7.4	3.6	4.8	4.5
立陶宛	15.0	16.9	19.2	19.6	20.3	23.7	25.0
卢森堡	107.9	111.2	118.0	113.8	118.1	134.8	127.6
罗马尼亚	9.4	10.7	12.5	12.9	13.0	14.9	15.9
马达加斯加	0.5	0.5	0.5	0.5	0.5	0.5	0.5
马耳他	25.9	29.3	32.2	32.2	29.2	34.4	34.1
马来西亚	9.5	10.0	11.1	11.2	10.4	11.4	12.4
马里	0.7	0.8	0.9	0.8	0.8	0.9	0.8
美国	57.8	59.9	62.8	65.1	63.6	70.2	76.3
蒙古国	3.6	3.6	4.1	4.3	4.0	4.5	4.9
孟加拉国	1.7	1.8	2.0	2.2	2.3	2.5	2.7
秘鲁	6.2	6.8	7.1	7.0	6.1	6.7	7.1

续表

年份 国家	2016	2017	2018	2019	2020	2021	2022
缅甸	1.2	1.2	1.3	1.3	1.5	1.2	1.1
摩尔多瓦	2.9	3.4	4.1	4.4	4.4	5.3	5.7
摩洛哥	3.2	3.4	3.6	3.6	3.4	3.9	3.8
莫桑比克	0.4	0.5	0.5	0.5	0.5	0.5	0.5
墨西哥	8.8	9.3	9.8	10.0	8.5	9.9	10.9
纳米比亚	4.6	5.4	5.7	5.1	4.2	4.8	4.8
南非	5.8	6.7	7.0	6.6	5.7	7.0	6.7
尼加拉瓜	2.1	2.1	2.0	1.9	1.9	2.1	2.4
尼日尔	0.5	0.5	0.6	0.6	0.6	0.6	0.6
尼日利亚	2.2	2.0	2.2	2.2	2.1	2.1	2.2
挪威	70.9	76.2	82.8	76.5	68.4	90.8	106.3
葡萄牙	20.0	21.5	23.6	23.3	22.2	24.7	24.5
日本	39.4	38.9	39.9	40.5	40.1	39.9	33.8
瑞典	51.6	53.5	54.3	51.7	52.7	60.9	55.7
瑞士	82.6	82.6	85.5	84.5	85.9	92.2	92.4
萨尔瓦多	3.9	4.0	4.1	4.3	3.9	4.6	5.0
塞尔维亚	5.8	6.3	7.3	7.4	7.7	9.2	10.4
塞内加尔	1.3	1.4	1.5	1.4	1.5	1.6	1.6
塞浦路斯	24.8	26.8	29.6	29.6	28.1	31.7	31.5
沙特阿拉伯	21.0	21.9	25.3	24.5	21.0	25.5	31.8
斯里兰卡	4.2	4.4	4.4	4.1	3.9	4.0	3.4
斯洛伐克	16.6	17.6	19.5	19.4	19.5	21.4	20.9
斯洛文尼亚	21.7	23.5	26.2	26.1	25.6	29.3	29.5
苏丹	1.6	1.2	0.8	0.8	0.8	0.8	1.1
塔吉克斯坦	0.8	0.8	0.9	0.9	0.9	0.9	1.1
泰国	6.0	6.6	7.3	7.8	7.2	7.2	7.7
坦桑尼亚	1.0	1.0	1.0	1.1	1.1	1.2	1.3
突尼斯	3.9	3.7	3.7	3.6	3.6	3.9	3.8
土耳其	10.9	10.6	9.5	9.1	8.6	9.7	10.6

续表

年份 国家	2016	2017	2018	2019	2020	2021	2022
土库曼斯坦	7.4	8.1	8.4	8.9	8.8	10.5	12.5
危地马拉	4.0	4.2	4.2	4.4	4.3	4.7	5.0
委内瑞拉	3.7	3.8	3.5	2.6	1.6	2.1	3.5
乌干达	0.8	0.8	0.9	1.0	0.9	1.0	1.1
乌克兰	2.2	2.7	3.1	3.7	3.8	4.9	4.3
乌拉圭	16.5	18.4	18.4	17.4	15.2	16.7	20.2
乌兹别克斯坦	2.7	1.9	1.6	1.8	1.8	2.0	2.3
西班牙	26.5	28.2	30.4	29.6	26.9	30.1	29.4
希腊	17.9	18.6	19.8	19.1	17.6	20.1	20.6
新加坡	56.9	61.2	66.8	66.1	61.3	77.7	82.8
新西兰	39.4	42.3	42.8	42.3	41.3	48.8	47.2
匈牙利	13.1	14.6	16.4	16.8	16.1	18.7	17.3
牙买加	5.2	5.4	5.7	5.8	5.1	5.4	5.8
亚美尼亚	3.5	3.9	4.2	4.6	4.3	4.7	6.6
伊拉克	4.6	5.2	6.0	6.0	4.2	5.0	6.4
伊朗	5.7	6.0	3.0	2.9	2.3	3.4	4.1
以色列	37.7	41.1	42.4	44.5	44.9	52.2	54.7
意大利	31.2	32.6	34.9	33.6	31.8	35.8	34.1
印度	1.7	2.0	2.0	2.1	1.9	2.2	2.4
印度尼西亚	3.6	3.9	3.9	4.2	3.9	4.4	4.8
英国	41.3	40.7	43.4	42.8	40.3	46.4	45.3
约旦	4.2	4.3	4.4	4.5	4.3	4.5	4.7
越南	2.7	3.0	3.2	3.4	3.5	3.8	4.1
赞比亚	1.3	1.5	1.5	1.3	1.0	1.1	1.4
智利	13.7	15.0	15.8	14.6	13.1	16.1	15.1

资料来源：WEO，CEIC。

表 3　　　　　　　　　　　　GDP 增速　　　　　　　　　　（单位:%）

国家\年份	2016	2017	2018	2019	2020	2021	2022
阿尔巴尼亚	3.32	3.80	4.02	2.09	-3.48	8.52	4.00
阿尔及利亚	3.20	1.40	1.20	1.00	-5.10	3.50	4.67
阿根廷	-2.08	2.82	-2.62	-2.00	-9.94	10.40	4.04
阿联酋	2.98	2.37	1.19	3.41	-4.80	3.80	5.05
阿曼	5.05	0.30	1.29	-1.13	-3.20	2.95	4.36
阿塞拜疆	-3.06	0.15	1.50	2.48	-4.20	5.62	3.68
埃及	5.78	5.37	4.99	5.50	3.49	3.28	6.61
埃塞俄比亚	8.00	10.21	7.70	9.04	6.06	6.27	3.84
爱尔兰	2.01	9.01	8.53	5.44	6.18	13.59	9.00
爱沙尼亚	3.16	5.79	3.78	3.74	-0.55	8.01	1.00
安哥拉	-2.58	-0.15	-1.32	-0.70	-5.75	0.80	2.87
奥地利	1.99	2.26	2.50	1.49	-6.74	4.60	4.70
澳大利亚	2.70	2.38	2.78	1.98	-2.14	4.91	3.75
巴布亚新几内亚	5.49	3.54	-0.28	4.48	-3.50	1.21	3.81
巴基斯坦	4.56	4.61	6.10	3.12	-0.94	5.74	5.97
巴拉圭	4.27	4.81	3.20	-0.40	-0.82	4.20	0.20
巴林	3.56	4.29	2.11	2.17	-4.94	2.23	3.37
巴拿马	4.95	5.59	3.69	2.98	-17.95	15.34	7.52
巴西	-3.28	1.32	1.78	1.22	-3.88	4.62	2.79
白俄罗斯	-2.54	2.54	3.14	1.45	-0.67	2.30	-7.02
保加利亚	3.04	2.76	2.69	4.04	-4.39	4.18	3.94
比利时	1.27	1.62	1.84	2.11	-5.68	6.25	2.40
冰岛	6.30	4.20	4.89	2.42	-6.84	4.40	5.07
波兰	3.14	4.83	5.35	4.75	-2.20	5.88	3.83
玻利维亚	4.26	4.20	4.22	2.22	-8.74	6.11	3.80
博茨瓦纳	7.20	4.11	4.19	3.03	-8.73	11.36	4.08
布基纳法索	5.96	6.20	6.73	5.70	1.93	6.92	3.60
丹麦	3.25	2.82	1.99	1.49	-1.99	4.86	2.60
德国	2.23	2.68	0.98	1.05	-3.69	2.63	1.55

续表

年份 国家	2016	2017	2018	2019	2020	2021	2022
多哥	5.60	4.35	4.97	5.46	1.76	5.26	5.40
俄罗斯	0.19	1.83	2.81	2.20	-2.66	4.75	-3.41
厄瓜多尔	-1.23	2.37	1.29	0.01	-7.79	4.24	2.86
法国	0.98	2.45	1.82	1.88	-7.90	6.77	2.52
菲律宾	7.15	6.93	6.34	6.12	-9.52	5.70	6.47
芬兰	2.81	3.19	1.14	1.22	-2.23	3.02	2.14
哥伦比亚	2.09	1.36	2.56	3.19	-7.05	10.68	7.56
哥斯达黎加	4.20	4.16	2.62	2.42	-4.05	7.76	3.81
哈萨克斯坦	0.90	3.90	4.10	4.50	-2.60	4.10	2.51
韩国	2.95	3.16	2.91	2.24	-0.71	4.15	2.59
荷兰	2.19	2.91	2.36	1.96	-3.91	4.87	4.55
洪都拉斯	3.89	4.84	3.85	2.65	-8.97	12.53	3.40
吉尔吉斯斯坦	4.34	4.74	3.46	4.60	-8.62	3.74	3.84
几内亚	10.82	10.30	6.36	5.62	4.92	3.75	4.62
加拿大	1.00	3.04	2.78	1.88	-5.23	4.54	3.30
加纳	3.37	8.13	6.20	6.51	0.51	5.36	3.59
柬埔寨	6.86	7.00	7.47	7.05	-3.13	3.01	5.10
捷克	2.54	5.17	3.22	3.03	-5.50	3.49	1.87
喀麦隆	4.48	3.54	4.02	3.42	0.54	3.65	3.84
卡塔尔	3.06	-1.50	1.24	0.69	-3.56	1.59	3.35
科威特	2.93	-4.71	2.44	-0.55	-8.86	1.31	8.67
克罗地亚	3.53	3.41	2.90	3.48	-8.10	10.24	5.90
肯尼亚	4.21	3.82	5.67	5.11	-0.25	7.52	5.35
拉脱维亚	2.37	3.31	3.99	2.48	-3.77	4.48	2.53
老挝	7.02	6.85	6.29	4.65	-0.44	2.06	2.20
黎巴嫩	1.56	0.90	-1.89	-6.92	-25.91	-10.52	1.94
立陶宛	2.52	4.28	3.99	4.57	-0.13	5.00	1.78
卢森堡	4.98	1.32	2.00	3.28	-1.78	6.89	1.62
罗马尼亚	4.70	7.32	4.48	4.19	-3.75	5.88	4.80

续表

年份 国家	2016	2017	2018	2019	2020	2021	2022
马达加斯加	3.99	3.93	3.19	4.41	-7.14	4.30	4.22
马耳他	3.38	10.93	6.17	5.92	-8.33	10.30	6.24
马来西亚	4.45	5.81	4.84	4.41	-5.53	3.09	5.40
马里	5.85	5.31	4.75	4.77	-1.24	3.06	2.54
美国	1.67	2.26	2.92	2.29	-3.41	5.67	1.64
蒙古国	1.49	5.64	7.75	5.60	-4.56	1.64	2.50
孟加拉国	7.11	6.59	7.32	7.88	3.45	6.94	7.25
秘鲁	3.95	2.52	3.98	2.23	-11.01	13.55	2.71
缅甸	6.41	5.75	6.41	6.75	3.19	-17.94	1.97
摩尔多瓦	4.41	4.20	4.10	3.60	-8.30	13.95	0
摩洛哥	0.52	5.06	3.07	2.89	-7.19	7.93	0.77
莫桑比克	3.82	3.74	3.44	2.32	-1.20	2.33	3.75
墨西哥	2.63	2.11	2.20	-0.20	-8.06	4.78	2.14
纳米比亚	0.03	-1.03	1.06	-0.84	-8.04	2.66	3.00
南非	0.67	1.16	1.52	0.30	-6.34	4.91	2.10
尼加拉瓜	4.56	4.63	-3.36	-3.78	-1.79	10.35	4.00
尼日尔	5.74	5.00	7.20	5.91	3.62	1.35	6.74
尼日利亚	-1.62	0.81	1.92	2.21	-1.79	3.65	3.17
挪威	1.07	2.32	1.12	0.75	-0.72	3.88	3.65
葡萄牙	2.02	3.51	2.85	2.68	-8.44	4.88	6.24
日本	0.75	1.68	0.64	-0.36	-4.62	1.66	1.75
瑞典	2.07	2.57	1.95	1.99	-2.17	5.08	2.60
瑞士	2.08	1.43	2.86	1.16	-2.51	4.23	2.20
萨尔瓦多	2.54	2.25	2.41	2.44	-8.18	10.27	2.64
塞尔维亚	3.34	2.10	4.50	4.33	-0.95	7.39	3.51
塞内加尔	6.36	7.41	6.21	4.61	1.33	6.07	4.73
塞浦路斯	6.46	5.85	5.69	5.28	-4.98	5.59	3.50
沙特阿拉伯	1.67	-0.74	2.51	0.33	-4.14	3.24	7.60
斯里兰卡	5.05	6.46	2.31	-0.22	-3.47	3.33	-8.69

续表

年份 国家	2016	2017	2018	2019	2020	2021	2022
斯洛伐克	1.93	2.98	3.79	2.61	-4.36	3.02	1.80
斯洛文尼亚	3.19	4.82	4.45	3.45	-4.32	8.21	5.71
苏丹	4.70	0.77	-2.29	-2.50	-3.63	0.50	-0.30
塔吉克斯坦	6.90	7.10	7.60	7.40	4.39	9.20	5.50
泰国	3.44	4.18	4.22	2.15	-6.20	1.53	2.84
坦桑尼亚	6.87	6.77	6.96	6.97	4.81	4.94	4.48
突尼斯	1.12	2.24	2.55	1.40	-8.74	3.34	2.20
土耳其	3.32	7.50	2.98	0.78	1.94	11.35	4.97
土库曼斯坦	-0.98	4.71	0.88	-3.39	-2.95	4.62	1.17
危地马拉	2.68	3.08	3.41	4.00	-1.76	7.98	3.41
委内瑞拉	-17.04	-15.67	-19.66	-27.67	-29.99	0.48	6.04
乌干达	0.16	6.83	5.50	7.82	-1.39	6.69	4.41
乌克兰	2.42	2.36	3.49	3.20	-3.75	3.35	-34.95
乌拉圭	1.69	1.63	0.48	0.35	-6.12	4.40	5.27
乌兹别克斯坦	5.93	4.40	5.36	5.71	1.89	7.42	5.20
西班牙	3.03	2.98	2.29	2.08	-10.82	5.13	4.33
希腊	-0.49	1.09	1.67	1.80	-9.02	8.34	5.20
新加坡	3.56	4.66	3.66	1.10	-4.14	7.61	3.02
新西兰	3.96	3.51	3.43	2.87	-2.08	5.56	2.34
匈牙利	2.30	4.27	5.36	4.55	-4.46	7.10	5.70
牙买加	1.50	0.68	1.83	0.97	-10.05	4.61	2.81
亚美尼亚	0.20	7.52	5.23	7.63	-7.40	5.66	6.98
伊拉克	15.20	-3.40	4.70	5.81	-15.70	7.68	9.27
伊朗	8.82	2.76	-1.84	-3.07	3.33	4.72	3.02
以色列	4.52	4.28	4.07	4.16	-1.86	8.61	6.13
意大利	1.29	1.67	0.93	0.50	-9.03	6.70	3.16
印度	8.26	6.80	6.45	3.74	-6.60	8.68	6.84
印度尼西亚	5.03	5.07	5.17	5.02	-2.07	3.69	5.33
英国	2.26	2.13	1.65	1.67	-9.27	7.44	3.61

续表

年份 国家	2016	2017	2018	2019	2020	2021	2022
约旦	1.99	2.09	1.93	1.96	-1.55	2.21	2.40
越南	6.69	6.94	7.20	7.15	2.94	2.58	7.00
赞比亚	3.78	3.50	4.04	1.44	-2.79	4.60	2.91
智利	1.73	1.30	3.95	0.86	-6.07	11.72	2.03

资料来源：WDI，CEIC。

表4　　　　　　　　　GDP 5 年波动系数　　　　　　（单位：标准差）

年份 国家	2016	2017	2018	2019	2020	2021	2022
阿尔巴尼亚	0.79	1.02	0.88	0.80	2.80	3.87	3.88
阿尔及利亚	0.36	0.90	1.13	1.12	2.83	2.89	3.37
阿根廷	2.23	2.43	2.04	2.25	4.13	6.65	6.78
阿联酋	0.74	1.09	1.39	1.27	3.01	3.13	3.50
阿曼	2.41	2.02	2.03	2.51	2.74	2.10	2.73
阿塞拜疆	2.89	2.94	1.55	1.46	2.40	3.21	3.31
埃及	0.97	0.89	0.54	0.29	0.81	0.95	1.25
埃塞俄比亚	0.72	0.46	0.16	0.14	1.49	1.45	1.60
爱尔兰	9.38	8.60	2.18	2.10	2.12	2.65	2.65
爱沙尼亚	0.74	1.52	1.30	1.27	2.07	2.83	2.92
安哥拉	3.81	2.92	2.37	0.97	1.98	2.37	2.91
奥地利	0.64	0.87	0.72	0.54	3.53	3.92	4.21
澳大利亚	0.59	0.21	0.18	0.29	1.86	2.29	2.40
巴布亚新几内亚	—	—	—	—	—	—	2.89
巴基斯坦	1.12	0.77	0.75	0.97	2.41	2.55	2.70
巴拉圭	3.99	2.95	0.90	1.82	2.37	2.35	2.03
巴林	1.13	1.24	0.92	0.86	3.29	3.16	3.00
巴拿马	2.38	2.40	0.72	1.08	5.97	7.21	7.39
巴西	2.37	2.63	1.52	1.59	2.21	2.74	2.84
白俄罗斯	2.63	2.94	2.12	2.10	1.90	1.33	1.39

续表

年份 国家	2016	2017	2018	2019	2020	2021	2022
保加利亚	0.85	1.37	0.85	0.50	3.05	3.18	3.28
比利时	—	—	—	—	—	—	3.88
冰岛	1.95	1.48	1.50	1.25	4.69	4.41	4.51
波兰	1.21	1.26	0.84	0.75	2.79	2.99	2.94
玻利维亚	0.84	0.96	0.50	0.90	5.05	5.31	5.28
博茨瓦纳	4.13	4.18	3.01	2.88	5.52	6.48	6.48
布基纳法索	0.99	0.93	1.10	0.95	1.72	1.83	1.93
丹麦	1.05	0.83	0.58	0.61	1.86	2.23	2.21
德国	0.80	0.78	0.60	0.67	2.27	2.33	2.18
多哥	0.34	0.62	0.58	0.51	1.41	1.35	1.42
俄罗斯	1.96	1.39	1.53	1.63	1.97	2.44	2.53
厄瓜多尔	2.72	2.28	1.74	1.22	3.57	4.14	4.20
法国	0.31	0.58	0.59	0.55	3.90	4.82	4.82
菲律宾	0.31	0.32	0.35	0.39	6.47	6.33	6.28
芬兰	1.48	1.66	1.35	1.03	1.91	1.95	1.78
哥伦比亚	1.09	1.42	1.05	0.65	3.79	5.64	5.98
哥斯达黎加	0.79	0.62	0.57	0.76	3.05	3.83	3.80
哈萨克斯坦	1.97	1.90	1.55	1.59	2.70	2.71	2.65
韩国	0.29	0.15	0.15	0.31	1.44	1.65	1.61
荷兰	1.25	1.02	0.49	0.35	2.53	2.95	3.16
洪都拉斯	0.52	0.72	0.57	0.69	5.16	6.63	6.57
吉尔吉斯斯坦	3.54	2.68	0.43	0.47	5.18	5.12	5.03
几内亚	2.71	3.31	1.64	1.31	1.41	1.52	1.07
加拿大	0.82	0.97	1.02	0.94	3.05	3.43	3.45
加纳	2.80	2.46	2.08	2.04	2.55	2.45	2.21
柬埔寨	0.15	0.18	0.13	0.13	4.07	4.01	3.82
捷克	2.18	2.02	1.32	1.17	3.71	3.77	3.41
喀麦隆	0.54	0.85	0.87	0.79	1.38	1.26	1.29
卡塔尔	0.87	2.62	2.16	1.84	2.19	1.86	2.29

续表

年份 国家	2016	2017	2018	2019	2020	2021	2022
科威特	2.30	2.56	1.27	1.44	4.23	3.98	5.30
克罗地亚	2.13	1.76	1.42	0.39	4.58	5.90	6.07
肯尼亚	0.50	0.41	0.65	0.66	2.09	2.60	2.61
拉脱维亚	1.18	0.99	0.83	0.68	2.79	3.01	2.96
老挝	0.40	0.41	0.44	0.94	2.78	2.73	2.32
黎巴嫩	1.20	1.26	1.36	1.47	4.29	4.23	4.41
立陶宛	0.70	0.81	0.86	1.01	1.74	1.87	1.94
卢森堡	1.85	1.01	1.25	1.27	2.25	2.82	2.80
罗马尼亚	0.89	1.53	1.49	1.43	3.74	3.85	3.48
马达加斯加	0.55	0.62	0.37	0.49	4.43	4.46	4.49
马耳他	2.14	1.96	1.60	1.49	5.78	6.51	6.40
马来西亚	0.56	0.61	0.59	0.51	4.20	4.12	4.06
马里	2.96	1.63	0.79	0.57	2.60	2.41	2.20
美国	0.49	0.49	0.43	0.43	2.31	2.96	2.95
蒙古国	4.60	3.79	2.50	2.17	4.27	4.26	4.07
孟加拉国	0.40	0.52	0.43	0.29	1.45	1.43	1.48
秘鲁	1.46	1.26	0.68	0.72	5.49	7.07	7.07
缅甸	0.92	0.99	0.69	0.53	1.30	2.11	2.26
摩尔多瓦	3.61	2.98	1.93	1.79	4.96	6.38	6.44
摩洛哥	1.30	1.36	1.56	1.55	4.28	5.10	4.93
莫桑比克	1.33	1.60	1.68	1.46	1.89	1.76	1.76
墨西哥	0.78	0.67	0.43	1.18	4.02	4.40	4.41
纳米比亚	2.18	2.93	2.55	1.84	3.26	3.67	4.04
南非	0.75	0.69	0.30	0.45	2.93	3.68	3.74
尼加拉瓜	0.70	0.13	2.51	3.23	3.18	4.93	4.87
尼日尔	2.14	0.75	1.03	0.95	1.20	2.02	2.20
尼日利亚	3.01	3.18	2.59	1.53	1.71	1.82	1.92
挪威	0.63	0.52	0.50	0.60	0.97	1.55	1.77
葡萄牙	2.25	1.47	0.93	0.61	4.51	4.83	5.21

续表

年份 国家	2016	2017	2018	2019	2020	2021	2022
日本	0.60	0.63	0.54	0.73	2.21	2.33	2.34
瑞典	1.67	1.08	0.91	0.96	1.74	2.33	2.33
瑞士	0.41	0.31	0.52	0.60	1.86	2.26	2.28
萨尔瓦多	—	—	—	—	—	—	5.88
塞尔维亚	—	—	—	—	—	—	2.69
塞内加尔	1.60	1.72	0.45	0.90	2.12	2.10	1.76
塞浦路斯	4.67	4.82	2.51	1.05	4.34	4.24	4.08
沙特阿拉伯	1.27	1.73	1.62	1.61	2.30	2.60	3.77
斯里兰卡	1.96	0.68	1.54	2.32	3.58	3.35	2.35
斯洛伐克	—	—	—	—	—	—	2.94
斯洛文尼亚	2.31	1.92	0.99	0.93	3.37	4.14	4.22
苏丹	2.34	1.43	2.64	3.02	2.92	1.84	1.72
塔吉克斯坦	0.54	0.47	0.44	0.45	1.42	1.83	1.89
泰国	2.06	1.07	1.18	0.76	3.95	3.84	3.66
坦桑尼亚	0.89	0.26	0.28	0.30	1.34	1.37	1.37
突尼斯	1.10	0.74	0.82	0.63	4.26	4.49	4.49
土耳其	1.72	1.83	1.69	2.38	2.28	3.94	3.74
土库曼斯坦	2.08	1.89	2.07	2.54	2.74	3.26	2.71
危地马拉	0.66	0.65	0.65	0.54	2.07	3.10	3.10
委内瑞拉	7.70	7.03	0.65	0.60	3.61	4.05	5.38
乌干达	0.66	0.67	2.57	2.69	3.55	3.21	3.07
乌克兰	4.58	4.95	1.94	1.88	2.68	2.77	2.81
乌拉圭	1.50	1.48	1.04	0.62	2.91	3.45	4.03
乌兹别克斯坦	0.54	1.17	1.02	0.91	1.48	1.82	1.80
西班牙	2.59	1.87	0.82	0.62	5.23	5.53	5.68
希腊	2.77	1.38	0.80	0.95	4.10	5.57	5.85
新加坡	0.69	0.70	0.55	1.18	3.18	3.96	3.84
新西兰	0.65	0.41	0.19	0.36	2.24	2.54	2.50
匈牙利	1.98	1.06	0.99	1.01	3.58	4.04	4.14

续表

年份 国家	2016	2017	2018	2019	2020	2021	2022
牙买加	—	—	—	—	—	—	5.18
亚美尼亚	2.22	2.32	2.41	2.70	5.60	5.57	5.50
伊拉克	5.30	5.53	2.74	2.67	6.44	6.53	6.82
伊朗	6.95	5.19	3.47	3.59	3.46	2.79	2.81
以色列	0.82	0.69	0.71	0.72	2.45	3.33	3.46
意大利	1.61	1.24	0.56	0.41	4.07	5.10	5.22
印度	1.04	0.70	0.37	1.32	5.20	5.44	5.44
印度尼西亚	0.43	0.23	0.10	0.10	2.86	2.78	2.81
英国	0.50	0.42	0.45	0.37	4.49	5.45	5.56
约旦	0.45	0.49	0.54	0.21	1.42	1.44	1.48
越南	0.52	0.50	0.27	0.17	1.62	2.12	2.13
赞比亚	1.58	0.78	0.59	0.92	2.56	2.69	2.64
智利	1.42	0.99	0.92	1.07	3.38	5.68	5.66

资料来源：WDI，CEIC。

表5　　　　　　　　　　　贸易开放度　　　　　　　　　（单位:%）

年份 国家	2015	2016	2017	2018	2019	2020	2021
阿尔巴尼亚	71.80	74.81	78.19	76.86	76.85	61.33	74.52
阿尔及利亚	59.70	55.93	55.32	57.90	52.03	45.23	50.25
阿根廷	22.49	26.09	25.29	31.17	32.63	30.50	33.43
阿联酋	175.22	176.75	175.00	159.73	160.94	162.21	184.00
阿曼	91.32	78.78	86.41	90.45	90.00	73.00	93.92
阿塞拜疆	72.60	90.08	90.40	91.67	85.82	72.16	76.57
埃及	34.85	30.25	45.13	48.28	43.24	33.96	31.37
埃塞俄比亚	39.66	34.90	31.10	31.20	28.82	24.02	24.26
爱尔兰	215.16	227.40	220.15	217.43	252.34	239.95	229.40
爱沙尼亚	150.94	150.41	147.56	146.34	143.94	141.87	160.79
安哥拉	62.89	53.37	52.26	66.38	64.29	62.62	52.92

续表

年份 国家	2015	2016	2017	2018	2019	2020	2021
奥地利	102.43	100.98	104.94	108.11	107.78	101.65	110.99
澳大利亚	41.49	40.78	41.82	43.26	45.71	43.98	40.02
巴布亚新几内亚	—	—	—	—	—	—	23.50
巴基斯坦	27.65	25.31	25.85	29.04	30.44	26.21	29.92
巴拉圭	66.94	67.79	71.48	72.53	71.36	65.27	71.72
巴林	154.93	139.62	143.09	151.41	142.36	130.90	155.20
巴拿马	99.94	87.41	87.43	89.69	84.16	71.30	92.70
巴西	26.95	24.53	24.32	28.88	28.46	32.35	39.18
白俄罗斯	115.91	125.21	133.37	139.39	130.85	120.68	138.74
保加利亚	126.98	123.14	130.22	129.09	125.17	110.57	124.99
比利时	—	—	—	—	—	—	172.67
冰岛	95.82	88.33	86.98	89.95	84.09	69.21	78.39
波兰	95.43	100.08	104.55	107.42	106.36	104.50	117.62
玻利维亚	67.93	56.40	56.70	57.11	56.40	59.29	59.02
博茨瓦纳	105.93	96.76	75.60	79.51	75.70	76.03	94.48
布基纳法索	59.09	57.89	59.27	60.30	56.73	54.70	58.40
丹麦	104.05	100.17	102.98	106.97	110.61	103.31	112.43
德国	86.25	84.77	87.24	88.43	87.60	81.11	89.39
多哥	93.66	66.88	58.14	56.69	54.37	52.95	57.54
俄罗斯	49.36	46.52	46.88	51.58	49.44	46.08	52.13
厄瓜多尔	45.24	38.52	42.42	46.36	46.08	43.29	51.39
法国	61.75	61.10	62.96	64.44	64.14	57.77	61.97
菲律宾	59.14	61.78	68.17	72.16	68.84	58.17	63.50
芬兰	71.38	70.90	75.05	78.19	79.53	72.03	77.63
哥伦比亚	38.36	36.20	35.28	36.53	37.52	33.65	40.58
哥斯达黎加	60.75	62.18	65.07	66.08	65.12	59.54	70.61
哈萨克斯坦	53.05	60.31	56.83	63.53	64.86	57.11	58.96
韩国	79.13	73.60	77.12	78.99	77.00	70.08	79.76
荷兰	157.82	148.86	156.03	158.82	155.27	145.30	156.19

续表

年份 国家	2015	2016	2017	2018	2019	2020	2021
洪都拉斯	107.26	99.82	101.81	103.55	98.03	85.75	100.38
吉尔吉斯斯坦	110.96	105.82	100.62	98.88	99.37	83.01	108.39
几内亚	72.44	111.84	101.25	88.98	72.25	90.23	86.52
加拿大	66.16	65.36	65.10	66.58	65.43	59.96	61.23
加纳	77.28	70.01	73.84	71.94	71.11	68.00	58.43
柬埔寨	127.86	126.95	124.79	124.90	123.56	126.34	132.21
捷克	155.18	150.59	150.53	147.98	141.80	135.15	142.11
喀麦隆	49.87	43.20	41.19	43.01	44.87	36.61	37.39
卡塔尔	93.71	89.55	91.49	91.84	90.32	89.10	93.05
科威特	98.70	96.16	97.84	103.12	98.18	86.20	86.10
克罗地亚	92.54	94.12	99.15	101.25	104.17	90.55	103.76
肯尼亚	44.18	37.70	37.39	36.15	33.40	31.42	30.67
拉脱维亚	122.28	118.89	123.90	123.62	121.26	119.40	130.22
老挝	85.80	75.09	75.83	78.80	77.10	72.10	6.99
黎巴嫩	71.82	67.65	68.31	68.15	96.04	71.72	80.10
立陶宛	138.55	134.45	144.87	148.64	149.66	138.50	156.57
卢森堡	408.36	390.66	400.08	387.10	381.52	390.33	388.85
罗马尼亚	83.59	84.60	86.52	87.14	84.98	78.98	87.36
马达加斯加	61.22	60.83	65.34	63.59	59.56	53.61	52.63
马耳他	299.47	289.55	283.75	268.90	271.44	271.55	283.47
马来西亚	131.37	126.90	133.16	130.43	123.00	116.50	130.73
马里	63.64	63.76	58.07	60.14	61.06	59.78	69.79
美国	27.76	26.52	27.16	27.48	26.29	23.39	25.48
蒙古国	90.29	95.61	117.22	122.50	126.22	113.53	120.14
孟加拉国	42.09	37.95	35.30	38.24	36.76	30.76	27.72
秘鲁	45.16	45.39	47.51	48.64	46.79	43.44	55.50
缅甸	53.92	61.02	62.45	60.69	52.04	56.44	53.15
摩尔多瓦	89.33	87.64	85.64	85.87	87.39	76.99	88.61
摩洛哥	77.20	80.86	84.00	87.98	87.14	78.62	83.97

续表

年份 国家	2015	2016	2017	2018	2019	2020	2021
莫桑比克	93.91	105.64	99.72	127.20	116.55	96.30	160.90
墨西哥	71.09	76.06	77.12	80.56	77.92	77.98	82.36
纳米比亚	97.24	93.97	81.22	81.60	81.89	74.51	81.27
南非	61.62	60.64	57.97	59.47	59.20	56.00	56.07
尼加拉瓜	98.19	93.81	96.38	93.98	94.57	89.47	106.23
尼日尔	44.08	36.29	39.07	37.51	37.79	33.20	37.66
尼日利亚	21.33	20.72	26.35	33.01	34.02	25.40	20.10
挪威	69.86	68.94	69.16	70.21	71.04	65.49	70.68
葡萄牙	80.49	79.27	84.44	86.43	86.71	75.43	87.05
日本	35.43	31.31	34.42	36.64	34.76	31.37	37.52
瑞典	83.72	82.32	84.93	89.13	91.43	84.53	88.16
瑞士	113.12	119.73	119.27	119.98	119.22	115.89	125.11
萨尔瓦多	—	—	—	—	—	—	84.37
塞尔维亚	—	—	—	—	—	—	116.76
塞内加尔	58.11	54.11	57.71	61.79	62.83	59.32	63.26
塞浦路斯	137.59	139.38	147.38	148.91	144.82	141.52	160.94
沙特阿拉伯	71.12	61.86	64.18	66.69	63.66	50.60	59.12
斯里兰卡	49.56	49.64	50.89	53.51	52.38	39.52	43.04
斯洛伐克	—	—	—	—	—	—	187.83
斯洛文尼亚	146.30	146.66	157.27	161.19	159.28	146.54	161.74
苏丹	18.61	16.14	18.95	21.83	26.20	9.96	4.13
塔吉克斯坦	52.99	54.42	53.79	55.85	56.05	55.27	61.10
泰国	124.84	120.58	120.89	120.88	109.63	97.93	116.68
坦桑尼亚	40.76	35.42	32.24	32.64	32.96	29.60	31.38
突尼斯	91.01	90.78	100.00	109.96	107.91	91.00	92.29
土耳其	51.09	48.33	55.76	62.55	62.68	60.89	71.21
土库曼斯坦	81.30	62.05	53.58	35.16	25.70	15.80	19.20
危地马拉	49.89	46.37	46.07	47.09	45.60	41.84	49.46
委内瑞拉	99.74	59.41	67.15	104.30	89.30	75.40	68.00

续表

年份 国家	2015	2016	2017	2018	2019	2020	2021
乌干达	37.85	31.34	36.84	36.65	39.57	34.77	42.02
乌克兰	107.81	105.52	103.72	99.12	90.41	79.13	82.62
乌拉圭	45.33	48.57	46.80	47.83	49.61	46.37	56.81
乌兹别克斯坦	30.44	29.75	45.68	66.63	72.25	63.05	63.88
西班牙	64.21	63.77	66.69	67.61	66.98	59.77	68.33
希腊	65.37	64.11	71.48	80.03	81.82	71.33	89.18
新加坡	329.47	303.32	315.74	325.34	323.52	320.56	338.31
新西兰	54.82	52.32	53.91	55.49	54.09	47.00	47.68
匈牙利	167.24	164.31	165.20	163.37	161.76	157.17	161.91
牙买加	—	—	—	—	—	—	73.36
亚美尼亚	71.68	76.08	87.20	92.47	95.74	70.06	78.01
伊拉克	69.59	54.59	58.71	70.48	72.46	70.49	61.82
伊朗	39.02	43.21	48.78	65.05	56.17	36.15	44.37
以色列	59.83	58.62	57.41	59.67	57.31	52.07	54.97
意大利	56.42	55.37	58.60	60.30	60.11	55.32	63.06
印度	41.92	40.08	40.74	43.60	39.39	36.47	43.68
印度尼西亚	41.94	37.42	39.36	43.07	37.45	33.19	40.42
英国	56.00	58.28	61.66	62.97	63.40	55.09	55.24
约旦	95.36	88.72	90.16	88.53	85.69	65.37	82.21
越南	178.77	184.69	200.38	208.31	210.40	209.32	206.96
赞比亚	79.87	73.96	71.59	74.89	68.79	78.20	90.61
智利	58.97	55.69	55.65	57.32	56.87	57.84	64.43

资料来源：WDI，UNCTAD。

表6　　　　　　　　　投资开放度（存量）　　　　　　　（单位：%）

年份 国家	2015	2016	2017	2018	2019	2020	2021
阿尔巴尼亚	41.29	45.46	55.40	54.31	59.33	73.75	62.32
阿尔及利亚	16.90	18.58	18.19	18.96	20.26	25.26	22.15

续表

年份 国家	2015	2016	2017	2018	2019	2020	2021
阿根廷	18.24	20.56	18.92	22.08	25.16	32.12	29.41
阿联酋	57.94	64.29	63.82	69.80	74.99	99.32	92.43
阿曼	38.54	44.26	48.62	48.98	56.76	76.64	72.59
阿塞拜疆	70.79	120.76	125.67	115.49	120.93	139.92	108.61
埃及	31.89	40.54	60.01	50.24	42.47	39.34	36.06
埃塞俄比亚	17.34	20.90	24.87	27.94	26.91	29.31	32.82
爱尔兰	617.36	566.59	602.58	522.21	561.55	609.60	540.83
爱沙尼亚	108.27	107.00	118.09	107.93	120.61	146.82	133.64
安哥拉	30.93	33.12	29.04	28.40	26.14	33.83	19.35
奥地利	95.58	87.89	101.91	91.59	97.00	99.92	93.12
澳大利亚	78.79	79.91	84.94	82.28	95.09	105.43	80.94
巴布亚新几内亚	—	—	—	—	—	—	15.93
巴基斯坦	13.59	15.82	14.15	12.70	14.30	14.72	11.88
巴拉圭	13.22	14.95	15.95	15.88	16.57	19.15	20.94
巴林	146.81	139.64	131.69	128.76	129.18	149.12	136.97
巴拿马	82.70	85.77	86.34	90.79	95.68	121.68	109.70
巴西	34.11	42.70	41.98	41.48	51.56	62.30	55.40
白俄罗斯	33.08	40.64	26.34	24.06	25.14	27.13	24.67
保加利亚	89.40	83.88	90.89	80.18	82.10	93.45	76.59
比利时	—	—	—	—	—	—	219.49
冰岛	89.07	77.11	62.88	54.32	56.93	61.39	50.70
波兰	44.68	45.83	51.20	43.27	43.69	46.32	44.42
玻利维亚	36.86	35.93	34.60	31.48	30.87	29.57	30.31
博茨瓦纳	31.24	38.29	36.86	32.62	35.26	40.17	34.63
布基纳法索	17.04	18.47	19.22	18.14	19.00	20.71	16.61
丹麦	84.82	85.95	96.65	91.17	96.88	107.17	107.79
德国	64.09	62.36	70.96	66.81	70.20	80.12	77.59
多哥	65.03	59.13	64.38	53.57	56.93	82.44	55.13
俄罗斯	40.46	57.58	52.60	45.23	53.19	55.65	57.01

续表

年份\国家	2015	2016	2017	2018	2019	2020	2021
厄瓜多尔	16.02	16.67	16.57	17.36	18.27	21.57	20.43
法国	80.00	79.90	86.86	82.99	88.20	103.25	85.64
菲律宾	34.00	35.55	40.88	40.77	42.47	48.39	46.34
芬兰	75.19	78.50	84.19	72.81	86.26	96.84	80.89
哥伦比亚	66.95	76.49	75.37	74.93	83.25	102.70	91.74
哥斯达黎加	61.43	64.87	69.31	72.32	76.58	82.93	98.71
哈萨克斯坦	86.82	121.12	100.08	93.15	92.18	100.46	87.89
韩国	31.76	33.27	36.33	37.25	42.37	46.97	45.04
荷兰	383.61	415.68	442.06	379.94	394.84	734.27	589.46
洪都拉斯	68.98	73.34	75.26	76.84	75.45	81.57	73.25
吉尔吉斯斯坦	69.45	77.00	51.49	48.39	62.13	69.07	73.39
几内亚	25.24	44.86	42.99	43.92	39.14	37.63	29.14
加拿大	126.10	143.53	150.44	129.20	159.81	186.46	187.15
加纳	54.39	54.99	56.82	55.83	61.28	63.55	56.25
柬埔寨	124.30	124.89	125.89	127.64	129.62	141.94	157.75
捷克	71.91	71.98	86.15	82.45	86.35	101.51	99.97
喀麦隆	19.04	19.25	22.95	22.02	24.49	25.01	24.92
卡塔尔	45.79	50.21	45.18	38.78	41.34	50.62	40.50
科威特	40.30	41.31	39.74	33.71	35.58	43.69	36.86
克罗地亚	57.12	51.55	53.20	47.11	50.33	59.52	68.75
肯尼亚	9.08	8.98	8.62	9.83	9.83	10.23	9.82
拉脱维亚	60.83	57.97	65.20	57.57	58.86	68.48	76.37
老挝	38.24	40.83	47.74	52.19	53.27	57.03	64.10
黎巴嫩	141.95	145.42	147.35	148.46	157.31	36.74	133.68
立陶宛	47.60	46.23	50.15	45.15	46.96	51.74	61.64
卢森堡	681.68	681.26	709.30	536.90	486.01	2067.05	2691.00
罗马尼亚	40.03	39.97	43.33	39.01	40.64	44.51	39.59
马达加斯加	56.08	56.31	58.11	59.51	62.14	68.32	68.45
马耳他	2190.06	2078.01	2185.73	1883.29	1871.09	2198.91	1818.09

续表

年份 国家	2015	2016	2017	2018	2019	2020	2021
马来西亚	83.88	82.34	86.56	76.03	79.48	90.12	86.97
马里	23.89	24.65	29.62	28.11	31.16	35.51	35.13
美国	64.28	68.43	79.51	66.19	79.15	89.98	64.23
蒙古国	179.88	149.58	162.05	158.34	167.62	191.59	176.82
孟加拉国	6.74	6.70	6.06	6.44	6.02	6.12	6.02
秘鲁	48.91	52.72	51.63	52.19	54.88	62.64	58.49
缅甸	32.08	35.04	40.85	42.60	44.44	39.04	75.50
摩尔多瓦	39.13	38.26	39.00	37.20	41.50	43.77	38.62
摩洛哥	53.68	57.38	62.49	58.90	60.98	70.28	61.71
莫桑比克	183.58	299.26	287.78	274.35	280.45	319.08	311.12
墨西哥	49.06	54.03	58.39	55.24	58.91	72.80	59.77
纳米比亚	50.55	67.15	67.63	58.41	64.05	67.30	57.10
南非	88.67	104.98	123.02	104.59	102.51	127.97	104.40
尼加拉瓜	60.40	63.95	67.07	74.69	79.87	83.29	87.89
尼日尔	55.60	53.71	59.77	53.54	57.91	62.80	56.34
尼日利亚	31.21	24.16	25.84	24.67	22.88	25.38	22.95
挪威	86.29	94.34	88.59	83.86	85.66	95.99	72.63
葡萄牙	101.32	95.90	106.26	88.10	94.79	106.93	93.10
日本	31.96	30.71	34.93	35.79	39.43	44.63	45.24
瑞典	133.17	130.51	139.41	132.55	141.53	162.58	134.12
瑞士	299.22	373.69	401.04	391.37	400.02	419.94	416.69
萨尔瓦多	—	—	—	—	—	—	36.94
塞尔维亚	—	—	—	—	—	—	79.47
塞内加尔	21.45	22.86	26.97	27.03	30.86	38.94	42.31
塞浦路斯	4027.31	3806.83	4047.84	3546.31	3712.28	4117.08	3048.58
沙特阿拉伯	43.89	47.37	45.31	42.77	45.43	52.81	49.69
斯里兰卡	13.45	13.43	13.87	15.84	17.33	17.71	23.59
斯洛伐克	—	—	—	—	—	—	68.35
斯洛文尼亚	43.26	44.09	49.19	45.16	46.96	54.99	47.47

续表

年份 国家	2015	2016	2017	2018	2019	2020	2021
苏丹	29.08	28.40	21.74	57.21	81.66	38.72	114.65
塔吉克斯坦	29.01	36.47	37.98	38.50	38.71	40.95	42.87
泰国	63.21	67.35	73.07	69.26	72.66	85.54	90.42
坦桑尼亚	25.89	25.16	24.67	24.83	24.70	23.82	23.69
突尼斯	74.27	70.34	75.42	68.44	82.82	90.68	78.78
土耳其	22.49	21.64	28.27	24.49	27.75	36.74	36.43
土库曼斯坦	82.38	88.31	89.74	88.40	79.03	74.04	79.33
危地马拉	21.06	22.61	22.90	23.34	23.75	25.08	27.79
委内瑞拉	15.69	17.22	19.19	23.80	38.87	51.42	71.82
乌干达	42.43	44.34	44.54	44.23	44.14	43.85	39.40
乌克兰	51.30	51.40	42.73	35.70	35.72	34.07	39.93
乌拉圭	72.85	69.97	65.85	64.51	70.19	87.46	62.98
乌兹别克斯坦	8.93	10.81	17.30	18.23	16.88	18.07	17.37
西班牙	89.91	91.77	101.67	94.61	99.71	115.39	100.31
希腊	24.83	22.11	26.74	26.02	31.36	38.88	28.30
新加坡	594.75	620.04	733.33	687.88	767.18	910.39	870.58
新西兰	47.05	46.14	45.32	44.85	47.53	53.38	47.01
匈牙利	97.37	83.85	85.23	75.15	76.31	89.33	77.66
牙买加	—	—	—	—	—	—	126.91
亚美尼亚	46.20	49.74	46.78	49.62	45.35	45.29	44.56
伊拉克	1.26	1.45	1.30	1.24	1.27	1.74	1.56
伊朗	12.39	12.27	12.43	12.94	10.16	8.26	22.79
以色列	61.37	63.37	64.74	67.15	70.13	75.99	75.36
意大利	43.42	43.13	49.56	47.25	49.99	57.39	48.12
印度	19.64	20.19	20.28	19.93	20.98	25.06	22.72
印度尼西亚	29.25	33.16	29.28	28.64	28.24	31.07	29.94
英国	106.93	112.45	140.14	130.15	141.91	157.48	150.16
约旦	80.95	82.16	84.21	83.21	81.83	85.43	83.01
越南	57.64	60.88	62.37	63.48	65.76	70.07	56.25

续表

年份 国家	2015	2016	2017	2018	2019	2020	2021
赞比亚	86.03	95.47	82.80	81.54	92.29	117.33	102.81
智利	141.24	149.68	145.51	133.31	144.51	163.55	83.92

资料来源：UNCTAD。

表7　　　　　　　　　　　Chinn-Ito 指数

年份 国家	2014	2015	2016	2017	2018	2019	2020
阿尔巴尼亚	0.42	0.42	0.42	0.42	0.42	0.42	0.42
阿尔及利亚	0.16	0.16	0.16	0.16	0.16	0.16	0.16
阿根廷	0	0	0.16	0.76	0.82	0.28	0.55
阿联酋	1.00	1.00	1.00	1.00	1.00	1.00	1.00
阿曼	1.00	1.00	1.00	1.00	1.00	1.00	1.00
阿塞拜疆	0.46	0.46	0.46	0.46	0.46	0.46	0.46
埃及	0.16	0.16	0.16	0.42	0.42	0.42	0.42
埃塞俄比亚	0.16	0.16	0.16	0.16	0.16	0.16	0.16
爱尔兰	1.00	1.00	1.00	1.00	1.00	1.00	1.00
爱沙尼亚	1.00	1.00	1.00	1.00	1.00	1.00	1.00
安哥拉	0	0	0	0	0	0	0
奥地利	1.00	1.00	1.00	1.00	1.00	1.00	1.00
澳大利亚	0.88	0.94	1.00	1.00	1.00	1.00	1.00
巴布亚新几内亚	—	—	—	—	—	—	0
巴基斯坦	0.16	0.16	0.16	0.16	0.16	0.16	0.16
巴拉圭	0.45	0.45	0.45	0.45	0.45	0.45	0.45
巴林	1.00	1.00	1.00	1.00	1.00	1.00	1.00
巴拿马	1.00	1.00	1.00	1.00	1.00	1.00	1.00
巴西	0.42	0.16	0.16	0.16	0.16	0.16	0.16
白俄罗斯	0	0	0.16	0.16	0.16	0.16	0.16
保加利亚	1.00	1.00	1.00	1.00	0.75	0.69	0.72
比利时	—	—	—	—	—	—	0

续表

年份 国家	2014	2015	2016	2017	2018	2019	2020
冰岛	0.16	0.16	0.45	0.70	0.70	0.76	0.73
波兰	0.45	0.70	0.70	0.70	0.70	0.70	0.70
玻利维亚	0.45	0.45	0.45	0.45	0.45	0.45	0.45
博茨瓦纳	1.00	1.00	1.00	1.00	1.00	1.00	1.00
布基纳法索	0.16	0.16	0.16	0.16	0.16	0.16	0.16
丹麦	1.00	1.00	1.00	1.00	1.00	1.00	1.00
德国	1.00	1.00	1.00	1.00	1.00	1.00	1.00
多哥	0.16	0.16	0.16	0.16	0.16	0.16	0.16
俄罗斯	0.72	0.72	0.66	0.60	0.54	0.48	0.51
厄瓜多尔	0.45	0.70	0.70	0.70	0.70	0.70	0.70
法国	1.00	1.00	1.00	1.00	1.00	1.00	1.00
菲律宾	0.45	0.45	0.45	0.45	0.45	0.45	0.45
芬兰	1.00	1.00	1.00	1.00	1.00	1.00	1.00
哥伦比亚	0.42	0.42	0.42	0.42	0.42	0.42	0.42
哥斯达黎加	0.72	1.00	1.00	1.00	1.00	1.00	1.00
哈萨克斯坦	0.16	0.16	0.16	0.16	0.16	0.22	0.19
韩国	0.72	0.72	1.00	1.00	1.00	1.00	1.00
荷兰	1.00	1.00	1.00	1.00	1.00	1.00	1.00
洪都拉斯	0.16	0.16	0.16	0.16	0.16	0.16	0.16
吉尔吉斯斯坦	0.28	0.28	0.54	0.54	0.54	0.54	0.54
几内亚	0	0	0	0	0	0	0
加拿大	1.00	1.00	1.00	1.00	1.00	1.00	1.00
加纳	0	0	0	0	0	0	0
柬埔寨	0.72	1.00	1.00	1.00	1.00	1.00	1.00
捷克	1.00	1.00	1.00	1.00	1.00	1.00	1.00
喀麦隆	0.16	0.16	0.16	0.16	0.16	0.16	0.16
卡塔尔	1.00	1.00	1.00	1.00	1.00	1.00	1.00
科威特	0.70	0.70	0.70	0.70	0.70	0.70	0.70
克罗地亚	0.70	0.70	0.70	0.70	0.70	0.70	0.70

续表

年份 国家	2014	2015	2016	2017	2018	2019	2020
肯尼亚	0.70	0.70	0.70	0.70	0.70	0.70	0.70
拉脱维亚	1.00	1.00	1.00	1.00	1.00	1.00	1.00
老挝	0.16	0.16	0.16	0.16	0.16	0.16	0.16
黎巴嫩	0.70	0.45	0.45	0.45	0.45	0.45	0.45
立陶宛	0.70	0.76	0.82	0.88	0.94	1.00	0.97
卢森堡	1.00	1.00	1.00	1.00	1.00	1.00	1.00
罗马尼亚	1.00	1.00	1.00	1.00	1.00	1.00	1.00
马达加斯加	0.42	0.42	0.16	0.16	0.16	0.16	0.16
马耳他	1.00	1.00	1.00	1.00	1.00	1.00	1.00
马来西亚	0.42	0.42	0.42	0.42	0.42	0.42	0.42
马里	0.16	0.16	0.16	0.16	0.16	0.16	0.16
美国	1.00	1.00	1.00	1.00	1.00	1.00	1.00
蒙古国	0.84	0.84	0.84	0.84	0.84	0.84	0.84
孟加拉国	0.16	0.16	0.16	0.16	0.16	0.16	0.16
秘鲁	1.00	1.00	1.00	1.00	1.00	1.00	1.00
缅甸	0	0	0	0	0	0	0
摩尔多瓦	0.16	0.16	0.16	0.16	0.16	0.16	0.16
摩洛哥	0.16	0.16	0.16	0.16	0.16	0.16	0.16
莫桑比克	0.16	0.16	0.16	0.16	0.16	0.16	0.16
墨西哥	0.70	0.70	0.70	0.70	0.70	0.70	0.70
纳米比亚	0.16	0.16	0.16	0.16	0.16	0.16	0.16
南非	0.16	0.16	0.16	0.16	0.16	0.16	0.16
尼加拉瓜	1.00	1.00	1.00	1.00	1.00	1.00	1.00
尼日尔	0.16	0.16	0.16	0.16	0.16	0.16	0.16
尼日利亚	0.30	0.30	0.30	0.30	0.30	0.30	0.30
挪威	1.00	1.00	1.00	1.00	1.00	1.00	1.00
葡萄牙	1.00	1.00	1.00	1.00	1.00	1.00	1.00
日本	1.00	1.00	1.00	1.00	1.00	1.00	1.00
瑞典	1.00	1.00	1.00	1.00	1.00	1.00	1.00

续表

年份 国家	2014	2015	2016	2017	2018	2019	2020
瑞士	1.00	1.00	1.00	1.00	1.00	1.00	1.00
萨尔瓦多	—	—	—	—	—	—	0
塞尔维亚	—	—	—	—	—	—	0
塞内加尔	0.16	0.16	0.16	0.16	0.16	0.16	0.16
塞浦路斯	0.88	0.88	0.88	0.94	1.00	1.00	1.00
沙特阿拉伯	0.70	0.70	0.70	0.70	0.70	0.70	0.70
斯里兰卡	0.16	0.16	0.16	0.16	0.16	0.16	0.16
斯洛伐克	—	—	—	—	—	—	0
斯洛文尼亚	0.70	0.70	0.70	0.70	0.70	0.70	0.70
苏丹	0.30	0.30	0.30	0.55	0.55	0.55	0.55
塔吉克斯坦	0.16	0	0	0.16	0.22	0.12	0.17
泰国	0.16	0.16	0.16	0.16	0.16	0.42	0.29
坦桑尼亚	0.16	0.16	0.16	0.16	0.16	0.16	0.16
突尼斯	0.16	0.16	0.16	0.16	0.16	0.16	0.16
土耳其	0.45	0.45	0.45	0.45	0.16	0.16	0.16
土库曼斯坦	0.16	0.16	0.16	0.16	0.16	0.16	0.16
危地马拉	1.00	1.00	1.00	1.00	1.00	1.00	1.00
委内瑞拉	0	0	0	0	0	0	0
乌干达	1.00	1.00	1.00	1.00	1.00	1.00	1.00
乌克兰	0	0	0	0	0	0	0
乌拉圭	1.00	1.00	1.00	1.00	1.00	1.00	1.00
乌兹别克斯坦	0	0	0	0	0.16	0.16	0.16
西班牙	1.00	1.00	1.00	1.00	1.00	1.00	1.00
希腊	1.00	0.75	0.75	0.75	0.75	1.00	0.87
新加坡	1.00	1.00	1.00	1.00	1.00	1.00	1.00
新西兰	1.00	1.00	1.00	1.00	1.00	1.00	1.00
匈牙利	1.00	1.00	1.00	1.00	1.00	1.00	1.00
牙买加	—	—	—	—	—	—	0
亚美尼亚	1.00	1.00	0.84	0.84	0.84	0.84	0.84

续表

年份 国家	2014	2015	2016	2017	2018	2019	2020
伊拉克	0.28	0.28	0.28	0	0	0	0
伊朗	0.28	0.28	0.28	0	0	0	0
以色列	1.00	1.00	1.00	1.00	1.00	1.00	1.00
意大利	1.00	1.00	1.00	1.00	1.00	1.00	1.00
印度	0.16	0.16	0.16	0.16	0.16	0.16	0.16
印度尼西亚	0.42	0.42	0.42	0.42	0.42	0.42	0.42
英国	1.00	1.00	1.00	1.00	1.00	1.00	1.00
约旦	1.00	1.00	1.00	1.00	1.00	1.00	1.00
越南	0.42	0.42	0.42	0.42	0.42	0.42	0.42
赞比亚	1.00	1.00	1.00	1.00	1.00	1.00	1.00
智利	0.70	0.70	0.70	0.70	0.70	0.70	0.70

资料来源：Bloomberg。

表8　　　　　　　　　　　　通货膨胀率　　　　　　　　　　（单位：%）

年份 国家	2016	2017	2018	2019	2020	2021	2022
阿尔巴尼亚	1.29	1.99	2.03	1.41	1.62	2.04	6.24
阿尔及利亚	6.40	5.59	4.27	1.95	2.42	7.23	9.74
阿根廷	107.14	25.68	34.28	53.55	42.02	48.41	72.37
阿联酋	1.62	1.97	3.07	-1.93	-2.08	0.18	5.22
阿曼	1.11	1.60	0.88	0.13	-0.90	1.55	3.11
阿塞拜疆	12.44	12.84	2.33	2.71	2.82	6.66	12.24
埃及	10.21	23.53	20.85	13.88	5.70	4.50	8.50
埃塞俄比亚	6.63	10.69	13.83	15.81	20.35	26.78	33.64
爱尔兰	-0.18	0.26	0.72	0.86	-0.45	2.41	8.40
爱沙尼亚	0.80	3.65	3.41	2.27	-0.63	4.49	21.00
安哥拉	30.69	29.84	19.63	17.08	22.28	25.77	21.69
奥地利	0.97	2.23	2.12	1.49	1.39	2.75	7.73
澳大利亚	1.28	2.00	1.93	1.57	0.89	2.82	6.50

续表

年份\国家	2016	2017	2018	2019	2020	2021	2022
巴布亚新几内亚	—	—	—	—	—	—	6.60
巴基斯坦	2.86	4.15	3.93	6.74	10.74	8.90	12.15
巴拉圭	4.08	3.61	3.97	2.76	1.77	4.79	9.48
巴林	2.79	1.39	2.09	1.01	-2.32	-0.61	3.50
巴拿马	0.74	0.88	0.76	-0.36	-1.55	1.63	3.94
巴西	8.74	3.45	3.67	3.73	3.21	8.30	9.41
白俄罗斯	11.83	6.03	4.87	5.60	5.54	9.45	16.51
保加利亚	-1.32	1.19	2.63	2.46	1.22	2.84	12.40
比利时	—	—	—	—	—	—	9.47
冰岛	1.69	1.77	2.68	3.01	2.85	4.46	8.43
波兰	-0.68	1.97	1.77	2.24	3.38	5.12	13.81
玻利维亚	3.63	2.82	2.27	1.84	0.94	0.74	3.19
博茨瓦纳	2.81	3.30	3.24	2.75	1.89	6.69	11.16
布基纳法索	0.44	1.48	1.96	-3.23	1.89	3.86	14.20
丹麦	0.02	1.06	0.71	0.73	0.33	1.94	7.20
德国	0.37	1.70	1.94	1.35	0.37	3.21	8.46
多哥	0.86	-0.22	0.93	0.69	1.83	4.32	5.59
俄罗斯	7.04	3.68	2.88	4.47	3.38	6.69	13.77
厄瓜多尔	1.73	0.42	-0.22	0.27	-0.34	0.13	3.21
法国	0.31	1.17	2.10	1.30	0.53	2.06	5.81
菲律宾	1.23	2.85	5.31	2.39	2.39	3.93	5.32
芬兰	0.39	0.84	1.17	1.14	0.38	2.07	6.55
哥伦比亚	7.51	4.31	3.24	3.52	2.52	3.50	9.75
哥斯达黎加	-0.02	1.63	2.22	2.10	0.73	1.73	8.87
哈萨克斯坦	14.56	7.43	6.03	5.24	6.80	8.00	13.97
韩国	0.97	1.94	1.48	0.38	0.54	2.50	5.49
荷兰	0.11	1.29	1.60	2.67	1.12	2.83	11.98
洪都拉斯	2.73	3.93	4.35	4.37	3.47	4.48	8.62
吉尔吉斯斯坦	0.39	3.18	1.54	1.14	6.32	11.91	13.55

续表

年份 国家	2016	2017	2018	2019	2020	2021	2022
几内亚	8.17	8.91	9.83	9.47	10.60	12.60	12.72
加拿大	1.43	1.60	2.27	1.95	0.72	3.40	6.90
加纳	17.46	12.37	9.84	7.14	9.89	9.98	27.18
柬埔寨	3.04	2.91	2.46	1.94	2.94	2.92	5.21
捷克	0.68	2.45	2.15	2.85	3.16	3.84	16.34
喀麦隆	0.87	0.64	1.06	2.46	2.45	2.26	4.58
卡塔尔	2.69	0.40	0.30	-0.70	-2.72	2.25	4.48
科威特	3.48	1.51	0.58	1.10	2.11	3.40	4.32
克罗地亚	-1.13	1.13	1.50	0.77	0.11	2.61	9.76
肯尼亚	6.32	7.99	4.69	5.24	5.29	6.11	7.38
拉脱维亚	0.10	2.89	2.55	2.75	0.08	3.24	16.45
老挝	1.60	0.83	2.04	3.32	5.10	3.75	15.00
黎巴嫩	-0.81	4.49	6.06	2.89	84.88	154.00	54.67
立陶宛	0.68	3.72	2.53	2.24	1.06	4.63	17.61
卢森堡	0.04	2.11	2.02	1.65	0.01	3.47	8.39
罗马尼亚	-1.56	1.34	4.63	3.83	2.65	5.05	13.34
马达加斯加	6.06	8.59	8.60	5.62	4.19	5.82	9.80
马耳他	0.90	1.26	1.74	1.52	0.79	0.71	5.87
马来西亚	2.08	3.80	0.97	0.66	-1.14	2.48	3.23
马里	-1.80	2.39	1.91	-3.03	0.48	3.81	8.00
美国	1.27	2.13	2.44	1.81	1.25	4.69	8.05
蒙古国	0.73	4.32	6.83	7.26	3.72	7.11	14.83
孟加拉国	5.92	5.44	5.78	5.48	5.65	5.56	6.15
秘鲁	3.59	2.80	1.32	2.14	1.83	3.98	7.46
缅甸	9.10	4.62	5.94	8.63	5.73	3.64	16.16
摩尔多瓦	6.36	6.51	3.59	4.85	3.77	5.10	28.48
摩洛哥	1.53	0.74	1.57	0.24	0.62	1.40	6.20
莫桑比克	17.42	15.11	3.91	2.78	3.14	5.69	11.26
墨西哥	2.82	6.04	4.90	3.63	3.40	5.69	8.03

续表

年份 国家	2016	2017	2018	2019	2020	2021	2022
纳米比亚	6.73	6.15	4.29	3.72	2.21	3.62	6.40
南非	6.33	5.28	4.61	4.12	3.28	4.56	6.74
尼加拉瓜	3.52	3.85	4.95	5.38	3.68	4.92	9.94
尼日尔	0.18	0.19	2.75	-2.52	2.90	3.84	4.51
尼日利亚	15.70	16.50	12.09	11.40	13.25	16.95	18.91
挪威	3.55	1.88	2.77	2.17	1.29	3.48	4.70
葡萄牙	0.64	1.56	1.17	0.30	-0.12	0.94	7.90
日本	-0.12	0.49	0.99	0.47	-0.03	-0.24	1.99
瑞典	1.14	1.87	2.04	1.72	0.66	2.65	7.24
瑞士	-0.43	0.54	0.93	0.36	-0.73	0.58	3.06
萨尔瓦多	—	—	—	—	—	—	7.29
塞尔维亚	—	—	—	—	—	—	11.46
塞内加尔	1.19	1.14	0.46	1.02	2.53	2.18	7.50
塞浦路斯	-1.22	0.68	0.78	0.55	-1.10	2.25	7.99
沙特阿拉伯	2.07	-0.84	2.46	-2.09	3.45	3.06	2.70
斯里兰卡	3.99	6.58	4.27	4.30	4.56	5.96	48.19
斯洛伐克	—	—	—	—	—	—	11.94
斯洛文尼亚	-0.05	1.43	1.74	1.63	-0.05	1.91	8.92
苏丹	17.75	32.35	63.29	50.99	163.26	359.09	154.91
塔吉克斯坦	5.91	7.31	3.84	7.79	8.58	8.97	8.25
泰国	0.19	0.67	1.07	0.71	-0.85	1.23	6.33
坦桑尼亚	5.17	5.32	3.51	3.45	3.29	3.69	3.96
突尼斯	3.63	5.31	7.31	6.72	5.64	5.71	8.08
土耳其	7.78	11.14	16.33	15.18	12.28	19.60	73.13
土库曼斯坦	3.65	8.04	13.30	5.09	7.58	14.95	17.50
危地马拉	4.45	4.43	3.75	3.70	3.21	4.26	6.37
委内瑞拉	254.95	438.12	65374.08	19906.02	2355.15	1588.51	210.00
乌干达	5.17	5.58	2.55	2.14	2.76	2.21	6.44
乌克兰	13.91	14.44	10.95	7.89	2.74	9.36	20.55

续表

年份 国家	2016	2017	2018	2019	2020	2021	2022
乌拉圭	9.64	6.22	7.61	7.88	9.76	7.75	9.11
乌兹别克斯坦	8.82	13.88	17.52	14.53	12.87	10.85	11.15
西班牙	-0.20	1.96	1.68	0.70	-0.32	3.09	8.83
希腊	0.01	1.14	0.77	0.52	-1.26	0.57	9.17
新加坡	-0.53	0.58	0.44	0.57	-0.18	2.31	5.54
新西兰	0.65	1.85	1.60	1.62	1.72	3.94	6.28
匈牙利	0.42	2.41	2.85	3.37	3.32	5.13	13.88
牙买加	—	—	—	—	—	—	9.00
亚美尼亚	-1.42	1.19	2.49	1.44	1.23	7.20	8.54
伊拉克	0.53	0.18	0.37	-0.20	0.57	6.04	6.47
伊朗	9.05	9.64	30.22	34.62	36.44	40.13	39.99
以色列	-0.55	0.25	0.82	0.84	-0.59	1.49	4.52
意大利	-0.05	1.33	1.24	0.63	-0.15	1.94	8.74
印度	4.50	3.60	3.43	4.76	6.18	5.51	6.89
印度尼西亚	3.53	3.81	3.29	2.82	2.03	1.56	4.63
英国	0.66	2.68	2.48	1.79	0.85	2.59	9.12
约旦	-0.62	3.61	4.45	0.68	0.40	1.32	3.80
越南	2.67	3.52	3.54	2.80	3.22	1.83	3.76
赞比亚	17.87	6.58	7.50	9.15	15.73	22.02	12.53
智利	3.79	2.18	2.32	2.25	3.04	4.52	11.63

资料来源：WEO。

表9　　　　　　　　　　　　失业率　　　　　　　　　　（单位:%）

年份 国家	2016	2017	2018	2019	2020	2021	2022
阿尔巴尼亚	13.70	12.30	11.47	11.68	12.00	12.50	11.82
阿尔及利亚	11.71	11.73	11.38	13.96	14.07	14.73	12.70
阿根廷	8.35	9.20	9.83	11.55	9.99	9.21	10.90
阿联酋	2.46	2.23	2.28	5.00	3.91	4.07	3.36

续表

年份 国家	2016	2017	2018	2019	2020	2021	2022
阿曼	2.49	1.80	1.84	4.97	3.71	3.90	3.12
阿塞拜疆	4.96	4.94	4.85	7.16	6.37	6.30	6.58
埃及	12.25	10.93	8.61	8.30	9.31	9.17	9.33
埃塞俄比亚	2.12	2.07	2.04	2.79	2.49	2.54	3.69
爱尔兰	6.74	5.77	4.98	5.83	7.76	6.95	6.63
爱沙尼亚	5.76	5.37	4.45	6.81	6.52	6.01	6.33
安哥拉	7.10	7.00	6.93	7.70	7.40	7.44	8.53
奥地利	5.93	5.21	4.83	5.40	6.40	6.00	6.30
澳大利亚	5.59	5.30	5.16	6.49	5.23	4.81	5.11
巴布亚新几内亚	—	—	—	—	—	—	2.75
巴基斯坦	6.02	5.55	4.08	4.50	5.00	4.80	4.35
巴拉圭	6.09	6.24	6.09	6.51	6.05	5.93	7.21
巴林	3.58	3.94	4.00	4.88	3.88	3.80	1.87
巴拿马	6.13	5.96	7.07	18.55	10.17	9.16	12.09
巴西	12.73	12.25	11.88	13.50	13.79	13.14	14.40
白俄罗斯	5.68	4.83	4.23	4.10	4.33	4.23	4.74
保加利亚	6.23	5.27	4.28	5.21	5.20	4.70	5.42
比利时	—	—	—	—	—	—	6.42
冰岛	3.28	3.10	3.93	6.43	7.00	5.00	5.40
波兰	4.89	3.85	3.28	3.16	3.45	3.21	3.37
玻利维亚	4.00	4.00	4.00	8.30	7.80	6.00	8.51
博茨瓦纳	17.46	17.32	17.21	17.70	17.52	17.54	24.72
布基纳法索	5.13	4.70	4.62	4.96	4.83	4.85	4.76
丹麦	5.82	5.12	5.04	5.64	5.40	5.30	4.80
德国	3.76	3.40	3.15	3.83	3.70	3.56	3.54
多哥	3.74	3.66	3.60	4.05	3.88	3.90	4.00
俄罗斯	5.20	4.80	4.60	5.78	4.88	4.58	5.01
厄瓜多尔	4.62	3.69	3.84	5.34	4.59	4.20	6.43
法国	9.44	9.00	8.41	7.99	8.13	8.28	8.06

续表

年份 国家	2016	2017	2018	2019	2020	2021	2022
菲律宾	5.73	5.33	5.10	10.40	7.83	6.83	2.41
芬兰	8.83	7.43	6.74	7.76	7.83	6.81	7.53
哥伦比亚	9.38	9.69	10.50	16.07	14.55	13.78	14.34
哥斯达黎加	9.29	11.95	12.42	19.98	16.30	14.00	17.95
哈萨克斯坦	4.90	4.85	4.78	4.93	4.83	4.73	4.90
韩国	3.68	3.83	3.78	3.94	3.84	3.70	3.53
荷兰	4.85	3.84	3.39	3.83	3.60	4.00	4.01
洪都拉斯	5.53	5.65	5.39	6.79	5.88	5.21	8.51
吉尔吉斯斯坦	6.89	6.61	6.61	6.61	6.61	6.61	9.10
几内亚	4.26	4.19	4.14	4.35	4.27	4.28	6.34
加拿大	6.38	5.91	5.73	9.60	7.72	5.67	7.51
加纳	4.22	4.16	4.12	4.53	4.37	4.39	4.70
柬埔寨	0.14	0.13	0.13	0.31	0.24	0.25	0.61
捷克	2.89	2.24	2.00	2.54	3.40	3.20	2.89
喀麦隆	3.41	3.36	3.32	3.62	3.50	3.52	3.87
卡塔尔	0.60	0.30	0.20	0.50	0.30	0.35	0.26
科威特	1.28	1.09	1.18	1.28	1.23	1.24	3.71
克罗地亚	12.43	9.86	7.76	9.00	8.38	7.95	8.68
肯尼亚	2.69	2.64	2.60	2.98	2.83	2.85	5.74
拉脱维亚	8.72	7.42	6.31	8.10	7.70	7.20	7.60
老挝	0.65	0.64	0.62	0.95	0.82	0.84	1.26
黎巴嫩	6.20	6.10	11.40	9.29	9.60	9.69	14.49
立陶宛	7.07	6.15	6.25	8.49	6.50	6.10	7.90
卢森堡	5.83	5.09	5.39	6.33	5.57	5.51	5.23
罗马尼亚	4.93	4.19	3.91	5.04	4.90	4.90	5.17
马达加斯加	1.73	1.80	1.80	1.92	1.87	1.88	2.59
马耳他	4.00	3.66	3.62	4.28	3.60	3.50	3.50
马来西亚	3.43	3.33	3.28	4.53	4.70	4.50	4.61
马里	7.41	7.31	7.24	7.50	7.60	7.53	7.72

续表

年份 国家	2016	2017	2018	2019	2020	2021	2022
美国	4.35	3.89	3.68	8.11	5.43	3.53	5.46
蒙古国	8.80	7.80	10.00	7.50	6.75	6.08	7.08
孟加拉国	4.37	4.29	4.22	5.30	5.20	5.13	5.23
秘鲁	6.88	6.70	6.60	13.00	8.67	6.47	4.83
缅甸	1.60	1.00	3.90	12.00	11.70	11.01	2.17
摩尔多瓦	4.13	3.05	5.13	8.00	5.50	3.00	3.96
摩洛哥	10.60	9.40	10.20	12.20	11.96	11.50	11.47
莫桑比克	3.31	3.24	3.19	3.39	3.32	3.33	3.98
墨西哥	3.42	3.33	3.50	4.42	4.10	3.74	4.38
纳米比亚	21.57	19.88	19.75	20.35	20.12	20.15	21.68
南非	27.45	27.13	28.70	29.18	33.50	34.38	33.56
尼加拉瓜	3.67	5.50	6.12	7.29	11.10	7.52	5.96
尼日尔	0.49	0.47	0.46	0.69	0.60	0.61	0.75
尼日利亚	17.46	22.56	8.53	9.01	10.22	9.69	9.79
挪威	4.22	3.85	3.73	4.60	4.30	4.00	4.99
葡萄牙	9.15	7.19	6.64	6.97	6.88	6.69	6.65
日本	2.83	2.44	2.36	2.79	2.78	2.38	2.80
瑞典	6.68	6.33	6.77	8.29	8.86	7.95	8.66
瑞士	3.09	2.55	2.31	3.14	3.13	3.00	5.32
萨尔瓦多	—	—	—	—	—	—	5.94
塞尔维亚	—	—	—	—	—	—	11.81
塞内加尔	6.61	6.53	6.47	7.10	6.85	6.89	3.72
塞浦路斯	11.05	8.35	7.08	7.58	7.50	6.86	6.13
沙特阿拉伯	6.00	6.00	5.70	7.40	6.75	6.84	7.36
斯里兰卡	4.20	4.40	4.80	5.50	5.30	5.10	5.39
斯洛伐克	—	—	—	—	—	—	6.74
斯洛文尼亚	6.60	5.16	4.47	5.00	4.45	4.31	4.42
苏丹	19.60	19.50	22.10	26.83	28.04	27.67	19.81
塔吉克斯坦	6.81	6.72	6.66	7.50	7.17	7.22	7.75

续表

年份 国家	2016	2017	2018	2019	2020	2021	2022
泰国	1.20	1.10	1.00	2.00	1.50	1.00	1.42
坦桑尼亚	2.03	1.99	1.96	2.16	2.08	2.09	2.65
突尼斯	15.51	15.53	14.89	17.40	16.46	16.58	16.82
土耳其	10.92	10.91	13.73	13.15	12.15	10.99	13.39
土库曼斯坦	3.84	3.79	3.74	4.38	4.13	4.17	5.08
危地马拉	2.46	2.41	2.36	4.65	4.00	4.03	3.57
委内瑞拉	27.89	35.54	24.00	49.80	46.10	45.00	6.41
乌干达	1.79	1.75	1.72	2.44	2.16	2.20	2.94
乌克兰	9.65	9.00	8.50	9.15	9.75	8.73	8.88
乌拉圭	7.93	8.37	8.93	10.35	10.43	9.23	10.45
乌兹别克斯坦	5.00	5.00	5.50	7.50	6.60	6.76	7.16
西班牙	17.23	15.26	14.11	15.53	15.37	14.77	14.73
希腊	21.45	19.30	17.33	16.40	15.84	14.65	14.80
新加坡	2.18	2.10	2.25	3.00	2.70	2.50	3.62
新西兰	4.75	4.33	4.15	4.60	4.26	4.39	4.12
匈牙利	4.04	3.60	3.31	4.12	4.10	3.80	4.12
牙买加	—	—	—	—	—	—	9.18
亚美尼亚	17.80	19.00	18.30	18.00	18.50	18.25	20.90
伊拉克	13.02	12.87	12.76	13.74	13.36	13.41	14.19
伊朗	12.08	12.03	10.63	9.60	10.04	10.55	11.46
以色列	4.23	4.00	3.83	4.30	5.10	4.60	5.05
意大利	11.33	10.69	10.00	9.31	10.30	11.60	9.83
印度	5.10	6.00	7.40	10.40	9.10	9.32	5.98
印度尼西亚	5.50	5.24	5.18	7.07	6.60	6.00	4.41
英国	4.43	4.08	3.83	4.53	4.98	5.01	4.53
约旦	18.30	18.60	19.08	22.70	21.20	21.44	19.25
越南	2.24	2.19	2.17	3.30	2.70	2.40	2.17
赞比亚	11.63	12.01	11.91	12.17	12.08	12.09	13.03
智利	6.97	7.38	7.22	10.77	9.05	7.37	9.13

资料来源：WEO，CEIC。

表10　基尼系数

国家\年份	2016	2017	2018	2019	2020	2021	2022
阿尔巴尼亚	34.60	32.90	33.70	33.20	33.20	33.20	30.80
阿尔及利亚	27.60	27.60	27.60	27.60	27.60	27.60	27.60
阿根廷	41.60	41.60	42.00	41.10	41.30	42.90	42.30
阿联酋	32.50	32.50	32.50	32.50	26.00	26.00	26.00
阿曼	37.21	37.21	37.21	37.21	37.21	37.21	43.00
阿塞拜疆	26.60	26.60	26.60	26.60	26.60	26.60	26.60
埃及	28.30	31.80	31.80	31.50	31.50	31.50	31.50
埃塞俄比亚	35.00	35.00	35.00	35.00	35.00	35.00	35.00
爱尔兰	31.90	31.80	32.80	31.40	31.40	31.40	30.60
爱沙尼亚	34.60	32.70	31.20	30.40	30.30	30.30	30.80
安哥拉	51.30	51.30	51.30	51.30	51.30	51.30	51.30
奥地利	30.50	30.50	30.80	29.70	30.80	30.80	30.20
澳大利亚	34.40	34.40	34.40	34.40	34.40	34.40	34.30
巴布亚新几内亚	—	—	—	—	—	—	41.90
巴基斯坦	30.70	32.60	32.60	32.60	31.60	31.60	29.60
巴拉圭	50.70	47.60	47.90	48.50	46.00	45.70	43.50
巴林	36.50	36.50	36.50	36.50	36.50	36.50	43.00
巴拿马	50.50	50.80	50.40	49.90	49.20	49.80	49.80
巴西	52.10	51.90	53.30	53.30	53.90	53.40	48.90
白俄罗斯	27.20	25.60	25.30	25.40	25.20	25.30	24.40
保加利亚	37.40	38.60	40.60	40.40	41.30	41.30	40.30
比利时	—	—	—	—	—	—	27.20
冰岛	27.80	26.80	27.20	26.10	26.10	26.10	26.10
波兰	32.80	31.80	31.20	29.70	30.20	30.20	30.20
玻利维亚	47.80	46.70	45.30	44.60	42.60	41.60	43.60
博茨瓦纳	53.30	53.30	53.30	53.30	53.30	53.30	53.30
布基纳法索	35.30	35.30	35.30	35.30	35.30	35.30	47.30
丹麦	28.40	28.20	28.20	28.70	28.20	28.20	27.70
德国	30.90	31.70	31.90	31.90	31.90	31.90	31.70

续表

年份 国家	2016	2017	2018	2019	2020	2021	2022
多哥	46.00	43.10	43.10	43.10	43.10	43.10	42.40
俄罗斯	39.90	37.70	36.80	37.20	37.50	37.50	36.00
厄瓜多尔	45.00	46.00	45.00	44.70	45.40	45.70	47.30
法国	32.30	32.70	31.90	31.60	32.40	32.40	32.40
菲律宾	46.50	44.60	44.60	44.60	42.30	42.30	42.30
芬兰	26.80	27.10	27.10	27.40	27.30	27.30	27.70
哥伦比亚	52.60	51.00	50.60	49.70	50.40	51.30	54.20
哥斯达黎加	48.60	48.40	48.70	48.30	48.00	48.20	49.30
哈萨克斯坦	27.00	26.80	27.20	27.50	27.80	27.80	27.80
韩国	31.20	31.20	31.40	31.40	31.40	31.40	31.40
荷兰	28.60	28.20	28.20	28.50	28.10	28.10	29.20
洪都拉斯	49.90	49.20	49.80	49.40	48.90	48.20	48.20
吉尔吉斯斯坦	26.80	29.00	26.80	27.30	27.70	29.70	29.00
几内亚	33.70	33.70	33.70	33.70	33.70	33.70	29.60
加拿大	33.20	33.70	32.70	33.30	33.30	33.30	33.30
加纳	42.40	42.40	43.50	43.50	43.50	43.50	43.50
柬埔寨	30.76	30.76	30.76	30.76	30.76	30.76	35.00
捷克	25.90	25.90	25.40	24.90	25.00	25.00	25.30
喀麦隆	46.60	46.60	46.60	46.60	46.60	46.60	46.60
卡塔尔	46.40	46.40	46.40	46.40	46.40	46.40	43.00
科威特	37.21	37.21	37.21	37.21	37.21	37.21	43.00
克罗地亚	32.10	31.10	30.90	30.40	29.70	29.70	28.90
肯尼亚	40.80	40.80	40.80	40.80	40.80	40.80	40.80
拉脱维亚	35.10	34.20	34.30	35.60	35.10	35.10	34.50
老挝	36.00	36.00	36.00	36.00	38.80	38.80	38.80
黎巴嫩	31.80	31.80	31.80	31.80	31.80	31.80	31.80
立陶宛	37.70	37.40	38.40	37.30	35.70	35.70	35.30
卢森堡	31.20	32.90	31.70	34.50	35.40	35.40	34.20
罗马尼亚	36.00	35.90	34.40	36.00	35.80	35.80	34.80

续表

年份 国家	2016	2017	2018	2019	2020	2021	2022
马达加斯加	42.60	42.60	42.60	42.60	42.60	42.60	42.60
马耳他	29.00	29.40	29.10	29.20	28.70	28.70	31.00
马来西亚	41.30	41.10	41.10	41.10	41.10	41.10	41.10
马里	33.04	33.04	33.04	33.04	33.04	33.04	36.10
美国	41.50	41.20	41.10	41.20	41.40	41.40	41.50
蒙古国	32.00	32.00	32.30	32.30	32.70	32.70	32.70
孟加拉国	32.40	32.40	32.40	32.40	32.40	32.40	32.40
秘鲁	43.10	43.40	43.60	43.30	42.40	41.50	43.80
缅甸	38.10	38.10	38.10	30.70	30.70	30.70	30.70
摩尔多瓦	26.80	27.00	26.30	25.90	25.70	25.70	26.00
摩洛哥	39.50	39.50	39.50	39.50	39.50	39.50	39.50
莫桑比克	54.00	54.00	54.00	54.00	54.00	54.00	54.00
墨西哥	48.70	48.70	46.30	46.30	45.40	45.40	45.40
纳米比亚	59.10	59.10	59.10	59.10	59.10	59.10	59.10
南非	63.00	63.00	63.00	63.00	63.00	63.00	63.00
尼加拉瓜	46.20	46.20	46.20	46.20	46.20	46.20	46.20
尼日尔	34.30	34.30	34.30	34.30	34.30	34.30	37.30
尼日利亚	35.10	35.10	35.10	35.10	35.10	35.10	35.10
挪威	26.80	27.50	28.50	27.00	27.60	27.60	27.70
葡萄牙	35.60	35.50	35.20	33.80	33.50	33.50	32.80
日本	32.90	32.90	32.90	32.90	32.90	32.90	32.90
瑞典	28.40	29.20	29.60	28.80	30.00	30.00	29.30
瑞士	32.50	32.30	33.00	32.70	33.10	33.10	33.10
萨尔瓦多	—	—	—	—	—	—	38.80
塞尔维亚	—	—	—	—	—	—	34.50
塞内加尔	40.30	40.30	40.30	40.30	40.30	40.30	38.10
塞浦路斯	35.60	34.00	32.90	31.40	32.70	32.70	31.20
沙特阿拉伯	37.21	37.21	37.21	37.21	37.21	37.21	43.00
斯里兰卡	38.70	38.70	39.30	39.30	39.30	39.30	39.30

续表

年份 国家	2016	2017	2018	2019	2020	2021	2022
斯洛伐克	—	—	—	—	—	—	23.20
斯洛文尼亚	25.70	25.40	24.80	24.20	24.60	24.60	24.40
苏丹	34.20	34.20	34.20	34.20	34.20	34.20	34.20
塔吉克斯坦	34.00	34.00	34.00	34.00	34.00	34.00	34.00
泰国	37.00	36.00	36.90	36.50	36.40	34.90	35.00
坦桑尼亚	37.80	37.80	37.80	40.50	40.50	40.50	40.50
突尼斯	32.80	32.80	32.80	32.80	32.80	32.80	32.80
土耳其	41.20	42.90	41.90	41.40	41.90	41.90	41.90
土库曼斯坦	40.80	40.80	40.80	40.80	40.80	40.80	40.80
危地马拉	48.30	48.30	48.30	48.30	48.30	48.30	48.30
委内瑞拉	39.00	39.00	39.00	39.00	39.00	39.00	44.80
乌干达	41.00	41.00	42.80	42.80	42.80	42.80	42.70
乌克兰	24.00	25.50	25.00	26.00	26.10	26.60	25.60
乌拉圭	40.10	40.10	39.70	39.50	39.70	39.70	40.20
乌兹别克斯坦	36.80	36.80	36.80	36.80	36.80	36.80	33.30
西班牙	36.10	36.20	35.80	34.70	34.70	34.70	34.30
希腊	35.80	36.00	35.00	34.40	32.90	32.90	33.10
新加坡	46.40	46.40	46.40	46.40	46.40	46.40	39.00
新西兰	36.20	36.20	36.20	36.20	36.20	36.20	40.21
匈牙利	30.90	30.40	30.30	30.60	29.60	29.60	30.00
牙买加	—	—	—	—	—	—	45.50
亚美尼亚	31.50	32.40	32.50	33.60	34.40	29.90	25.20
伊拉克	29.50	29.50	29.50	29.50	29.50	29.50	29.50
伊朗	38.80	39.50	40.00	40.80	42.00	42.00	40.90
以色列	39.80	39.80	39.00	39.00	39.00	39.00	38.60
意大利	34.70	35.40	35.20	35.90	35.90	35.90	35.20
印度	35.70	35.70	35.70	35.70	35.70	35.70	35.70
印度尼西亚	39.40	39.70	38.60	38.10	37.80	38.20	37.90
英国	34.00	33.20	34.80	35.10	35.10	35.10	35.10

续表

年份 国家	2016	2017	2018	2019	2020	2021	2022
约旦	33.70	33.70	33.70	33.70	33.70	33.70	33.70
越南	34.80	34.80	35.30	35.30	35.70	35.70	35.70
赞比亚	57.10	57.10	57.10	57.10	57.10	57.10	57.10
智利	45.80	44.40	44.40	44.40	44.40	44.40	44.90

资料来源：WDI，CEIC，CIA。

表11　　　　　　　　　　汇率波动程度　　　　　　（单位：变异系数）

年份 国家	2016	2017	2018	2019	2020	2021	2022
阿尔巴尼亚	1.62	5.33	1.12	0.90	3.79	0.81	0.96
阿尔及利亚	1.15	2.14	1.63	0.44	2.95	0.89	0.74
阿根廷	3.85	5.35	26.02	17.05	9.99	4.13	2.15
阿联酋	0	0	0	0	0	0	0
阿曼	0	0	0	0	0	0	1.11
阿塞拜疆	4.39	2.21	0	0	0	0	0
埃及	32.30	2.15	0.60	3.40	0.91	0.18	0.65
埃塞俄比亚	1.80	7.08	0.90	2.94	6.23	6.48	1.40
爱尔兰	0	0	0.08	0	2.83	0	0.99
爱沙尼亚	2.05	4.50	3.00	1.11	3.79	1.25	0.99
安哥拉	2.23	0	15.87	15.97	9.95	1.64	2.11
奥地利	2.05	4.50	3.00	1.11	3.79	1.25	0.99
澳大利亚	2.66	2.12	3.61	1.93	5.76	2.39	1.32
巴布亚新几内亚	—	—	—	—	—	—	0.04
巴基斯坦	0.07	1.07	7.41	5.37	2.71	2.94	1.72
巴拉圭	2.03	1.08	2.60	2.42	3.09	2.46	0.85
巴林	0	0	0	0	0	0	1.11
巴拿马	0	0	0	0	0	0	0
巴西	7.91	1.93	7.84	3.79	8.82	3.37	2.55
白俄罗斯	3.26	2.29	3.12	1.85	6.06	1.62	2.54

续表

年份 国家	2016	2017	2018	2019	2020	2021	2022
保加利亚	2.06	4.48	3.01	1.11	3.79	1.27	1.01
比利时	—	—	—	—	—	—	1.31
冰岛	5.02	3.41	7.18	1.65	4.60	1.81	1.39
波兰	2.76	5.18	4.22	1.43	3.86	1.78	1.53
玻利维亚	0	0	0	0	0	0	0
博茨瓦纳	2.76	1.35	4.61	1.51	3.66	1.28	1.12
布基纳法索	2.05	4.50	3.00	1.11	3.79	1.25	1.06
丹麦	2.04	4.51	3.09	1.13	3.92	1.24	0.98
德国	2.05	4.50	3.00	1.11	3.79	1.25	0.99
多哥	2.05	4.50	3.00	1.11	3.79	1.25	1.31
俄罗斯	7.11	1.76	6.30	1.76	6.55	1.30	4.42
厄瓜多尔	0	0	0	0	0	0	0
法国	2.05	4.50	3.00	1.11	3.79	1.25	0.99
菲律宾	2.22	1.07	1.81	1.14	2.19	1.85	0.66
芬兰	2.05	4.50	3.00	1.11	3.79	1.25	0.99
哥伦比亚	4.40	1.61	4.66	3.61	5.26	3.41	1.86
哥斯达黎加	1.38	1.15	2.63	2.40	2.55	0.73	0.83
哈萨克斯坦	2.93	2.81	5.74	1.06	4.26	0.87	1.38
韩国	2.86	1.96	2.29	2.41	3.48	1.93	1.19
荷兰	2.05	4.50	3.00	1.11	3.79	1.25	0.99
洪都拉斯	1.24	0.30	1.02	0.41	0.84	0.50	0.32
吉尔吉斯斯坦	3.81	0.81	0.82	0.08	5.76	0.28	1.56
几内亚	1.88	1.32	0.21	0.97	1.91	1.85	0.53
加拿大	2.94	3.05	2.00	0.71	2.83	1.54	0.91
加纳	2.07	1.87	3.67	3.18	2.36	0.76	1.95
柬埔寨	0.75	0.69	0.65	0.73	0.40	0.45	0.23
捷克	2.05	6.45	3.73	1.24	4.45	1.29	1.38
喀麦隆	2.05	4.50	3.00	1.11	3.79	1.25	1.31
卡塔尔	0	0	0	0	0	0	0

续表

年份 国家	2016	2017	2018	2019	2020	2021	2022
科威特	0.47	0.47	0.49	0.09	0.55	0.26	1.11
克罗地亚	2.38	4.47	2.90	1.14	3.76	1.07	1.08
肯尼亚	0.42	0.27	0.75	1.17	2.78	0.90	0.52
拉脱维亚	2.05	4.50	3.00	1.11	3.79	1.25	0.98
老挝	0.98	0.29	1.69	1.70	1.17	1.16	0.53
黎巴嫩	0	0	0	0	0	0	0
立陶宛	2.05	4.50	3.00	1.11	3.79	1.25	0.99
卢森堡	2.05	4.50	3.00	1.11	3.79	1.25	0.99
罗马尼亚	2.38	3.73	3.02	1.37	3.37	1.59	1.03
马达加斯加	2.77	3.26	4.33	1.66	1.89	0.71	0.69
马耳他	2.05	4.50	3.00	1.11	3.79	1.25	0.99
马来西亚	3.72	2.67	2.66	0.93	2.30	1.42	0.67
马里	2.05	4.50	3.00	1.11	3.79	1.25	1.05
美国	0	0	0	0	0	0	0
蒙古国	7.93	1.30	3.17	1.05	1.41	0.01	0.43
孟加拉国	0.15	1.17	0.49	0.33	0.08	0.17	0.50
秘鲁	1.74	0.80	1.47	0.83	2.58	3.21	0.95
缅甸	4.52	0.28	6.75	1.09	4.49	8.26	2.21
摩尔多瓦	0.90	5.47	1.34	1.81	2.51	1.21	0.85
摩洛哥	1.27	2.77	1.40	0.49	3.45	0.54	1.12
莫桑比克	18.11	6.23	1.76	1.47	5.14	9.30	0.71
墨西哥	4.52	5.43	3.32	0.94	7.64	1.27	0.89
纳米比亚	5.70	2.40	7.93	2.83	7.47	2.59	2.56
南非	5.65	2.37	7.93	2.84	7.47	2.59	2.02
尼加拉瓜	1.40	1.40	1.41	1.36	0.84	0.71	0.14
尼日尔	2.05	4.50	3.00	1.11	3.79	1.25	1.31
尼日利亚	20.36	0.11	0.13	0.02	7.73	3.79	0.60
挪威	2.29	2.99	3.09	2.64	5.58	2.06	1.64
葡萄牙	2.05	4.50	3.00	1.11	3.79	1.25	0.99

续表

年份 国家	2016	2017	2018	2019	2020	2021	2022
日本	5.06	1.24	1.99	1.36	1.64	2.03	1.22
瑞典	3.74	4.01	4.33	2.30	5.64	1.61	1.61
瑞士	1.58	1.67	2.13	0.92	3.11	1.44	0.91
萨尔瓦多	—	—	—	—	—	—	0
塞尔维亚	—	—	—	—	—	—	1.26
塞内加尔	2.05	4.50	3.00	1.11	3.79	1.25	1.07
塞浦路斯	2.05	4.50	3.00	1.11	3.79	1.25	0.99
沙特阿拉伯	0	0	0	0	0	0	0
斯里兰卡	1.06	0.74	5.22	1.31	1.56	1.35	2.34
斯洛伐克	—	—	—	—	—	—	1.31
斯洛文尼亚	2.05	4.50	3.00	1.11	3.79	1.25	0.99
苏丹	3.02	0	51.62	2.41	4.64	38.88	10.36
塔吉克斯坦	1.46	4.16	2.91	1.22	4.61	0.08	1.89
泰国	1.13	2.56	2.08	1.96	2.24	3.56	0.98
坦桑尼亚	0.18	0.36	0.65	0.09	0.16	0.14	0.04
突尼斯	4.93	3.04	7.22	2.87	2.22	1.20	0.90
土耳其	5.89	3.41	17.66	3.69	9.46	6.69	4.42
土库曼斯坦	—	—	—	—	—	—	0
危地马拉	1.08	0.81	1.86	0.39	0.60	0.28	0.40
委内瑞拉	14.82	0	63.23	—	—	—	9.20
乌干达	2.31	0.46	1.61	0.71	1.14	1.71	0.73
乌克兰	2.60	2.00	3.16	4.78	4.88	1.80	1.55
乌拉圭	4.51	1.22	5.67	4.99	4.67	1.54	1.10
乌兹别克斯坦	3.76	39.63	2.04	5.37	3.33	0.60	0.53
西班牙	2.05	4.50	3.00	1.11	3.79	1.25	0.99
希腊	2.05	4.50	3.00	1.11	3.79	1.25	0.99
新加坡	2.24	1.90	1.81	0.73	2.09	0.80	0.50
新西兰	3.50	2.13	3.85	2.67	4.89	1.30	1.59
匈牙利	2.15	4.61	4.70	2.81	3.02	1.69	2.00

续表

年份 国家	2016	2017	2018	2019	2020	2021	2022
牙买加	—	—	—	—	—	—	1.23
亚美尼亚	1.16	0.60	0.35	0.94	2.16	3.03	1.41
伊拉克	2.28	3.40	5.56	0	0	0	0.59
伊朗	2.05	4.50	3.00	1.11	3.79	1.25	0.53
以色列	1.32	2.59	2.67	1.74	2.68	0.94	1.41
意大利	2.05	4.50	3.00	1.11	3.79	1.25	0.99
印度	0.73	1.86	4.62	1.30	2.00	0.87	0.60
印度尼西亚	1.70	0.69	3.71	0.73	3.99	1.18	0.53
英国	6.13	2.84	3.47	2.44	2.68	0.92	1.11
约旦	0	0	0	0	0	0	1.11
越南	0.39	0.44	0.54	0.43	0.13	0.11	0.53
赞比亚	5.84	3.60	8.55	5.95	11.40	10.02	2.82
智利	2.71	2.25	5.11	5.16	3.87	3.69	1.72

资料来源：IFS，CEIC。

表12　　　　　　　　　　是否为经济协定成员国

年份 国家	2017	2018	2019	2020	2021	2022	2023
阿尔巴尼亚	0	0	0	0	0	0	0
阿尔及利亚	0	0	0	0	0	0	0
阿根廷	0	0	0	0	0	0	0
阿联酋	0	0	0	0	0	0	0
阿曼	0	0	0	0	0	0	0
阿塞拜疆	0	0	0	0	0	0	0
埃及	0	0	0	0	0	0	0
埃塞俄比亚	0	0	0	0	0	0	0
爱尔兰	0.25	0.25	0.25	0.25	0.25	0.25	0.25
爱沙尼亚	0.25	0.25	0.25	0.25	0.25	0.25	0.25
安哥拉	0	0	0	0	0	0	0

续表

年份 国家	2017	2018	2019	2020	2021	2022	2023
奥地利	0.25	0.25	0.25	0.25	0.25	0.25	0.25
澳大利亚	0.25	0.25	0.25	0.50	0.50	0.50	0.50
巴布亚新几内亚	0	0	0	0	0	0	0
巴基斯坦	0	0	0	0	0	0	0
巴拉圭	0	0	0	0	0	0	0
巴林	0	0	0	0	0	0	0
巴拿马	0	0	0	0	0	0	0
巴西	0	0	0	0	0	0	0
白俄罗斯	0	0	0	0	0	0	0
保加利亚	0.25	0.25	0.25	0.25	0.25	0.25	0.25
比利时	0.25	0.25	0.25	0.25	0.25	0.25	0.25
冰岛	0	0	0	0	0	0	0
波兰	0.25	0.25	0.25	0.25	0.25	0.25	0.25
玻利维亚	0	0	0	0	0	0	0
博茨瓦纳	0	0	0	0	0	0	0
布基纳法索	0	0	0	0	0	0	0
丹麦	0.25	0.25	0.25	0.25	0.25	0.25	0.25
德国	0.25	0.25	0.25	0.25	0.25	0.25	0.25
多哥	0	0	0	0	0	0	0
俄罗斯	0	0	0	0	0	0	0
厄瓜多尔	0	0	0	0	0	0	0
法国	0.25	0.25	0.25	0.25	0.25	0.25	0.25
菲律宾	0	0	0	0	0.25	0.25	0.25
芬兰	0.25	0.25	0.25	0.25	0.25	0.25	0.25
哥伦比亚	0	0	0	0	0	0	0
哥斯达黎加	0	0	0	0	0	0	0
哈萨克斯坦	0	0	0	0	0	0	0
韩国	0	0	0	0	0.25	0.25	0.25
荷兰	0.25	0.25	0.25	0.25	0.25	0.25	0.25

续表

年份 国家	2017	2018	2019	2020	2021	2022	2023
洪都拉斯	0	0	0	0	0	0	0
吉尔吉斯斯坦	0	0	0	0	0	0	0
几内亚	0	0	0	0	0	0	0
加拿大	0.25	0.50	0.50	0.50	0.25	0.50	0.50
加纳	0	0	0	0	0	0	0
柬埔寨	0	0	0	0.25	0.25	0.25	0.25
捷克	0.25	0.25	0.25	0.25	0.25	0.25	0.25
喀麦隆	0	0	0	0	0	0	0
卡塔尔	0	0	0	0	0	0	0
科威特	0	0	0	0	0	0	0
克罗地亚	0.25	0.25	0.25	0.25	0.25	0.25	0.25
肯尼亚	0	0	0	0	0	0	0
拉脱维亚	0.25	0.25	0.25	0.25	0.25	0.25	0.25
老挝	0	0	0	0.25	0.25	0.25	0.25
黎巴嫩	0	0	0	0	0	0	0
立陶宛	0.25	0.25	0.25	0.25	0.25	0.25	0.25
卢森堡	0.25	0.25	0.25	0.25	0.25	0.25	0.25
罗马尼亚	0.25	0.25	0.25	0.25	0.25	0.25	0.25
马达加斯加	0	0	0	0	0	0	0
马耳他	0.25	0.25	0.25	0.25	0.25	0.25	0.25
马来西亚	0.25	0.25	0.25	0.25	0.50	0.50	0.50
马里	0	0	0	0	0	0	0
美国	0	0.25	0.25	0.25	0	0.25	0.25
蒙古国	0	0	0	0	0	0	0
孟加拉国	0	0	0	0	0	0	0
秘鲁	0.25	0.25	0.25	0.25	0.25	0.25	0.25
缅甸	0	0	0	0	0.25	0.25	0.25
摩尔多瓦	0	0	0	0	0	0	0
摩洛哥	0	0	0	0	0	0	0

续表

年份 国家	2017	2018	2019	2020	2021	2022	2023
莫桑比克	0	0	0	0	0	0	0
墨西哥	0.25	0.50	0.50	0.50	0.25	0.50	0.50
纳米比亚	0	0	0	0	0	0	0
南非	0	0	0	0	0	0	0
尼加拉瓜	0	0	0	0	0	0	0
尼日尔	0	0	0	0	0	0	0
尼日利亚	0	0	0	0	0	0	0
挪威	0	0	0	0	0	0	0
葡萄牙	0.25	0.25	0.25	0.25	0.25	0.25	0.25
日本	0.25	0.25	0.25	0.50	0.50	0.50	0.50
瑞典	0.25	0.25	0.25	0.25	0.25	0.25	0.25
瑞士	0	0	0	0	0	0	0
萨尔瓦多	0	0	0	0	0	0	0
塞尔维亚	0	0	0	0	0	0	0
塞内加尔	0	0	0	0	0	0	0
塞浦路斯	0.25	0.25	0.25	0.25	0.25	0.25	0.25
沙特阿拉伯	0	0	0	0	0	0	0
斯里兰卡	0	0	0	0	0	0	0
斯洛文尼亚	0.25	0.25	0.25	0.25	0.25	0.25	0.25
斯洛伐克	0.25	0.25	0.25	0.25	0.25	0.25	0.25
苏丹	0	0	0	0	0	0	0
塔吉克斯坦	0	0	0	0	0	0	0
泰国	0	0	0	0.25	0.25	0.25	0.25
坦桑尼亚	0	0	0	0	0	0	0
突尼斯	0	0	0	0	0	0	0
土耳其	0	0	0	0	0	0	0
土库曼斯坦	0	0	0	0	0	0	0
危地马拉	0	0	0	0	0	0	0
委内瑞拉	0	0	0	0	0	0	0

续表

年份 国家	2017	2018	2019	2020	2021	2022	2023
乌干达	0	0	0	0	0	0	0
乌克兰	0	0	0	0	0	0	0
乌拉圭	0	0	0	0	0	0	0
乌兹别克斯坦	0	0	0	0	0	0	0
西班牙	0.25	0.25	0.25	0.25	0.25	0.25	0.25
希腊	0.25	0.25	0.25	0.25	0.25	0.25	0.25
新加坡	0.25	0.25	0.25	0.50	0.50	0.50	0.50
新西兰	0.25	0.25	0.25	0.50	0.50	0.50	0.50
匈牙利	0.25	0.25	0.25	0.25	0.25	0.25	0.25
牙买加	0	0	0	0	0	0	0
亚美尼亚	0	0	0	0	0	0	0
伊拉克	0	0	0	0	0	0	0
伊朗	0	0	0	0	0	0	0
以色列	0	0	0	0	0	0	0
意大利	0.25	0.25	0.25	0.25	0.25	0.25	0.25
印度	0	0	0	0	0	0	0
印度尼西亚	0	0	0	0	0.25	0.25	0.25
英国	0	0	0	0	0	0	0
约旦	0	0	0	0	0	0	0
越南	0.25	0.25	0.25	0.50	0.50	0.50	0.50
赞比亚	0	0	0	0	0	0	0
智利	0.25	0.25	0.25	0.25	0.25	0.25	0.25

注：设定的四个经济组织中，加入一个赋 0.25 分，加入两个赋 0.50 分，依此类推。

资料来源：根据相关资料整理。

表 13　　　　　　　　　　公共债务/GDP　　　　　　　　（单位：%）

年份 国家	2017	2018	2019	2020	2021	2022	2023
阿尔巴尼亚	71.90	69.51	67.79	77.57	81.48	70.28	70.15
阿尔及利亚	26.81	37.82	45.77	55.61	58.48	62.75	70.32

续表

年份 国家	2017	2018	2019	2020	2021	2022	2023
阿根廷	57.03	85.25	88.73	102.79	96.50	76.02	69.54
阿联酋	21.62	20.91	27.09	39.36	37.32	30.74	29.51
阿曼	45.93	51.25	60.53	81.16	68.20	45.37	41.06
阿塞拜疆	22.51	18.69	17.66	21.37	28.88	20.66	22.15
埃及	103.04	92.48	84.21	89.84	91.36	89.15	85.58
埃塞俄比亚	57.72	61.11	57.92	55.43	57.11	46.37	40.37
爱尔兰	67.78	63.15	57.28	58.52	57.35	36.72	34.81
爱沙尼亚	9.12	8.24	8.56	18.46	19.96	18.32	19.40
安哥拉	69.32	93.00	113.55	136.54	103.71	56.56	52.50
奥地利	78.61	74.04	70.51	83.16	84.20	78.53	77.25
澳大利亚	41.07	41.64	46.61	57.33	62.06	56.73	58.64
巴布亚新几内亚	—	—	—	—	—	49.91	49.25
巴基斯坦	67.06	72.08	85.30	87.56	83.42	77.75	71.10
巴拉圭	19.85	22.33	25.78	36.65	38.42	39.32	38.86
巴林	88.13	94.98	102.12	129.72	123.35	119.50	121.67
巴拿马	35.26	37.32	42.20	66.28	62.19	55.63	55.06
巴西	83.63	85.64	87.66	98.94	90.55	88.19	88.94
白俄罗斯	53.16	47.52	41.00	48.05	44.86	34.98	34.26
保加利亚	23.00	20.11	18.40	23.57	24.96	22.82	25.16
比利时	—	—	—	—	—	103.93	105.06
冰岛	71.64	63.13	66.14	77.08	75.81	68.23	63.12
波兰	50.62	48.82	45.60	57.47	55.51	48.70	45.13
玻利维亚	51.26	53.85	59.14	78.83	82.75	82.58	85.15
博茨瓦纳	14.57	15.67	16.25	19.46	22.77	21.26	19.63
布基纳法索	33.65	37.98	42.02	46.54	48.18	59.56	59.32
丹麦	35.89	34.00	33.57	42.13	38.76	31.75	32.12
德国	64.98	61.59	59.24	69.06	72.50	71.11	68.32
多哥	56.61	57.00	52.35	60.28	62.88	66.05	65.40
俄罗斯	14.31	13.62	13.79	19.28	17.94	16.19	16.86

续表

年份 国家	2017	2018	2019	2020	2021	2022	2023
厄瓜多尔	44.62	49.09	51.41	61.19	60.95	58.91	56.17
法国	98.32	97.95	97.62	115.08	115.83	111.83	112.53
菲律宾	38.11	37.13	36.97	51.68	59.11	59.27	60.95
芬兰	61.17	59.78	59.51	69.55	72.22	66.67	67.41
哥伦比亚	49.44	53.58	52.35	65.38	66.73	61.11	60.04
哥斯达黎加	47.06	51.84	56.73	67.51	71.20	67.56	66.52
哈萨克斯坦	19.87	20.26	19.94	26.33	25.18	23.28	24.41
韩国	40.05	40.02	42.13	47.88	51.30	54.08	54.44
荷兰	56.94	52.43	47.43	52.49	58.06	48.28	46.38
洪都拉斯	38.85	39.72	43.33	51.34	58.85	58.40	57.10
吉尔吉斯斯坦	58.79	54.82	51.60	68.04	67.56	60.38	60.47
几内亚	41.88	39.27	38.37	43.78	47.47	39.03	37.23
加拿大	88.84	88.83	86.82	117.46	109.88	102.20	98.72
加纳	56.98	62.00	62.59	78.92	83.54	90.74	87.79
柬埔寨	29.97	28.46	28.59	34.24	36.96	36.75	37.23
捷克	34.24	32.07	30.05	37.81	45.01	41.47	41.22
喀麦隆	37.68	39.60	42.31	45.79	45.80	46.75	43.68
卡塔尔	51.57	52.18	62.28	72.10	59.01	46.92	43.42
科威特	20.49	15.10	11.64	11.71	7.91	7.13	6.93
克罗地亚	77.53	74.25	72.83	88.74	87.02	72.58	68.56
肯尼亚	54.75	57.34	58.98	67.57	69.73	69.38	67.55
拉脱维亚	39.01	37.11	36.97	43.47	47.55	45.98	44.57
老挝	57.20	59.65	61.12	68.18	70.92	107.15	108.94
黎巴嫩	149.15	154.02	171.11	150.43	198.10	193.10	241.20
立陶宛	39.34	33.68	35.90	47.13	47.43	42.24	39.53
卢森堡	22.34	20.95	22.01	24.82	26.26	25.43	25.84
罗马尼亚	36.84	36.47	36.82	49.80	51.12	49.65	51.65
马达加斯加	40.14	40.39	38.54	46.02	48.82	53.82	53.08
马耳他	47.48	43.45	40.59	53.30	63.02	56.98	58.19

续表

年份 国家	2017	2018	2019	2020	2021	2022	2023
马来西亚	54.40	55.65	57.07	67.43	70.68	69.56	69.97
马里	35.48	36.11	40.55	47.43	50.98	55.87	55.84
美国	105.98	107.06	108.46	133.92	133.28	122.10	122.89
蒙古国	84.37	74.28	68.44	76.95	77.71	84.37	78.51
孟加拉国	33.38	34.57	35.69	38.91	39.94	37.50	37.17
秘鲁	25.42	26.15	27.08	35.07	35.00	34.79	35.70
缅甸	38.47	40.42	38.75	39.30	58.36	62.51	63.66
摩尔多瓦	34.30	31.23	28.29	34.78	38.14	36.04	38.32
摩洛哥	65.12	65.20	65.07	75.37	75.79	70.30	70.14
莫桑比克	99.59	107.15	105.43	128.45	133.57	102.44	102.59
墨西哥	53.96	53.65	53.32	61.03	59.77	56.82	58.68
纳米比亚	43.23	50.37	59.62	65.31	69.92	71.80	71.68
南非	48.59	51.59	56.30	69.45	68.83	67.99	70.73
尼加拉瓜	34.08	37.69	41.69	47.92	49.53	47.00	45.89
尼日尔	36.49	36.91	39.80	44.97	48.56	57.14	56.99
尼日利亚	25.34	27.69	29.17	35.00	35.71	37.35	38.56
挪威	38.64	39.66	40.88	41.40	42.70	40.31	39.51
葡萄牙	126.14	121.48	116.61	135.19	130.79	114.74	111.18
日本	231.42	232.51	235.45	254.13	256.86	263.92	261.13
瑞典	40.73	38.91	34.87	37.35	39.64	33.49	31.21
瑞士	41.21	39.23	39.79	42.38	42.69	40.27	39.11
萨尔瓦多	—	—	—	—	—	80.31	81.34
塞尔维亚	—	—	—	—	—	54.41	50.26
塞内加尔	61.14	61.52	63.84	68.68	71.87	77.28	74.28
塞浦路斯	93.51	99.18	94.04	119.14	111.04	93.63	87.53
沙特阿拉伯	17.16	18.98	22.79	32.54	29.68	24.75	25.10
斯里兰卡	77.90	84.21	86.80	101.24	109.25	130.53	82.30
斯洛文尼亚	74.15	70.29	65.59	79.78	74.429	60.51	57.41
斯洛伐克	—	—	—	—	—	69.53	66.66

续表

年份 国家	2017	2018	2019	2020	2021	2022	2023
苏丹	152.88	186.74	200.35	272.92	209.93	189.54	155.27
塔吉克斯坦	50.29	47.82	44.07	51.31	49.34	39.39	40.51
泰国	41.78	41.95	41.04	49.63	58.04	61.45	61.36
坦桑尼亚	40.73	40.54	39.04	39.15	39.69	39.50	38.13
突尼斯	73.56	80.08	74.17	89.74	90.20	88.76	89.20
土耳其	28.03	30.17	32.66	39.77	37.77	37.48	37.73
土库曼斯坦	28.01	31.48	32.20	32.25	27.03	8.42	6.81
危地马拉	25.09	26.47	26.48	31.53	32.06	30.09	30.00
委内瑞拉	26.00	180.79	232.79	304.13	317.00	285.10	284.00
乌干达	33.64	34.75	37.04	44.10	49.08	52.15	51.31
乌克兰	71.62	60.42	50.49	60.78	54.39	99.30	102.20
乌拉圭	56.52	58.57	60.46	68.06	67.47	61.24	62.58
乌兹别克斯坦	19.27	19.47	28.27	36.44	38.88	34.10	33.10
西班牙	98.56	97.51	95.54	119.92	120.22	113.57	112.15
希腊	182.38	189.89	184.91	211.22	206.69	177.59	169.85
新加坡	107.76	109.75	129.01	154.90	137.86	141.11	139.97
新西兰	31.10	28.05	32.03	43.64	51.97	56.60	58.62
匈牙利	72.16	69.12	65.49	80.45	76.58	74.83	73.69
牙买加	—	—	—	—	—	86.23	79.68
亚美尼亚	53.70	51.23	50.09	63.48	62.15	52.35	52.88
伊拉克	59.06	47.83	45.14	84.21	59.41	34.17	31.90
伊朗	36.92	38.47	47.86	39.53	33.60	47.04	42.82
以色列	60.16	60.36	59.50	71.98	73.25	61.47	57.56
意大利	134.14	134.40	134.56	155.81	154.75	147.21	147.07
印度	69.68	70.44	74.09	89.61	90.60	83.40	83.84
印度尼西亚	29.40	30.42	30.56	36.62	41.40	40.89	40.41
英国	86.31	85.78	85.24	104.47	108.50	86.99	79.95
约旦	76.02	75.06	78.02	87.98	90.89	90.99	89.81
越南	46.31	43.71	43.58	46.30	47.90	40.21	40.51

续表

年份 国家	2017	2018	2019	2020	2021	2022	2023
赞比亚	66.32	80.36	97.38	128.70	101.01	121.80	124.30
智利	23.60	25.62	28.20	32.54	34.40	36.15	36.87

资料来源：WEO、WDI。

表 14　　　　　　　　　　　外债/GDP　　　　　　　　　（单位：%）

年份 国家	2016	2017	2018	2019	2020	2021	2022
阿尔巴尼亚	71.80	75.28	65.15	62.97	70.93	60.55	57.61
阿尔及利亚	3.41	3.36	3.26	3.21	3.58	4.53	3.92
阿根廷	33.87	36.80	54.83	62.70	70.87	50.61	41.55
阿联酋	59.62	59.61	55.50	57.97	72.11	76.42	64.51
阿曼	49.08	71.26	84.38	92.84	119.71	68.94	51.98
阿塞拜疆	38.53	37.44	34.41	32.88	40.35	28.98	22.97
埃及	20.83	35.90	40.00	37.95	35.59	33.85	32.41
埃塞俄比亚	31.59	32.08	32.98	29.49	27.71	30.24	26.44
爱尔兰	741.95	716.20	707.18	714.80	701.32	296.51	262.09
爱沙尼亚	82.87	87.04	74.37	74.07	96.70	81.04	77.17
安哥拉	56.25	41.74	51.17	58.15	104.15	89.49	56.91
奥地利	155.24	164.59	144.09	154.26	178.91	157.47	137.23
澳大利亚	115.96	116.49	104.55	108.82	124.55	108.43	92.77
巴布亚新几内亚	—	—	—	—	—	—	52.38
巴基斯坦	26.18	28.21	29.69	36.33	44.36	37.46	33.64
巴拉圭	44.97	40.85	39.28	43.23	27.27	55.00	53.44
巴林	132.08	177.71	163.58	185.15	234.72	246.80	245.52
巴拿马	154.84	147.59	152.28	156.76	201.88	177.65	165.84
巴西	30.17	26.36	29.06	30.27	44.40	37.71	32.60
白俄罗斯	78.61	72.33	64.58	63.24	69.78	61.07	50.90
保加利亚	74.33	69.51	60.55	59.08	70.37	55.95	47.50
比利时	—	—	—	—	—	—	224.86

续表

年份 国家	2016	2017	2018	2019	2020	2021	2022
冰岛	121.70	89.55	74.73	77.48	88.91	82.59	76.98
波兰	71.91	72.68	61.70	59.56	63.19	53.84	48.80
玻利维亚	32.39	34.63	32.88	35.08	38.72	39.85	43.81
博茨瓦纳	13.59	10.00	9.55	8.52	10.13	11.25	10.30
布基纳法索	22.02	22.18	20.46	22.90	26.08	53.92	52.20
丹麦	152.03	164.84	138.21	143.57	170.83	144.72	124.21
德国	144.95	156.10	141.23	145.62	177.15	162.08	152.99
多哥	23.21	28.84	26.91	30.54	33.62	41.13	33.26
俄罗斯	41.64	32.99	27.35	29.05	31.58	27.07	18.95
厄瓜多尔	35.40	39.57	41.61	47.89	57.81	54.88	51.41
法国	202.09	223.69	208.93	230.45	284.41	245.33	234.72
菲律宾	23.43	22.38	22.77	22.19	27.28	27.01	26.58
芬兰	191.96	191.85	209.80	224.87	240.73	199.05	217.36
哥伦比亚	42.76	40.38	39.82	43.03	57.01	54.70	51.83
哥斯达黎加	43.44	42.33	45.51	46.63	51.73	52.45	51.73
哈萨克斯坦	118.98	95.21	87.71	85.71	96.56	81.05	76.15
韩国	25.48	25.43	25.65	28.53	33.43	31.30	33.93
荷兰	527.87	549.10	474.50	460.61	477.75	394.48	357.69
洪都拉斯	35.06	37.78	38.09	38.93	46.82	41.18	38.86
吉尔吉斯斯坦	117.06	105.56	98.79	94.00	112.92	106.16	92.57
几内亚	24.38	21.59	20.21	21.21	24.62	29.12	28.37
加拿大	114.37	118.28	114.58	127.69	149.36	132.93	114.10
加纳	38.81	37.94	35.72	40.10	36.74	45.71	46.49
柬埔寨	50.20	51.47	55.03	56.55	69.63	76.08	69.38
捷克	69.62	93.73	78.88	77.20	82.42	72.29	69.53
喀麦隆	23.98	28.59	28.08	32.85	35.95	34.59	38.20
卡塔尔	106.98	106.52	101.03	112.83	139.65	101.59	83.71
科威特	38.79	44.99	41.84	43.90	55.58	48.14	38.12
克罗地亚	91.27	94.14	79.45	74.49	87.89	79.01	68.12

续表

年份 国家	2016	2017	2018	2019	2020	2021	2022
肯尼亚	30.44	33.18	34.96	35.83	35.69	36.62	35.06
拉脱维亚	140.39	150.55	119.64	118.10	134.69	72.29	69.53
老挝	85.63	87.20	85.65	91.53	90.70	92.68	100.82
黎巴嫩	135.76	139.57	145.02	142.30	218.99	369.99	359.41
立陶宛	82.16	87.96	75.95	70.45	82.24	74.74	64.06
卢森堡	6528.33	6767.74	5880.53	5752.88	5557.60	4601.11	4425.62
罗马尼亚	52.09	55.08	47.43	49.33	62.06	54.81	52.83
马达加斯加	25.11	25.67	27.40	28.65	25.61	37.43	36.69
马耳他	794.53	813.74	677.07	646.86	742.19	606.23	535.46
马来西亚	67.72	68.32	62.13	63.29	70.85	69.33	61.90
马里	27.01	27.95	27.39	30.04	34.96	33.73	35.96
美国	96.39	97.54	95.48	96.26	102.48	101.38	97.27
蒙古国	219.88	244.59	226.44	224.64	246.34	222.04	227.84
孟加拉国	17.41	18.72	19.03	18.84	21.53	21.96	21.10
秘鲁	36.26	32.04	29.94	28.16	36.38	38.71	36.13
缅甸	16.45	16.02	15.55	13.92	17.43	21.37	26.28
摩尔多瓦	77.25	72.27	65.04	62.97	70.15	62.74	59.22
摩洛哥	46.24	46.50	42.64	45.81	58.06	45.79	45.35
莫桑比克	120.87	121.18	126.73	133.11	148.34	398.17	344.64
墨西哥	39.07	38.10	37.13	37.01	42.86	46.68	43.20
纳米比亚	61.60	64.38	60.82	65.68	76.50	72.17	82.59
南非	47.97	50.57	46.74	53.56	56.43	40.59	38.37
尼加拉瓜	82.87	83.39	89.46	92.70	95.68	102.52	92.45
尼日尔	24.35	27.21	24.81	27.92	29.65	33.32	33.28
尼日利亚	8.49	11.49	12.71	12.24	15.19	17.26	16.34
挪威	166.16	164.35	145.29	164.95	199.20	150.70	145.46
葡萄牙	204.34	213.88	189.90	192.28	218.08	185.17	154.42
日本	69.52	73.91	81.06	83.87	91.87	94.05	97.57
瑞典	168.51	189.31	167.90	169.68	186.03	161.66	157.39

续表

年份 国家	2016	2017	2018	2019	2020	2021	2022
瑞士	258.45	282.46	252.44	271.54	303.78	296.51	262.09
萨尔瓦多	—	—	—	—	—	—	66.06
塞尔维亚	—	—	—	—	—	—	73.19
塞内加尔	35.13	42.38	51.45	58.27	63.56	104.67	118.10
塞浦路斯	1089.79	1094.68	874.39	873.70	981.64	686.23	660.74
沙特阿拉伯	25.54	18.17	19.19	23.18	33.99	34.23	26.13
斯里兰卡	56.63	58.07	60.16	66.80	60.98	63.60	78.18
斯洛伐克	—	—	—	—	—	—	101.59
斯洛文尼亚	104.37	106.88	89.04	91.82	110.90	93.15	81.88
苏丹	39.94	48.21	62.36	69.04	233.75	127.24	103.85
塔吉克斯坦	74.10	79.99	76.94	79.88	80.65	80.57	76.97
泰国	33.66	35.53	33.93	33.09	37.99	41.70	39.46
坦桑尼亚	32.91	34.32	32.44	32.03	32.34	40.52	40.45
突尼斯	69.12	85.48	88.30	96.35	104.86	88.83	86.57
土耳其	47.01	53.20	57.33	57.95	60.15	53.27	56.97
土库曼斯坦	1.40	2.07	2.23	1.25	1.44	7.80	6.26
危地马拉	32.52	33.42	31.97	34.52	32.10	30.76	28.40
委内瑞拉	58.70	114.45	170.53	262.78	342.03	320.61	233.66
乌干达	34.69	37.97	37.42	39.72	47.01	44.73	40.65
乌克兰	123.18	109.82	92.37	80.52	80.57	67.92	87.25
乌拉圭	69.97	64.03	64.24	72.81	86.59	80.62	76.30
乌兹别克斯坦	19.20	28.38	34.81	37.67	62.95	53.04	42.36
西班牙	161.07	178.90	163.12	170.54	213.86	184.97	163.27
希腊	235.80	242.12	223.27	245.78	321.07	290.45	244.45
新加坡	418.40	435.81	405.21	422.42	491.79	199.32	189.59
新西兰	97.66	93.60	90.13	92.35	99.30	43.10	46.85
匈牙利	114.75	107.71	96.91	96.54	162.37	143.10	145.47
牙买加	—	—	—	—	—	—	106.47
亚美尼亚	93.45	88.73	86.10	86.94	102.02	99.21	77.10

续表

年份 国家	2016	2017	2018	2019	2020	2021	2022
伊拉克	44.41	41.29	38.70	38.27	50.43	40.48	32.52
伊朗	1.45	1.53	1.96	1.87	2.29	0.65	0.54
以色列	27.31	25.11	25.35	26.58	32.44	33.16	28.93
意大利	116.81	129.78	116.96	125.32	150.45	132.45	122.55
印度	19.91	19.28	19.30	19.51	21.52	19.29	18.00
印度尼西亚	34.23	34.71	36.54	35.89	43.24	35.08	30.78
英国	278.78	325.08	294.57	312.39	359.98	306.81	263.64
约旦	68.41	73.01	74.90	75.69	82.08	93.33	95.68
越南	41.79	46.43	43.67	44.66	39.81	37.20	32.57
赞比亚	72.62	67.18	72.23	117.30	151.14	152.84	123.26
智利	65.93	65.14	61.52	70.69	82.60	75.45	70.98

资料来源：QEDS、WDI、WEO。

表15　　　　　　　　　　短期外债/总外债　　　　　　　　（单位:%）

年份 国家	2016	2017	2018	2019	2020	2021	2022
阿尔巴尼亚	19.80	19.89	6.72	6.57	6.38	8.63	10.05
阿尔及利亚	36.38	36.81	40.62	41.25	34.36	21.64	26.50
阿根廷	19.99	22.89	23.69	23.38	14.87	17.85	18.03
阿联酋	28.45	26.21	23.62	21.57	19.75	18.52	20.56
阿曼	11.18	8.09	5.93	4.87	4.47	8.70	10.08
阿塞拜疆	9.57	4.41	3.51	3.89	5.82	3.23	3.18
埃及	17.74	13.43	10.70	10.02	9.26	8.97	17.50
埃塞俄比亚	3.95	2.42	2.70	1.70	1.73	1.76	2.70
爱尔兰	18.97	21.12	22.03	24.16	24.71	11.95	18.84
爱沙尼亚	46.39	38.45	27.48	32.36	31.55	34.14	39.90
安哥拉	7.71	7.26	4.47	5.43	2.78	9.10	12.56
奥地利	23.27	24.62	26.42	25.26	25.16	28.48	32.37
澳大利亚	24.25	23.37	22.42	21.82	19.56	8.87	9.62

续表

年份 国家	2016	2017	2018	2019	2020	2021	2022
巴布亚新几内亚	—	—	—	—	—	—	1.77
巴基斯坦	9.41	9.74	8.17	8.36	6.17	6.89	9.71
巴拉圭	28.32	29.01	29.37	28.76	23.46	21.80	21.43
巴林	23.24	36.33	29.90	28.98	22.83	27.75	35.54
巴拿马	48.29	41.88	39.35	35.18	33.38	35.19	35.66
巴西	8.32	7.69	10.04	11.72	10.79	12.99	13.07
白俄罗斯	28.30	24.34	24.24	25.03	23.98	24.88	26.44
保加利亚	21.34	22.86	23.71	24.23	15.33	18.84	22.37
比利时	—	—	—	—	—	—	25.94
冰岛	6.37	6.74	7.26	6.89	7.40	8.31	8.77
波兰	15.30	13.37	14.01	15.86	16.15	16.87	12.13
玻利维亚	4.25	2.13	2.56	2.12	1.38	4.68	4.01
博茨瓦纳	17.82	6.19	14.08	8.89	13.63	7.87	4.66
布基纳法索	0	0	0	0	0	1.76	2.70
丹麦	33.92	34.47	34.37	30.46	34.18	32.49	31.79
德国	35.34	36.22	37.30	35.64	37.09	41.19	43.86
多哥	4.19	14.56	14.57	14.73	12.58	11.83	17.66
俄罗斯	8.80	9.85	10.57	11.82	12.28	17.91	17.96
厄瓜多尔	2.74	2.23	2.40	1.65	1.68	2.48	3.07
法国	38.47	40.01	41.46	41.42	43.41	44.90	48.74
菲律宾	19.43	19.53	20.35	20.58	14.43	14.18	16.20
芬兰	30.48	33.81	33.29	33.85	31.97	31.84	41.64
哥伦比亚	9.39	10.46	11.31	11.32	9.00	9.17	8.02
哥斯达黎加	10.03	9.66	11.59	10.17	12.50	13.86	15.28
哈萨克斯坦	4.02	4.48	5.13	5.55	6.07	7.95	10.76
韩国	27.42	28.14	28.47	28.78	29.24	29.07	34.65
荷兰	23.85	23.14	23.76	24.06	25.47	26.77	30.27
洪都拉斯	5.77	5.64	7.66	7.95	5.29	8.64	9.75
吉尔吉斯斯坦	4.57	4.38	5.62	6.14	6.01	5.96	6.75

续表

年份 国家	2016	2017	2018	2019	2020	2021	2022
几内亚	4.52	5.51	6.53	7.27	9.54	4.80	6.42
加拿大	30.96	30.69	33.28	36.73	36.84	37.78	38.59
加纳	13.18	14.88	15.57	17.21	7.95	14.23	15.60
柬埔寨	17.16	15.47	17.87	22.19	21.48	22.16	22.20
捷克	36.44	47.35	48.54	47.27	44.42	44.11	45.90
喀麦隆	3.35	3.14	0.44	9.84	2.44	3.32	3.37
卡塔尔	8.06	7.13	7.01	6.01	5.18	6.29	7.12
科威特	63.13	53.64	53.74	48.93	41.32	42.19	43.54
克罗地亚	14.32	16.36	18.19	16.75	17.32	23.25	27.27
肯尼亚	10.13	10.14	8.30	7.63	5.82	6.00	6.57
拉脱维亚	52.93	53.85	44.86	40.46	44.69	43.44	43.51
老挝	5.33	5.07	2.63	3.50	2.88	5.28	4.87
黎巴嫩	11.30	11.82	6.96	6.71	6.50	19.22	25.40
立陶宛	46.06	44.64	46.91	31.79	28.94	38.18	48.56
卢森堡	19.54	19.75	21.19	21.68	25.54	28.95	28.48
罗马尼亚	12.59	12.80	14.23	13.29	11.50	11.93	13.13
马达加斯加	7.40	5.23	7.26	6.92	11.55	4.34	6.65
马耳他	31.24	30.89	30.32	26.90	24.49	23.34	23.57
马来西亚	40.46	39.25	43.34	40.85	38.15	40.10	47.39
马里	2.11	2.18	2.39	2.12	1.37	1.32	1.28
美国	28.83	28.73	30.90	31.10	33.61	34.16	32.80
蒙古国	10.51	11.50	10.78	9.41	3.95	3.46	3.50
孟加拉国	18.98	21.39	16.27	16.15	15.75	19.78	19.43
秘鲁	11.15	12.88	14.99	13.34	13.99	11.76	10.17
缅甸	0.90	0.90	0.98	0.59	0.47	0.23	0.22
摩尔多瓦	20.81	23.35	26.79	26.18	25.85	30.36	34.66
摩洛哥	18.83	14.15	14.44	15.91	12.46	13.88	13.60
莫桑比克	3.99	6.80	6.54	8.09	6.88	2.83	2.73
墨西哥	12.84	11.99	13.67	13.50	10.74	8.34	9.35

续表

年份 国家	2016	2017	2018	2019	2020	2021	2022
纳米比亚	7.73	8.97	10.24	9.98	8.74	4.16	3.82
南非	20.86	18.98	21.31	18.63	16.31	21.35	25.07
尼加拉瓜	6.85	6.79	5.28	3.67	3.23	7.48	8.00
尼日尔	1.60	2.30	2.13	2.57	2.47	0.88	0.33
尼日利亚	0	0	0	0	0	0	0
挪威	35.08	36.56	36.75	35.65	35.89	37.92	45.38
葡萄牙	39.11	37.80	40.65	38.21	38.45	38.74	39.17
日本	74.10	71.89	72.26	69.78	71.08	68.12	72.07
瑞典	31.38	32.97	32.59	32.26	32.45	31.75	38.14
瑞士	58.18	55.13	54.56	51.33	55.45	54.22	52.24
萨尔瓦多	—	—	—	—	—	—	13.91
塞尔维亚	—	—	—	—	—	—	4.79
塞内加尔	0	0	0	0	0	9.65	10.12
塞浦路斯	21.80	20.30	17.96	22.22	20.12	20.21	16.14
沙特阿拉伯	19.75	22.70	18.80	24.29	17.85	19.18	19.74
斯里兰卡	15.82	15.18	15.29	14.75	16.65	15.24	15.00
斯洛伐克	—	—	—	—	—	—	46.43
斯洛文尼亚	20.40	20.98	21.95	24.04	23.80	30.78	35.52
苏丹	23.96	24.61	25.12	24.37	58.13	39.58	40.45
塔吉克斯坦	17.00	13.48	14.75	20.85	16.90	12.62	12.32
泰国	34.62	38.06	33.06	29.56	33.95	35.18	39.55
坦桑尼亚	12.44	11.20	9.74	9.26	9.58	12.51	15.13
突尼斯	23.19	22.06	23.08	28.57	25.84	32.42	36.20
土耳其	22.19	24.30	21.66	23.12	26.32	27.83	36.48
土库曼斯坦	30.32	4.81	3.75	3.88	2.52	3.05	3.00
危地马拉	4.27	4.54	6.45	5.35	4.94	5.51	5.90
委内瑞拉	28.69	28.83	30.27	30.46	27.57	31.50	32.13
乌干达	4.63	3.76	3.67	6.44	6.51	9.22	9.82
乌克兰	14.10	14.84	13.12	13.34	13.73	16.42	14.94

续表

年份 国家	2016	2017	2018	2019	2020	2021	2022
乌拉圭	16.95	15.78	14.72	14.30	13.97	16.08	17.50
乌兹别克斯坦	2.52	4.29	4.78	2.53	6.52	9.66	5.97
西班牙	38.28	39.85	39.53	37.20	39.57	40.87	43.66
希腊	32.41	26.26	19.32	23.97	30.12	29.61	30.32
新加坡	72.09	72.42	72.14	70.09	68.00	31.77	33.27
新西兰	21.16	22.42	23.57	24.58	26.30	42.90	44.84
匈牙利	9.54	9.35	9.27	9.03	8.30	10.17	11.91
牙买加	—	—	—	—	—	—	15.17
亚美尼亚	10.77	8.44	10.39	13.43	12.42	11.03	13.27
伊拉克	8.57	9.94	12.20	14.37	13.22	24.24	26.68
伊朗	54.71	61.58	37.30	33.07	32.46	23.38	23.41
以色列	36.46	37.18	36.42	35.89	33.15	37.73	40.88
意大利	34.37	37.73	41.54	35.59	38.50	40.43	47.49
印度	18.40	19.01	19.94	18.93	18.36	18.70	19.74
印度尼西亚	12.76	13.24	12.62	11.01	9.54	11.67	7.61
英国	64.27	64.62	64.56	64.15	64.47	65.25	73.38
约旦	42.40	40.31	43.11	44.22	44.32	36.91	42.01
越南	14.85	21.06	18.30	20.85	11.11	24.40	25.58
赞比亚	5.01	5.18	3.28	3.06	4.98	3.89	3.60
智利	7.94	9.49	9.60	9.83	7.80	8.74	11.51

资料来源：QEDS、WDI、EIU。

表16　　　　　　　　　　　财政余额/GDP　　　　　　　　（单位：%）

年份 国家	2017	2018	2019	2020	2021	2022	2023
阿尔巴尼亚	-1.39	-1.35	-1.96	-6.86	-6.69	-4.08	-3.65
阿尔及利亚	-6.54	-4.43	-5.58	-6.25	-9.25	-12.31	-11.30
阿根廷	-6.69	-5.44	-4.40	-8.63	-4.60	-3.50	-3.32
阿联酋	-1.68	1.90	0.59	-5.64	-0.54	7.66	4.88

续表

年份 国家	2017	2018	2019	2020	2021	2022	2023
阿曼	-11.98	-7.71	-5.57	-18.67	-2.57	5.50	2.33
阿塞拜疆	-1.26	5.47	9.08	-6.50	-1.84	17.13	20.47
埃及	-10.43	-9.44	-7.99	-7.87	-7.33	-6.22	-7.36
埃塞俄比亚	-3.24	-3.03	-2.53	-2.76	-2.98	-3.06	-3.01
爱尔兰	-0.43	0.02	0.30	-5.03	-5.35	0.36	0.48
爱沙尼亚	-0.72	-0.51	0.52	-4.86	-2.93	-2.85	-2.26
安哥拉	-6.59	2.29	0.78	-1.89	3.22	2.72	0.01
奥地利	-0.82	0.17	0.61	-8.77	-5.79	-2.70	-1.55
澳大利亚	-1.71	-1.26	-4.36	-8.73	-8.46	-3.42	-2.97
巴布亚新几内亚	—	—	—	—	—	-5.52	-4.23
巴基斯坦	-5.76	-6.42	-8.96	-8.04	-7.07	-7.81	-4.80
巴拉圭	-0.88	-1.65	-3.80	-7.15	-5.21	-4.95	-3.55
巴林	-14.03	-11.85	-9.00	-17.88	-8.00	-4.66	-6.00
巴拿马	-2.16	-3.19	-3.57	-10.05	-7.39	-4.03	-3.02
巴西	-7.86	-7.10	-5.88	-13.37	-6.16	-5.82	-7.50
白俄罗斯	-0.34	1.80	0.91	-2.92	-3.88	-4.32	-2.09
保加利亚	0.83	0.12	-0.96	-2.98	-3.68	-3.25	-1.98
比利时	—	—	—	—	—	-4.69	-4.78
冰岛	0.96	0.91	-1.52	-8.64	-8.67	-5.44	-3.12
波兰	-1.49	-0.24	-0.69	-6.95	-4.25	-4.12	-3.06
玻利维亚	-7.82	-8.14	-7.22	-12.73	-9.19	-8.50	-7.89
博茨瓦纳	-1.15	-5.07	-8.58	-9.93	-5.03	-1.51	1.08
布基纳法索	-6.92	-4.39	-3.41	-5.70	-5.60	-6.07	-5.30
丹麦	1.79	0.76	4.06	-0.60	-1.88	1.17	0.81
德国	1.34	1.91	1.47	-4.31	-6.84	-3.32	-2.49
多哥	-0.21	-0.58	1.61	-6.88	-6.02	-6.12	-4.64
俄罗斯	-1.47	2.92	1.94	-4.01	-0.56	-2.30	-2.05
厄瓜多尔	-4.46	-2.06	-2.74	-6.14	-2.32	0.87	1.89
法国	-2.96	-2.29	-3.07	-9.21	-8.93	-5.10	-5.58

续表

年份 国家	2017	2018	2019	2020	2021	2022	2023
菲律宾	-0.37	-1.55	-1.66	-5.74	-7.62	-5.44	-4.66
芬兰	-0.65	-0.85	-1.00	-5.47	-4.59	-2.08	-1.73
哥伦比亚	-2.50	-4.67	-3.48	-6.95	-8.44	-6.39	-2.93
哥斯达黎加	-5.97	-5.73	-6.77	-8.62	-6.39	-4.34	-4.00
哈萨克斯坦	-4.27	2.58	-0.57	-7.03	-2.97	-2.03	-1.86
韩国	2.19	2.56	0.37	-2.24	-2.93	-1.80	0.08
荷兰	1.26	1.37	2.48	-4.29	-6.14	-0.75	-1.27
洪都拉斯	-0.41	0.20	0.09	-4.65	-4.16	-3.27	-3.37
吉尔吉斯斯坦	-3.73	-0.59	-0.13	-3.27	-3.67	-3.31	-5.89
几内亚	-2.06	-1.09	-0.48	-2.87	-2.35	-1.92	-2.79
加拿大	-0.11	0.28	0.54	-10.88	-7.49	-2.15	-1.21
加纳	-3.97	-6.79	-7.20	-15.70	-14.50	-9.19	-8.55
柬埔寨	-0.78	0.66	2.96	-3.45	-3.75	-4.54	-4.51
捷克	1.50	0.91	0.31	-6.11	-8.03	-4.01	-3.30
喀麦隆	-4.87	-2.49	-3.30	-3.26	-2.75	-2.02	-0.23
卡塔尔	-2.49	5.92	4.93	1.32	2.78	12.52	16.03
科威特	6.27	9.19	4.97	-8.34	-1.47	14.11	14.13
克罗地亚	0.83	0.23	0.30	-7.42	-4.11	-2.78	-2.11
肯尼亚	-7.54	-7.02	-7.35	-8.06	-8.01	-6.96	-5.27
拉脱维亚	-0.82	-0.74	-0.38	-3.92	-8.61	-5.97	-2.66
老挝	-5.49	-4.66	-4.39	-5.52	-5.49	-5.14	-4.79
黎巴嫩	-8.61	-11.22	-10.30	-3.23	-2.00	-5.91	-5.81
立陶宛	0.45	0.60	0.27	-7.35	-5.23	-1.99	-1.72
卢森堡	1.33	3.02	2.37	-4.08	-1.34	-1.12	-0.39
罗马尼亚	-2.83	-2.82	-4.57	-9.64	-6.70	-6.42	-5.29
马达加斯加	-2.10	-1.34	-1.42	-4.28	-6.43	-6.48	-4.82
马耳他	3.12	1.86	0.36	-9.93	-11.64	-5.55	-4.63
马来西亚	-2.41	-2.65	-2.22	-5.18	-5.89	-4.91	-3.78
马里	-2.86	-4.74	-1.68	-5.39	-5.50	-5.00	-4.70

续表

年份 国家	2017	2018	2019	2020	2021	2022	2023
美国	-4.63	-5.44	-5.73	-14.85	-10.82	-4.03	-5.71
蒙古国	-3.78	2.97	0.81	-9.76	-5.60	-0.38	0.39
孟加拉国	-3.34	-4.64	-5.43	-5.54	-5.94	-5.10	-5.50
秘鲁	-2.94	-2.00	-1.37	-8.34	-5.44	-2.27	-2.35
缅甸	-2.86	-3.40	-3.91	-5.61	-7.79	-7.85	-7.24
摩尔多瓦	-0.64	-0.84	-1.44	-5.15	-4.33	-6.19	-6.01
摩洛哥	-3.49	-3.70	-3.82	-7.57	-6.49	-5.32	-5.10
莫桑比克	-1.99	-5.59	-0.15	-5.12	-7.34	-3.35	-4.31
墨西哥	-1.06	-2.20	-2.33	-4.48	-4.25	-3.78	-4.11
纳米比亚	-4.93	-5.09	-5.52	-9.42	-9.79	-8.11	-6.08
南非	-4.02	-3.75	-4.77	-10.81	-8.44	-4.90	-5.36
尼加拉瓜	-1.78	-3.02	-0.30	-2.22	-2.95	-2.92	-1.90
尼日尔	-4.12	-3.00	-3.56	-5.34	-6.60	-6.59	-4.69
尼日利亚	-5.42	-4.32	-4.69	-5.78	-6.11	-6.24	-5.77
挪威	5.00	7.79	6.40	-6.13	-5.95	20.31	17.79
葡萄牙	-2.96	-0.35	0.08	-5.75	-4.81	-1.86	-1.40
日本	-3.32	-2.70	-3.11	-10.28	-9.00	-7.87	-3.62
瑞典	1.40	0.83	0.51	-3.07	-2.63	0.10	-0.36
瑞士	1.12	1.27	1.32	-2.82	-2.08	-0.14	0.27
萨尔瓦多	—	—	—	—	—	-4.79	-5.59
塞尔维亚	—	—	—	—	—	-2.76	-1.40
塞内加尔	-2.97	-3.66	-3.87	-6.37	-5.40	-6.17	-4.48
塞浦路斯	2.00	-3.46	1.46	-5.73	-5.12	-0.50	0.91
沙特阿拉伯	-9.24	-5.87	-4.45	-11.31	-3.05	5.49	3.87
斯里兰卡	-5.50	-5.32	-7.97	-12.76	-10.51	-9.79	-10.57
斯洛伐克	—	—	—	—	—	-4.01	-4.24
斯洛文尼亚	-0.06	0.74	0.43	-8.30	-7.01	-3.13	-2.83
苏丹	-6.20	-7.93	-10.82	-5.93	-2.88	-2.24	-1.80
塔吉克斯坦	-5.97	-2.78	-2.10	-4.41	-2.70	-2.50	-2.49

续表

年份 国家	2017	2018	2019	2020	2021	2022	2023
泰国	-0.43	0.06	-0.82	-4.70	-6.91	-5.58	-3.17
坦桑尼亚	-1.16	-1.93	-1.72	-1.80	-3.27	-3.12	-3.25
突尼斯	-5.97	-4.54	-3.85	-9.81	-8.25	-4.19	-5.64
土耳其	-2.18	-3.79	-5.61	-5.29	-4.92	-6.58	-5.34
土库曼斯坦	-2.60	-0.22	-0.39	-0.16	-0.33	0.61	0.22
危地马拉	-1.39	-1.88	-2.24	-4.92	-2.27	-1.89	-2.06
委内瑞拉	-22.99	-31.00	-10.00	-5.05	-7.20	-5.23	-5.00
乌干达	-3.55	-3.02	-4.83	-7.57	-5.94	-5.53	-4.69
乌克兰	-2.29	-2.15	-1.97	-6.02	-4.50	-3.96	-3.97
乌拉圭	-2.51	-1.87	-2.75	-4.66	-4.21	-2.86	-1.98
乌兹别克斯坦	1.21	1.67	-0.25	-3.14	-3.52	-3.96	-2.93
西班牙	-3.02	-2.49	-2.86	-10.97	-8.63	-4.93	-4.42
希腊	0.91	0.81	0.23	-10.51	-10.25	-4.41	-1.88
新加坡	5.31	3.69	3.88	-8.88	-0.23	1.37	1.40
新西兰	1.27	1.14	-2.27	-5.98	-7.38	-4.70	-2.22
匈牙利	-2.43	-2.10	-2.08	-8.11	-6.60	-4.89	-3.13
牙买加	—	—	—	—	—	0.27	0.30
亚美尼亚	-4.79	-1.75	-0.98	-5.40	-4.04	-2.28	-2.53
伊拉克	-1.50	7.80	0.84	-12.81	-1.55	11.06	9.17
伊朗	-1.76	-1.85	-5.08	-5.72	-6.45	-4.20	-6.00
以色列	-1.09	-3.53	-3.91	-11.40	-6.81	0.09	-0.38
意大利	-2.42	-2.18	-1.56	-9.50	-10.24	-5.45	-3.89
印度	-6.23	-6.38	-7.39	-12.78	-11.27	-9.89	-9.03
印度尼西亚	-2.51	-1.75	-2.23	-5.87	-6.12	-3.86	-2.92
英国	-2.42	-2.23	-2.31	-12.53	-11.89	-4.28	-2.25
约旦	-3.58	-4.66	-6.01	-8.92	-7.69	-5.86	-6.55
越南	-1.96	-1.03	-3.31	-3.91	-4.72	-4.69	-4.67
赞比亚	-7.50	-8.26	-9.41	-12.92	-8.53	-9.51	-9.09
智利	-2.62	-1.47	-2.72	-7.14	-7.90	0.91	-1.20

资料来源：WEO、WDI。

表17　　　　　　　　　　　　外债/外汇储备　　　　　　　　（单位:%）

年份 国家	2016	2017	2018	2019	2020	2021	2022
阿尔巴尼亚	273.96	273.13	253.45	255.76	217.90	196.86	195.94
阿尔及利亚	4.51	5.43	6.53	7.65	8.73	16.02	11.88
阿根廷	492.00	428.46	428.86	621.65	688.88	621.02	584.74
阿联酋	249.24	241.23	235.38	225.99	241.86	244.66	234.81
阿曼	158.52	312.64	387.21	425.33	505.48	300.05	334.20
阿塞拜疆	221.94	229.04	243.19	224.91	225.22	190.57	142.55
埃及	292.54	232.75	239.01	258.03	331.50	364.33	472.83
埃塞俄比亚	774.47	861.36	697.02	945.23	982.42	1661.27	2817.41
爱尔兰	62013.20	55023.70	52266.25	49751.75	58677.77	50772.13	50748.44
爱沙尼亚	5709.00	6782.00	3015.78	1634.11	1502.59	1271.81	1270.91
安哥拉	240.01	291.70	335.39	318.32	470.84	432.57	488.01
奥地利	2643.49	3174.88	2827.02	2906.62	2521.52	2212.38	1937.91
澳大利亚	2620.02	2326.30	2774.90	2593.05	3851.20	3065.36	2821.92
巴布亚 新几内亚	—	—	—	—	—	—	494.67
巴基斯坦	331.59	466.15	790.15	608.95	632.31	571.80	1277.02
巴拉圭	235.84	202.21	205.24	212.35	104.62	221.10	237.59
巴林	1629.97	2233.03	2638.63	1825.31	3230.82	2451.87	2862.89
巴拿马	2330.90	3395.97	4661.00	3058.15	1111.64	1359.15	1508.74
巴西	148.77	145.19	148.80	159.38	179.58	167.44	190.22
白俄罗斯	764.44	541.12	541.63	433.58	563.02	494.40	511.60
保加利亚	158.86	144.45	139.68	145.16	128.44	114.76	98.22
比利时	—	—	—	—	—	—	3207.47
冰岛	350.21	337.23	310.04	283.73	300.77	298.66	299.52
波兰	298.35	338.98	309.57	277.33	243.74	220.19	209.73
玻利维亚	109.36	126.78	148.36	222.21	270.72	341.23	501.61
博茨瓦纳	29.58	23.25	26.77	25.37	32.35	41.27	39.47
布基纳法索	283.70	189.72	207.90	213.72	289.62	537.78	995.98
丹麦	741.00	727.33	695.53	751.83	832.74	700.95	499.84

续表

年份 国家	2016	2017	2018	2019	2020	2021	2022
德国	2733.58	2864.36	2824.60	2509.27	2518.42	2336.27	2092.68
多哥	194.29	190.89	257.24	164.18	152.93	147.29	128.63
俄罗斯	141.38	119.63	96.80	88.47	78.28	76.34	60.74
厄瓜多尔	839.19	1896.67	2081.58	1759.22	869.55	737.66	701.83
法国	3418.86	3713.90	3511.49	3316.59	3301.23	2970.12	2683.52
菲律宾	92.65	90.17	99.75	93.46	89.53	97.82	111.04
芬兰	4420.47	4656.16	5616.87	5293.83	4839.53	3537.49	3823.02
哥伦比亚	262.05	267.34	277.73	263.99	264.11	296.44	313.45
哥斯达黎加	337.51	358.27	378.21	333.70	440.06	488.18	414.16
哈萨克斯坦	550.62	517.13	506.83	538.72	460.62	464.70	487.07
韩国	103.28	105.92	109.47	115.09	123.01	122.38	139.07
荷兰	11525.92	11890.25	11284.88	9643.92	8072.92	6201.61	5579.97
洪都拉斯	199.66	185.67	192.21	170.04	137.07	135.37	141.15
吉尔吉斯斯坦	405.30	373.50	378.82	343.35	310.70	304.37	372.67
几内亚	260.69	236.38	198.87	202.22	257.52	246.31	287.62
加拿大	2115.47	2251.68	2348.18	2604.80	2708.71	2479.15	2347.42
加纳	360.54	318.26	370.65	356.45	337.14	369.91	552.42
柬埔寨	110.25	93.55	92.42	81.60	82.57	98.80	98.81
捷克	159.18	138.69	137.35	129.18	121.15	117.33	146.84
喀麦隆	351.65	313.12	314.05	340.32	356.11	359.83	391.54
卡塔尔	509.93	1142.71	609.00	499.98	497.61	432.52	390.74
科威特	124.59	147.58	143.35	136.71	111.28	144.50	153.03
克罗地亚	330.62	277.57	243.93	217.89	211.52	188.96	172.43
肯尼亚	278.81	357.63	375.88	375.36	425.22	426.44	505.29
拉脱维亚	1121.38	991.50	941.57	897.84	853.11	875.38	870.94
老挝	1477.59	1305.79	1568.41	1564.11	1246.35	1141.47	1287.66
黎巴嫩	128.96	133.85	152.17	141.70	172.25	190.85	227.73
立陶宛	1359.39	941.71	706.71	757.02	948.37	877.98	812.10
卢森堡	407134.80	493455.80	443974.20	387778.80	342662.70	136686.60	126507.30

续表

年份\国家	2016	2017	2018	2019	2020	2021	2022
罗马尼亚	245.13	262.81	271.35	293.60	296.08	300.10	283.80
马达加斯加	251.39	211.36	214.43	240.11	177.42	229.02	256.61
马耳他	13755.67	12915.73	9822.63	10497.27	11567.23	9165.19	7661.03
马来西亚	215.74	213.65	220.83	222.13	221.07	221.24	234.33
马里	957.52	662.85	511.38	442.62	355.83	306.86	629.51
美国	4439.68	4217.52	4370.98	3984.66	3410.43	3255.41	9989.79
蒙古国	1886.13	926.39	836.22	720.54	711.99	776.02	1062.18
孟加拉国	119.18	140.02	162.77	174.60	161.60	198.10	288.03
秘鲁	112.64	105.93	110.67	94.82	98.10	111.36	119.69
缅甸	206.84	206.35	189.23	190.83	173.09	237.26	396.02
摩尔多瓦	282.66	249.28	248.76	246.31	220.89	219.82	207.77
摩洛哥	189.77	195.31	205.69	208.11	182.26	183.50	200.51
莫桑比克	660.85	476.62	577.53	523.52	508.35	1661.57	2095.49
墨西哥	237.08	252.57	257.39	256.83	232.58	291.59	286.04
纳米比亚	360.20	341.32	387.05	402.77	377.00	321.37	341.45
南非	300.97	348.95	333.06	341.47	309.78	295.22	260.68
尼加拉瓜	449.82	416.86	515.33	487.64	376.00	354.73	329.43
尼日尔	212.59	234.45	295.87	228.06	235.49	269.32	265.33
尼日利亚	122.75	106.65	117.77	143.03	178.68	189.44	225.08
挪威	1014.37	992.20	1005.46	1000.33	958.16	862.26	1009.86
葡萄牙	1684.49	1811.21	1844.15	1845.65	1710.04	1423.17	1222.36
日本	280.34	285.68	315.95	321.50	346.87	330.00	341.81
瑞典	1464.81	1646.82	1538.58	1623.16	1717.86	1656.06	1478.22
瑞士	264.92	245.19	236.08	232.16	210.40	213.68	229.06
萨尔瓦多	—	—	—	—	—	—	824.91
塞尔维亚	—	—	—	—	—	—	222.00
塞内加尔	430.43	465.01	482.32	456.70	499.58	686.82	756.41
塞浦路斯	28104.76	28028.96	23945.75	21092.18	18885.32	11815.13	11150.08
沙特阿拉伯	30.12	24.59	29.67	35.70	50.30	62.65	57.43

续表

年份 国家	2016	2017	2018	2019	2020	2021	2022
斯里兰卡	776.63	637.83	764.50	733.44	868.85	1707.66	2997.11
斯洛文尼亚	6291.89	5821.53	5166.04	4898.52	4472.96	1567.69	1110.15
斯洛伐克	—	—	—	—	—	—	2588.41
苏丹	12533.37	12195.88	14154.07	13493.51	311400.40	4490.62	8683.63
塔吉克斯坦	803.57	466.64	465.28	452.21	293.66	281.99	187.32
泰国	80.81	79.80	83.50	80.36	73.92	85.77	97.42
坦桑尼亚	376.50	310.83	366.16	351.75	423.31	446.13	598.30
突尼斯	470.80	553.75	620.27	476.83	419.36	480.75	509.84
土耳其	389.52	423.15	479.58	416.04	463.15	397.55	394.16
土库曼斯坦	3.24	8.03	6.13	3.95	4.19	27.05	24.79
危地马拉	234.68	203.52	186.02	179.86	134.90	126.32	127.04
委内瑞拉	1615.76	1684.69	1832.06	2250.50	2530.92	1747.77	1934.09
乌干达	325.59	313.71	366.68	438.52	456.39	443.48	551.68
乌克兰	740.16	653.88	581.23	489.79	431.34	438.41	388.33
乌拉圭	297.28	257.71	266.40	307.37	285.77	281.82	358.95
乌兹别克斯坦	59.75	59.82	64.78	74.24	104.08	104.46	101.55
西班牙	3142.72	3376.96	3279.25	3172.04	3367.57	2861.22	2440.84
希腊	6642.50	6205.27	6245.69	5922.35	5086.02	4350.18	4489.34
新加坡	531.75	524.50	519.99	554.33	451.92	189.35	277.47
新西兰	1036.42	936.77	1082.21	1083.47	1532.86	660.51	789.66
匈牙利	568.78	550.03	494.34	497.39	608.64	599.95	651.33
牙买加	—	—	—	—	—	—	379.52
亚美尼亚	447.15	442.00	474.73	417.15	493.25	427.83	329.96
伊拉克	163.71	159.90	126.77	124.89	128.89	130.32	89.49
伊朗	5.80	6.43	5.70	5.60	6.64	15.18	13.51
以色列	91.28	78.45	81.56	83.32	75.38	76.08	78.51
意大利	1626.65	1684.62	1608.16	1432.19	1347.65	1223.52	1086.86
印度	125.97	123.73	130.58	120.95	95.57	96.73	110.92
印度尼西亚	275.00	272.31	314.05	311.63	337.00	287.41	289.17

续表

年份 国家	2016	2017	2018	2019	2020	2021	2022
英国	5555.00	5726.56	4869.70	5080.83	5419.64	5036.48	4778.51
约旦	175.59	194.31	220.92	219.01	211.78	222.34	253.19
越南	234.52	211.92	192.96	149.36	113.76	123.87	149.84
赞比亚	646.94	834.78	1211.10	1887.41	2426.33	1182.85	1131.61
智利	407.02	462.91	459.98	485.13	533.58	465.62	563.53

资料来源：WDI、QEDS、EIU。

表18　　　　　　　　　　　经常账户余额/GDP　　　　　　　　（单位:%）

年份 国家	2017	2018	2019	2020	2021	2022	2023
阿尔巴尼亚	-7.49	-6.76	-7.63	-8.89	-8.64	-8.64	-8.04
阿尔及利亚	-13.12	-9.65	-9.91	-12.68	-7.63	6.21	0.57
阿根廷	-4.84	-5.17	-0.82	0.85	0.99	-0.32	0.58
阿联酋	7.13	9.59	8.48	3.08	9.67	14.72	12.48
阿曼	-15.55	-5.37	-5.45	-13.67	-5.75	6.17	3.65
阿塞拜疆	4.07	12.84	9.06	-0.53	7.82	31.68	31.45
埃及	-6.09	-2.38	-3.60	-3.07	-3.88	-3.63	-3.44
埃塞俄比亚	-8.46	-6.53	-5.33	-4.60	-2.87	-4.28	-4.44
爱尔兰	0.49	4.91	-19.85	-2.65	11.11	12.22	9.81
爱沙尼亚	2.29	0.92	1.99	-0.59	-1.81	-0.23	0.15
安哥拉	-0.52	7.30	6.08	1.49	7.34	11.33	5.42
奥地利	1.37	1.26	2.84	2.50	1.61	-2.62	-2.08
澳大利亚	-2.58	-2.09	0.71	2.66	3.56	2.12	0.75
巴布亚新几内亚	—	—	—	—	—	21.95	19.84
巴基斯坦	-4.03	-6.13	-4.85	-1.70	-0.61	-4.60	-2.54
巴拉圭	3.04	0.05	-1.15	2.20	3.49	-3.83	-0.10
巴林	-4.09	-6.47	-2.07	-9.34	-2.90	8.57	4.95
巴拿马	-5.92	-7.65	-4.99	2.33	-3.69	-3.69	-3.28
巴西	-1.07	-2.68	-3.46	-1.79	-0.52	-1.45	-1.56

续表

年份 国家	2017	2018	2019	2020	2021	2022	2023
白俄罗斯	-1.74	0.04	-1.93	-0.42	0.39	-1.47	-1.13
保加利亚	3.32	0.95	1.83	-0.66	0.52	-0.93	-1.38
比利时	—	—	—	—	—	-2.21	-0.87
冰岛	4.22	3.54	5.83	0.91	1.00	-1.97	-0.26
波兰	-0.37	-1.28	0.49	3.45	2.26	-4.02	-3.33
玻利维亚	-5.02	-4.49	-3.37	-0.48	-2.22	-1.40	-2.11
博茨瓦纳	5.77	0.69	-8.42	-10.58	-4.04	1.99	2.46
布基纳法索	-5.03	-4.14	-3.28	-0.15	-2.53	-3.45	-3.39
丹麦	8.01	7.28	8.75	8.24	6.96	8.22	7.44
德国	7.80	7.84	7.45	6.95	6.80	4.19	5.26
多哥	-1.51	-2.60	-0.77	-1.48	-2.68	-4.80	-5.71
俄罗斯	2.04	7.00	3.87	2.44	5.74	12.16	11.05
厄瓜多尔	-0.15	-1.24	-0.06	2.50	1.71	2.35	2.12
法国	-0.77	-0.83	-0.29	-1.90	-1.67	-1.26	-1.51
菲律宾	-0.65	-2.56	-0.81	3.59	0.39	-4.39	-3.31
芬兰	-0.80	-1.85	-0.31	0.76	-0.10	-0.77	-0.25
哥伦比亚	-3.45	-4.09	-4.49	-3.43	-4.38	-5.14	-4.37
哥斯达黎加	-3.62	-3.22	-2.15	-2.18	-2.96	-4.81	-4.39
哈萨克斯坦	-3.06	-0.08	-4.02	-3.66	-0.87	2.98	1.82
韩国	4.64	4.49	3.61	4.60	4.46	3.19	3.49
荷兰	10.83	10.84	9.37	6.98	7.90	7.47	7.69
洪都拉斯	-1.25	-5.73	-1.37	3.00	-3.03	-4.55	-4.31
吉尔吉斯斯坦	-6.20	-12.05	-12.10	4.51	-7.70	-12.48	-9.61
几内亚	-6.75	-19.54	-11.46	-13.66	-8.50	-7.00	-7.96
加拿大	-2.80	-2.34	-2.05	-1.82	0.52	0.53	-0.23
加纳	-3.32	-3.04	-2.74	-3.11	-2.23	-5.25	-4.40
柬埔寨	-7.91	-11.77	-15.01	-12.13	-21.32	-31.32	-16.95
捷克	1.55	0.45	0.33	3.57	1.57	-4.30	-2.20
喀麦隆	-2.71	-3.64	-4.35	-3.68	-2.83	-2.29	-2.78

续表

年份\国家	2017	2018	2019	2020	2021	2022	2023
卡塔尔	3.99	9.08	2.41	-2.40	8.20	21.17	22.12
科威特	7.96	14.40	16.26	16.72	15.51	29.05	22.95
克罗地亚	3.47	1.82	3.04	-0.36	-0.10	2.17	1.99
肯尼亚	-6.94	-5.47	-5.53	-4.42	-5.04	-5.93	-5.57
拉脱维亚	1.26	-0.29	-0.65	2.95	-1.03	-3.29	-2.99
老挝	-11.15	-12.96	-9.11	-4.45	-6.24	-2.54	-5.92
黎巴嫩	-26.33	-28.45	-27.57	-17.79	-26.70	-32.20	-26.00
立陶宛	0.59	0.30	3.34	8.34	6.69	-1.60	-2.06
卢森堡	4.90	4.76	4.57	4.29	4.70	4.26	4.38
罗马尼亚	-3.11	-4.65	-4.89	-5.24	-5.71	-8.44	-8.01
马达加斯加	-0.42	0.72	-2.29	-5.32	-5.83	-5.40	-5.13
马耳他	5.59	6.07	5.54	-3.50	-2.39	-3.10	-2.24
马来西亚	2.79	2.23	3.50	4.24	3.81	1.60	2.24
马里	-7.29	-4.90	-7.46	-0.22	-5.28	-7.86	-7.07
美国	-1.86	-2.14	-2.21	-2.95	-3.47	-3.94	-3.14
蒙古国	-10.11	-16.80	-15.44	-5.14	-8.52	-20.31	-17.50
孟加拉国	-0.53	-3.50	-1.69	-1.46	-1.07	-4.05	-3.82
秘鲁	-1.30	-1.74	-0.93	0.77	0.40	-3.04	-2.13
缅甸	-6.79	-4.71	-2.83	-3.44	-0.81	-1.73	-1.26
摩尔多瓦	-5.73	-10.35	-9.35	-6.68	-8.45	-12.83	-12.43
摩洛哥	-3.42	-5.27	-3.68	-1.47	-3.07	-4.33	-4.13
莫桑比克	-19.56	-30.31	-19.64	-27.18	-33.98	-45.89	-39.63
墨西哥	-1.76	-2.05	-0.31	2.43	0.04	-1.23	-1.20
纳米比亚	-4.41	-3.44	-1.75	2.36	-7.29	-7.97	-4.18
南非	-2.33	-3.23	-2.73	1.96	2.88	1.20	-1.01
尼加拉瓜	-7.16	-1.80	5.97	7.59	4.15	-3.17	-2.79
尼日尔	-11.39	-12.65	-12.57	-13.47	-15.39	-15.65	-13.94
尼日利亚	3.38	1.48	-3.26	-3.95	-3.22	-0.19	-0.65
挪威	5.48	7.95	2.85	1.97	7.18	19.41	14.55

续表

年份 国家	2017	2018	2019	2020	2021	2022	2023
葡萄牙	1.30	0.55	0.44	-1.11	-1.68	-1.12	-0.37
日本	4.13	3.53	3.44	3.26	3.47	1.35	2.16
瑞典	2.95	2.63	5.46	5.71	4.80	3.82	3.47
瑞士	7.20	6.67	6.71	3.79	7.21	6.20	6.40
萨尔瓦多	—	—	—	—	—	-8.87	-3.88
塞尔维亚	—	—	—	—	—	-8.35	-6.96
塞内加尔	-7.28	-8.81	-8.14	-10.19	-12.19	-12.97	-9.54
塞浦路斯	-5.31	-3.93	-6.31	-11.88	-9.31	-8.48	-7.16
沙特阿拉伯	1.52	9.15	4.82	-2.81	3.87	15.98	12.31
斯里兰卡	-2.64	-3.18	-2.20	-1.34	-3.17	-3.39	-1.96
斯洛伐克	—	—	—	—	—	-3.66	-2.93
斯洛文尼亚	6.22	5.96	5.99	7.38	6.38	-0.08	0.42
苏丹	-9.64	-13.99	-15.63	-17.46	-10.07	-6.44	-7.54
塔吉克斯坦	2.23	-5.05	-2.28	4.20	1.94	3.85	-0.04
泰国	9.63	5.61	7.02	3.51	-0.49	-0.48	1.94
坦桑尼亚	-2.64	-3.06	-2.54	-1.78	-3.24	-4.43	-3.85
突尼斯	-10.30	-11.07	-8.39	-6.80	-7.32	-5.66	-3.88
土耳其	-4.75	-2.79	0.89	-5.18	-2.42	-9.07	-8.00
土库曼斯坦	-14.49	4.28	1.07	-2.64	0.56	2.46	2.48
危地马拉	1.12	0.85	2.33	5.48	4.26	1.12	0.76
委内瑞拉	6.05	8.75	7.77	-4.29	0.29	3.96	5.97
乌干达	-4.78	-5.66	-6.36	-9.61	-8.89	-8.03	-10.23
乌克兰	-2.18	-3.27	-2.73	4.01	-0.69	6.59	4.00
乌拉圭	-0.03	-0.52	1.34	-0.66	-1.29	-1.16	-1.87
乌兹别克斯坦	2.42	-6.83	-5.62	-5.02	-6.05	-3.32	-4.22
西班牙	2.77	1.93	2.14	0.69	0.41	-0.17	-0.25
希腊	-2.57	-3.57	-2.23	-7.42	-7.41	-6.72	-6.33
新加坡	17.27	15.41	14.26	17.59	15.88	12.78	12.53
新西兰	-2.81	-3.97	-2.92	-0.83	-3.29	-7.71	-5.99

续表

年份\国家	2017	2018	2019	2020	2021	2022	2023
匈牙利	2.00	0.30	-0.45	-0.10	0.60	-6.70	-3.03
牙买加	—	—	—	—	—	-6.02	-5.19
亚美尼亚	-1.52	-7.03	-7.36	-3.79	-2.88	-5.51	-5.11
伊拉克	-4.70	4.29	0.47	-10.79	6.16	16.30	12.96
伊朗	3.35	5.86	0.65	-0.09	1.29	1.62	1.48
以色列	3.61	2.84	3.35	5.44	4.46	2.49	3.70
意大利	2.58	2.51	3.21	3.55	3.72	-0.17	0.28
印度	-1.84	-2.12	-0.86	0.90	-1.03	-3.48	-2.94
印度尼西亚	-1.60	-2.94	-2.70	-0.42	-0.27	2.18	1.11
英国	-3.77	-3.68	-3.09	-3.71	-3.37	-4.81	-4.54
约旦	-10.61	-6.90	-2.13	-7.98	-8.93	-6.72	-4.75
越南	-0.60	1.90	3.81	3.65	1.82	0.27	0.96
赞比亚	-1.68	-1.30	0.56	10.38	13.52	-1.79	-3.69
智利	-2.32	-3.93	-3.72	1.37	-2.51	-6.69	-4.43

资料来源：WEO、EIU。

表19　　　　　　　　　　　　贸易条件指数

年份\国家	2014	2015	2016	2017	2018	2019	2020
阿尔巴尼亚	0.94	0.93	0.94	0.95	0.94	0.93	0.96
阿尔及利亚	2.70	1.88	1.55	1.77	2.09	1.84	1.32
阿根廷	1.53	1.46	1.55	1.51	1.53	1.51	1.52
阿联酋	1.76	1.49	1.42	1.53	1.65	1.59	1.54
阿曼	2.42	1.48	1.05	1.19	1.38	1.29	1.05
阿塞拜疆	1.91	1.20	1.03	1.24	1.51	1.34	0.93
埃及	1.50	1.45	1.48	1.49	1.53	1.51	1.51
埃塞俄比亚	1.42	1.40	1.47	1.42	1.28	1.26	1.33
爱尔兰	0.92	0.97	0.98	0.95	0.91	0.91	1.37
爱沙尼亚	0.94	0.94	0.96	0.95	0.95	0.95	0.98

续表

年份 国家	2014	2015	2016	2017	2018	2019	2020
安哥拉	2.35	1.37	1.19	1.48	1.84	1.72	1.11
奥地利	0.88	0.88	0.89	0.87	0.86	0.86	0.87
澳大利亚	1.65	1.48	1.48	1.72	1.76	1.93	1.94
巴布亚新几内亚	—	—	—	—	—	—	1.74
巴基斯坦	0.48	0.50	0.53	0.53	0.52	0.54	0.57
巴拉圭	1.25	1.27	1.28	1.26	1.23	1.19	1.26
巴林	1.36	1.30	1.28	1.38	1.42	1.39	1.27
巴拿马	1.77	1.62	1.56	1.70	1.57	1.57	1.70
巴西	1.20	1.06	1.10	1.16	1.14	1.14	1.16
白俄罗斯	1.16	0.99	0.93	0.98	1.01	1.00	0.97
保加利亚	1.08	1.12	1.13	1.11	1.10	1.11	1.15
比利时	—	—	—	—	—	—	0.96
冰岛	0.86	0.95	0.93	0.92	0.89	0.90	0.80
波兰	0.98	1.00	1.00	0.99	0.98	0.99	1.01
玻利维亚	1.46	1.09	0.92	1.04	1.03	1.05	1.07
博茨瓦纳	0.85	0.91	0.92	0.88	0.85	0.86	0.85
布基纳法索	1.21	1.26	1.41	1.40	1.34	1.42	1.72
丹麦	1.00	1.01	1.01	1.00	1.00	1.04	1.04
德国	0.97	1.00	1.02	1.00	0.99	1.00	1.02
多哥	1.08	1.15	1.22	1.19	1.18	1.19	1.19
俄罗斯	1.82	1.39	1.13	1.28	1.50	1.51	1.23
厄瓜多尔	1.59	1.19	1.13	1.22	1.33	1.30	1.15
法国	0.89	0.91	0.91	0.89	0.88	0.89	0.90
菲律宾	0.77	0.82	0.84	0.83	0.80	0.81	0.82
芬兰	0.89	0.93	0.92	0.91	0.90	0.89	0.90
哥伦比亚	1.47	1.11	1.09	1.28	1.40	1.38	1.16
哥斯达黎加	1.00	1.00	1.00	1.00	1.00	1.01	1.01
哈萨克斯坦	2.15	1.51	1.34	1.60	1.88	1.73	1.32
韩国	0.53	0.59	0.60	0.59	0.56	0.54	0.56

续表

年份 国家	2014	2015	2016	2017	2018	2019	2020
荷兰	0.93	0.94	0.94	0.93	0.94	0.94	0.94
洪都拉斯	1.63	1.27	1.23	1.34	1.65	1.65	1.68
吉尔吉斯斯坦	1.17	1.21	1.31	1.34	1.29	1.34	1.52
几内亚	1.00	0.99	1.03	1.10	1.08	1.09	1.14
加拿大	1.15	1.03	1.02	1.06	1.08	1.07	1.00
加纳	1.81	1.78	1.84	1.84	1.98	2.00	1.90
柬埔寨	0.69	0.75	0.77	0.73	0.69	0.71	0.74
捷克	1.03	1.04	1.05	1.03	1.04	1.05	1.06
喀麦隆	1.56	1.40	1.36	1.42	1.52	1.45	1.25
卡塔尔	2.14	1.53	1.15	1.40	1.71	1.34	1.01
科威特	2.16	1.37	1.18	1.42	1.72	1.59	1.05
克罗地亚	0.99	1.00	0.99	0.98	0.97	0.97	0.96
肯尼亚	0.88	1.03	1.02	1.07	1.01	1.00	1.06
拉脱维亚	1.04	1.05	1.07	1.06	1.08	1.08	1.09
老挝	0.98	0.96	0.96	1.02	0.99	0.96	1.06
黎巴嫩	0.99	1.04	1.11	1.09	1.07	1.08	1.21
立陶宛	0.96	0.99	0.99	0.99	0.98	0.99	1.01
卢森堡	0.73	0.76	0.74	0.73	0.71	0.70	0.70
罗马尼亚	1.07	1.09	1.09	1.07	1.07	1.07	1.09
马达加斯加	0.82	0.85	0.83	0.74	0.65	0.64	0.64
马耳他	1.25	1.38	1.41	1.37	1.38	1.40	1.54
马来西亚	1.12	1.08	1.05	1.06	1.06	1.07	1.07
马里	1.54	1.57	1.75	1.72	1.62	1.74	2.08
美国	0.96	1.00	1.00	1.00	1.00	1.00	1.00
蒙古国	1.62	1.49	1.51	1.86	1.90	1.88	1.73
孟加拉国	0.62	0.69	0.70	0.66	0.63	0.65	0.68
秘鲁	1.76	1.64	1.63	1.75	1.75	1.72	1.86
缅甸	1.08	1.00	0.93	0.97	0.98	0.91	0.87
摩尔多瓦	0.68	0.72	0.74	0.74	0.72	0.71	0.81

续表

年份 国家	2014	2015	2016	2017	2018	2019	2020
摩洛哥	1.21	1.18	1.18	1.11	1.08	1.08	1.13
莫桑比克	0.92	0.90	0.90	1.00	1.02	0.94	0.90
墨西哥	1.08	0.94	0.88	0.92	0.94	0.95	0.91
纳米比亚	1.24	1.27	1.28	1.29	1.30	1.32	1.34
南非	1.36	1.40	1.45	1.51	1.46	1.53	1.65
尼加拉瓜	2.48	2.07	1.82	1.94	2.32	2.39	2.78
尼日尔	1.80	1.71	1.56	1.54	1.70	1.67	1.70
尼日利亚	2.10	1.38	1.19	1.41	1.67	1.53	1.15
挪威	1.47	1.23	1.10	1.19	1.32	1.13	0.89
葡萄牙	0.93	0.96	0.97	0.95	0.95	0.95	0.95
日本	0.58	0.67	0.72	0.69	0.65	0.66	0.71
瑞典	0.92	0.92	0.92	0.90	0.90	0.92	0.92
瑞士	1.02	1.08	1.10	1.10	1.11	1.14	1.13
萨尔瓦多	—	—	—	—	—	—	0.98
塞尔维亚	—	—	—	—	—	—	1.16
塞内加尔	1.08	1.09	1.14	1.15	1.15	1.17	1.14
塞浦路斯	0.92	0.92	0.90	0.91	0.93	0.91	0.82
沙特阿拉伯	1.37	0.91	0.82	1.04	1.15	1.09	0.86
斯里兰卡	1.07	1.10	1.15	1.16	1.16	1.14	1.17
斯洛文尼亚	0.95	0.96	0.96	0.95	0.94	0.95	0.96
斯洛伐克	—	—	—	—	—	—	1.00
苏丹	2.32	1.81	1.74	1.95	1.93	2.37	2.08
塔吉克斯坦	0.82	0.83	0.89	0.97	0.96	0.91	0.93
泰国	0.95	1.02	1.05	1.03	1.00	1.01	1.02
坦桑尼亚	1.40	1.58	1.69	1.64	1.59	1.64	2.00
突尼斯	1.13	1.04	1.06	1.02	1.01	1.00	1.04
土耳其	0.92	0.98	1.03	0.97	0.94	0.94	0.97
土库曼斯坦	2.25	1.73	1.20	1.51	1.89	1.29	0.86
危地马拉	2.19	1.72	1.71	1.84	2.18	2.16	2.36

续表

年份 国家	2014	2015	2016	2017	2018	2019	2020
委内瑞拉	3.99	2.19	1.85	2.05	2.17	2.00	1.44
乌干达	1.14	1.18	1.24	1.21	1.11	1.15	1.25
乌克兰	0.91	0.84	0.83	0.85	0.84	0.84	0.89
乌拉圭	1.15	1.17	1.21	1.20	1.14	1.18	1.26
乌兹别克斯坦	1.62	1.53	1.50	1.59	1.70	1.63	1.88
西班牙	0.89	0.92	0.93	0.92	0.90	0.91	0.94
希腊	0.88	0.90	0.89	0.89	0.89	0.87	0.86
新加坡	0.82	0.88	0.86	0.84	0.83	0.83	0.80
新西兰	1.41	1.35	1.35	1.48	1.47	1.49	1.52
匈牙利	1.00	1.01	1.02	1.03	1.02	1.04	1.07
牙买加	—	—	—	—	—	—	0.83
亚美尼亚	1.16	1.19	1.23	1.32	1.31	1.33	1.40
伊拉克	2.23	1.23	1.04	1.34	1.69	1.57	0.92
伊朗	1.88	1.39	1.23	1.45	1.68	1.60	0.96
以色列	1.02	1.12	1.14	1.10	1.06	1.09	1.07
意大利	1.00	1.03	1.05	1.02	1.01	1.03	1.08
印度	0.94	1.04	1.08	1.04	0.99	1.00	1.05
印度尼西亚	1.19	1.16	1.17	1.20	1.18	1.18	1.13
英国	1.00	0.97	0.99	1.00	0.99	1.00	0.91
约旦	0.75	0.79	0.72	0.74	0.78	0.76	0.76
越南	1.29	1.31	1.37	1.37	1.36	1.36	1.37
赞比亚	1.70	1.62	1.59	1.75	1.67	1.63	1.72
智利	1.92	1.87	1.94	2.14	2.09	2.07	2.24

资料来源：WDI、EIU。

表20　　　　　　　　银行不良贷款/贷款总额　　　　　　　（单位：%）

年份 国家	2016	2017	2018	2019	2020	2021	2022
阿尔巴尼亚	18.27	13.23	11.08	8.37	8.11	5.39	6.33

续表

年份\国家	2016	2017	2018	2019	2020	2021	2022
阿尔及利亚	12.09	12.96	12.70	12.71	12.73	13.77	14.65
阿根廷	1.84	1.83	3.11	5.75	3.86	4.29	4.39
阿联酋	5.07	5.30	5.61	6.46	8.15	7.29	7.25
阿曼	2.20	2.40	2.80	3.40	4.20	1.92	1.93
阿塞拜疆	6.90	13.80	12.20	8.30	10.02	1.88	2.00
埃及	6.00	4.90	4.30	4.20	3.90	3.50	3.69
埃塞俄比亚	5.20	3.30	3.20	3.50	3.39	5.41	4.55
爱尔兰	13.61	11.46	5.73	3.36	3.54	7.33	8.26
爱沙尼亚	0.87	0.70	0.45	0.36	0.35	1.09	1.34
安哥拉	11.29	25.84	23.24	22.82	23.25	15.00	14.98
奥地利	2.70	2.37	1.88	1.63	1.78	2.03	1.85
澳大利亚	0.95	0.86	0.90	0.96	1.11	0.91	0.98
巴布亚新几内亚	—	—	—	—	—	—	5.67
巴基斯坦	10.06	8.43	7.97	8.58	9.19	7.89	8.35
巴拉圭	2.94	2.81	2.51	2.56	2.41	2.27	2.34
巴林	5.90	5.50	5.59	5.59	5.58	5.50	5.48
巴拿马	1.26	1.42	1.74	1.96	2.01	2.25	2.15
巴西	3.92	3.59	3.05	3.11	2.24	2.24	2.33
白俄罗斯	12.79	12.85	5.01	4.63	4.83	5.30	5.09
保加利亚	13.17	10.43	7.80	6.62	5.80	5.80	5.88
比利时	—	—	—	—	—	—	2.05
冰岛	4.12	2.86	2.51	2.93	2.90	2.06	2.40
波兰	4.05	3.94	3.85	3.80	3.71	2.87	3.21
玻利维亚	1.58	1.70	1.73	1.87	1.51	1.51	1.54
博茨瓦纳	4.85	5.28	5.43	4.79	4.32	4.24	4.32
布基纳法索	9.61	11.52	9.93	9.61	8.70	5.41	4.55
丹麦	3.21	2.29	1.71	1.72	1.82	1.25	1.31
德国	1.71	1.50	1.24	1.05	1.15	1.13	1.13
多哥	9.61	11.52	9.93	9.61	8.70	6.37	6.20

续表

年份 国家	2016	2017	2018	2019	2020	2021	2022
俄罗斯	9.44	10.00	10.12	9.29	8.76	9.15	8.85
厄瓜多尔	3.96	3.31	2.95	3.15	3.11	3.73	3.63
法国	3.70	3.12	2.75	2.47	2.71	2.42	2.51
菲律宾	1.72	1.58	1.67	1.97	3.53	3.96	3.63
芬兰	1.52	1.67	1.43	1.39	1.43	1.47	1.47
哥伦比亚	3.12	4.18	4.40	4.17	4.80	3.95	4.28
哥斯达黎加	1.55	2.05	2.12	2.40	2.43	2.43	2.43
哈萨克斯坦	6.72	9.31	7.39	8.14	8.03	7.68	7.48
韩国	0.47	0.35	0.25	0.25	0.26	0.32	0.29
荷兰	2.54	2.31	1.96	1.86	1.89	1.76	1.82
洪都拉斯	2.92	2.36	2.15	2.26	3.07	2.69	2.76
吉尔吉斯斯坦	8.52	7.37	7.30	7.73	10.09	10.82	10.29
几内亚	9.44	10.68	11.56	9.90	9.38	9.21	9.33
加拿大	0.60	0.45	0.51	0.50	0.53	0.38	0.44
加纳	17.29	21.59	18.19	13.94	14.80	15.12	14.90
柬埔寨	2.13	2.07	1.99	1.55	1.82	1.74	1.75
捷克	4.59	3.74	3.14	2.70	2.96	3.45	2.81
喀麦隆	10.65	10.84	12.39	12.81	12.49	14.07	14.65
卡塔尔	1.70	1.70	3.00	2.20	2.30	1.29	1.28
科威特	2.22	1.95	1.62	1.78	1.75	1.92	1.93
克罗地亚	13.61	11.20	9.71	6.99	7.18	7.37	7.28
肯尼亚	11.66	9.95	11.69	12.01	14.14	13.14	13.33
拉脱维亚	6.26	5.51	5.29	5.00	3.09	2.47	2.91
老挝	3.00	3.07	3.12	3.04	3.16	2.10	2.00
黎巴嫩	4.88	5.67	10.26	15.19	12.76	8.81	9.21
立陶宛	3.66	3.18	2.27	1.04	1.63	0.51	0.70
卢森堡	0.90	0.79	0.90	0.74	1.03	0.79	0.86
罗马尼亚	9.62	6.41	4.96	4.09	3.83	3.35	3.57
马达加斯加	8.36	7.67	7.27	7.21	7.63	9.11	8.47

续表

年份 国家	2016	2017	2018	2019	2020	2021	2022
马耳他	5.29	4.07	3.36	3.21	3.66	3.44	3.48
马来西亚	1.61	1.55	1.47	1.52	1.57	1.68	1.63
马里	9.61	11.52	9.93	9.61	8.70	5.82	7.87
美国	1.32	1.13	0.91	0.86	1.07	0.81	0.89
蒙古国	11.78	10.05	8.77	7.41	6.12	5.39	6.33
孟加拉国	8.86	8.90	9.89	8.90	7.74	7.97	7.99
秘鲁	4.29	4.70	3.27	3.37	4.13	3.91	3.92
缅甸	2.13	2.07	1.99	1.55	1.82	1.74	1.75
摩尔多瓦	16.41	18.38	12.49	8.49	7.38	6.13	6.74
摩洛哥	7.50	7.54	7.49	7.62	8.35	14.30	14.31
莫桑比克	5.73	12.64	11.12	10.16	10.69	10.60	10.33
墨西哥	2.09	2.09	2.05	2.09	2.43	2.15	2.23
纳米比亚	1.54	2.59	3.58	4.56	6.39	6.37	6.20
南非	2.86	2.84	3.73	3.89	5.18	4.45	4.62
尼加拉瓜	0.86	1.04	2.43	3.10	3.70	2.45	2.89
尼日尔	5.73	12.64	11.12	10.16	11.30	13.65	18.04
尼日利亚	12.82	14.81	11.67	6.06	6.02	10.27	8.57
挪威	1.18	1.00	0.75	0.80	0.74	0.73	0.74
葡萄牙	17.18	13.27	9.43	6.18	4.86	35.44	36.57
日本	1.50	1.30	1.10	1.10	1.10	0.74	0.71
瑞典	1.06	1.12	0.49	0.58	0.51	0.42	0.46
瑞士	0.74	0.64	0.66	0.65	0.75	0.66	0.68
萨尔瓦多	—	—	—	—	—	—	1.74
塞尔维亚	—	—	—	—	—	—	5.88
塞内加尔	9.66	11.98	10.95	8.91	11.63	6.37	6.20
塞浦路斯	36.70	31.39	19.52	17.09	15.02	9.00	11.61
沙特阿拉伯	1.38	1.61	1.95	1.86	2.18	1.86	1.96
斯里兰卡	2.63	2.50	3.42	4.70	4.93	3.64	4.13
斯洛文尼亚	5.07	3.20	6.01	3.36	3.02	2.12	2.34

续表

年份 国家	2016	2017	2018	2019	2020	2021	2022
斯洛伐克	—	—	—	—	—	—	2.47
苏丹	5.20	3.30	3.20	3.50	3.39	5.82	7.87
塔吉克斯坦	6.72	9.31	7.39	8.14	8.03	13.65	18.04
泰国	2.99	3.07	3.08	3.13	3.23	3.11	3.15
坦桑尼亚	9.61	11.52	9.93	9.61	8.70	7.63	8.15
突尼斯	15.40	13.40	13.70	14.50	14.15	2.98	3.45
土耳其	3.11	2.84	3.69	5.02	3.89	14.30	14.31
土库曼斯坦	6.72	9.31	7.39	8.14	8.03	7.68	7.48
危地马拉	2.05	2.32	2.18	2.20	1.83	1.73	1.81
委内瑞拉	7.19	8.42	7.03	8.45	8.02	1.51	1.54
乌干达	10.40	5.51	3.34	4.75	5.22	5.19	5.16
乌克兰	30.47	54.54	52.85	48.36	41.00	31.72	37.12
乌拉圭	2.32	2.37	2.26	1.95	1.63	1.67	1.28
乌兹别克斯坦	0.74	1.20	1.28	1.50	2.06	5.13	3.84
西班牙	5.64	4.46	3.69	3.15	2.85	2.92	2.92
希腊	36.30	45.57	41.99	36.45	26.98	9.16	17.24
新加坡	1.22	1.40	1.31	1.31	1.32	1.29	1.28
新西兰	0.95	0.86	0.90	0.96	1.11	0.91	0.98
匈牙利	7.42	4.17	2.47	1.51	0.93	3.66	3.53
牙买加	—	—	—	—	—	—	12.73
亚美尼亚	6.72	5.43	4.75	5.51	6.55	5.79	5.99
伊拉克	12.69	14.84	17.55	16.18	16.46	2.48	2.83
伊朗	10.20	10.00	10.30	10.00	9.00	15.07	15.17
以色列	1.61	1.29	1.23	1.39	1.48	1.13	1.26
意大利	17.12	14.38	8.39	6.75	4.36	3.35	3.99
印度	9.19	9.98	9.46	9.23	7.94	6.54	7.23
印度尼西亚	2.90	2.56	2.29	2.43	2.75	2.64	2.61
英国	0.94	0.73	1.07	1.08	1.22	0.97	1.01
约旦	5.07	5.30	5.61	6.46	8.15	5.36	5.36

续表

年份 国家	2016	2017	2018	2019	2020	2021	2022
越南	2.28	1.82	1.80	1.50	1.62	2.10	2.00
赞比亚	9.66	11.98	10.95	8.91	11.63	5.82	7.87
智利	1.83	1.92	1.87	2.06	1.55	1.23	1.41

资料来源：WDI、CEIC。

表21　　　　　扮演国际储备货币的重要程度

年份 国家	2016	2017	2018	2019	2020	2021	2022
阿尔巴尼亚	0	0	0	0	0	0	0
阿尔及利亚	0	0	0	0	0	0	0
阿根廷	0	0	0	0	0	0	0
阿联酋	0	0	0	0	0	0	0
阿曼	0	0	0	0	0	0	0
阿塞拜疆	0	0	0	0	0	0	0
埃及	0	0	0	0	0	0	0
埃塞俄比亚	0	0	0	0	0	0	0
爱尔兰	0.40	0.40	0.40	0.40	0.40	0.40	0.40
爱沙尼亚	0.20	0.20	0.20	0.20	0.20	0.20	0.20
安哥拉	0	0	0	0	0	0	0
奥地利	0.40	0.40	0.40	0.40	0.40	0.40	0.40
澳大利亚	0.60	0.60	0.60	0.60	0.60	0.60	0.60
巴布亚新几内亚	—	—	—	—	—	—	0
巴基斯坦	0	0	0	0	0	0	0
巴拉圭	0	0	0	0	0	0	0
巴林	0	0	0	0	0	0	0
巴拿马	0	0	0	0	0	0	0
巴西	0.10	0.10	0.10	0.10	0.10	0.10	0.10
白俄罗斯	0	0	0	0	0	0	0
保加利亚	0.20	0.20	0.20	0.20	0.20	0.20	0.20

续表

年份 国家	2016	2017	2018	2019	2020	2021	2022
比利时	—	—	—	—	—	—	0.40
冰岛	0.40	0.40	0.40	0.40	0.40	0.40	0.40
波兰	0.40	0.40	0.40	0.40	0.40	0.40	0.40
玻利维亚	0	0	0	0	0	0	0
博茨瓦纳	0	0	0	0	0	0	0
布基纳法索	0	0	0	0	0	0	0
丹麦	0.40	0.40	0.40	0.40	0.40	0.40	0.40
德国	0.80	0.80	0.80	0.80	0.80	0.80	0.80
多哥	0	0	0	0	0	0	0
俄罗斯	0.10	0.10	0.10	0.10	0.10	0.10	0.10
厄瓜多尔	0	0	0	0	0	0	0
法国	0.80	0.80	0.80	0.80	0.80	0.80	0.80
菲律宾	0	0	0	0	0	0	0
芬兰	0.40	0.40	0.40	0.40	0.40	0.40	0.40
哥伦比亚	0	0	0	0	0	0	0
哥斯达黎加	0	0	0	0	0	0	0
哈萨克斯坦	0	0	0	0	0	0	0
韩国	0.20	0.20	0.20	0.20	0.20	0.20	0.20
荷兰	0.40	0.40	0.40	0.40	0.40	0.40	0.40
洪都拉斯	0	0	0	0	0	0	0
吉尔吉斯斯坦	0	0	0	0	0	0	0
几内亚	0	0	0	0	0	0	0
加拿大	0.60	0.60	0.60	0.60	0.60	0.60	0.60
加纳	0	0	0	0	0	0	0
柬埔寨	0	0	0	0	0	0	0
捷克	0.20	0.20	0.20	0.20	0.20	0.20	0.20
喀麦隆	0	0	0	0	0	0	0
卡塔尔	0	0	0	0	0	0	0
科威特	0	0	0	0	0	0	0

续表

年份 国家	2016	2017	2018	2019	2020	2021	2022
克罗地亚	0.20	0.20	0.20	0.20	0.20	0.20	0.20
肯尼亚	0	0	0	0	0	0	0
拉脱维亚	0.20	0.20	0.20	0.20	0.20	0.20	0.20
老挝	0	0	0	0	0	0	0
黎巴嫩	0	0	0	0	0	0	0
立陶宛	0.20	0.20	0.20	0.20	0.20	0.20	0.20
卢森堡	0.40	0.40	0.40	0.40	0.40	0.40	0.40
罗马尼亚	0.20	0.20	0.20	0.20	0.20	0.20	0.20
马达加斯加	0	0	0	0	0	0	0
马耳他	0.20	0.20	0.20	0.20	0.20	0.20	0.20
马来西亚	0	0	0	0	0	0	0
马里	0	0	0	0	0	0	0
美国	1.00	1.00	1.00	1.00	1.00	1.00	1.00
蒙古国	0	0	0	0	0	0	0
孟加拉国	0	0	0	0	0	0	0
秘鲁	0	0	0	0	0	0	0
缅甸	0	0	0	0	0	0	0
摩尔多瓦	0	0	0	0	0	0	0
摩洛哥	0	0	0	0	0	0	0
莫桑比克	0	0	0	0	0	0	0
墨西哥	0	0	0	0	0	0	0
纳米比亚	0	0	0	0	0	0	0
南非	0.10	0.10	0.10	0.10	0.10	0.10	0.10
尼加拉瓜	0	0	0	0	0	0	0
尼日尔	0	0	0	0	0	0	0
尼日利亚	0	0	0	0	0	0	0
挪威	0.40	0.40	0.40	0.40	0.40	0.40	0.40
葡萄牙	0.20	0.20	0.20	0.20	0.20	0.20	0.20
日本	0.60	0.60	0.60	0.60	0.60	0.60	0.60

续表

年份 国家	2016	2017	2018	2019	2020	2021	2022
瑞典	0.40	0.40	0.40	0.40	0.40	0.40	0.40
瑞士	0.60	0.60	0.60	0.60	0.60	0.60	0.60
萨尔瓦多	—	—	—	—	—	—	0
塞尔维亚	—	—	—	—	—	—	0
塞内加尔	0	0	0	0	0	0	0
塞浦路斯	0.20	0.20	0.20	0.20	0.20	0.20	0.20
沙特阿拉伯	0	0	0	0	0	0	0
斯里兰卡	0	0	0	0	0	0	0
斯洛文尼亚	0.20	0.20	0.20	0.20	0.20	0.20	0.20
斯洛伐克	—	—	—	—	—	—	0.20
苏丹	0	0	0	0	0	0	0
塔吉克斯坦	0	0	0	0	0	0	0
泰国	0	0	0	0	0	0	0
坦桑尼亚	0	0	0	0	0	0	0
突尼斯	0	0	0	0	0	0	0
土耳其	0.10	0.10	0.10	0.10	0.10	0.10	0.10
土库曼斯坦	0	0	0	0	0	0	0
危地马拉	0	0	0	0	0	0	0
委内瑞拉	0	0	0	0	0	0	0
乌干达	0	0	0	0	0	0	0
乌克兰	0	0	0	0	0	0	0
乌拉圭	0	0	0	0	0	0	0
乌兹别克斯坦	0	0	0	0	0	0	0
西班牙	0.20	0.20	0.20	0.20	0.20	0.20	0.20
希腊	0.40	0.40	0.40	0.40	0.40	0.40	0.40
新加坡	0.20	0.20	0.20	0.20	0.20	0.20	0.20
新西兰	0.40	0.40	0.40	0.40	0.40	0.40	0.40
匈牙利	0.20	0.20	0.20	0.20	0.20	0.20	0.20
牙买加	—	—	—	—	—	—	0

续表

年份 国家	2016	2017	2018	2019	2020	2021	2022
亚美尼亚	0	0	0	0	0	0	0
伊拉克	0	0	0	0	0	0	0
伊朗	0	0	0	0	0	0	0
以色列	0	0	0	0	0	0	0
意大利	0.40	0.40	0.40	0.40	0.40	0.40	0.40
印度	0.10	0.10	0.10	0.10	0.10	0.10	0.10
印度尼西亚	0	0	0	0	0	0	0
英国	0.80	0.80	0.80	0.80	0.80	0.80	0.80
约旦	0	0	0	0	0	0	0
越南	0	0	0	0	0	0	0
赞比亚	0	0	0	0	0	0	0
智利	0	0	0	0	0	0	0

资料来源：德尔菲法。

表22　　　　　　　　　　内部冲突

年份 国家	2016	2017	2018	2019	2020	2021	2022
阿尔巴尼亚	3.00	3.00	3.00	3.00	3.00	3.50	4.00
阿尔及利亚	7.00	6.50	6.00	6.00	6.00	5.50	5.00
阿根廷	4.00	4.00	4.00	4.00	4.00	4.00	4.00
阿联酋	1.00	1.00	1.00	1.00	1.00	1.00	1.00
阿曼	1.00	1.50	2.00	2.50	3.00	3.00	3.00
阿塞拜疆	4.00	4.00	4.00	4.00	4.00	4.00	4.00
埃及	7.00	7.00	7.00	7.00	7.00	7.00	7.00
埃塞俄比亚	8.00	8.00	8.00	7.00	6.00	7.50	9.00
爱尔兰	3.00	3.00	3.00	3.00	3.00	3.00	3.00
爱沙尼亚	3.00	3.00	3.00	3.00	3.00	3.00	3.00
安哥拉	4.00	4.00	4.00	4.00	4.00	4.00	4.00
奥地利	3.00	3.00	3.00	3.00	3.00	3.00	3.00

续表

年份\国家	2016	2017	2018	2019	2020	2021	2022
澳大利亚	3.00	3.00	3.00	3.00	3.00	3.00	3.00
巴布亚新几内亚	7.00	6.50	6.00	6.00	6.00	6.00	6.00
巴基斯坦	9.00	9.00	9.00	8.50	8.00	8.00	8.00
巴拉圭	4.00	4.00	4.00	4.00	4.00	4.00	4.00
巴林	7.00	7.50	8.00	7.50	7.00	7.00	7.00
巴拿马	3.00	3.00	3.00	3.00	3.00	2.50	2.00
巴西	3.00	4.00	5.00	5.00	5.00	5.00	5.00
白俄罗斯	3.00	3.00	3.00	3.00	3.00	4.50	6.00
保加利亚	4.00	4.00	4.00	4.00	4.00	4.00	4.00
比利时	3.00	3.00	3.00	3.00	3.00	3.00	3.00
冰岛	3.00	3.00	3.00	3.00	3.00	3.00	3.00
波兰	2.00	2.00	2.00	2.50	3.00	3.00	3.00
玻利维亚	5.00	5.00	5.00	5.00	5.00	5.50	6.00
博茨瓦纳	2.00	2.00	2.00	1.50	1.00	1.00	1.00
布基纳法索	6.00	6.00	6.00	6.50	7.00	7.00	7.00
丹麦	3.00	3.00	3.00	3.00	3.00	3.00	3.00
德国	3.00	3.00	3.00	3.00	3.00	3.00	3.00
多哥	5.00	4.50	4.00	4.50	5.00	5.00	5.00
俄罗斯	4.00	4.00	4.00	4.00	4.00	4.00	4.00
厄瓜多尔	4.00	4.00	4.00	3.50	3.00	3.50	4.00
法国	3.00	3.00	3.00	3.00	3.00	3.00	3.00
菲律宾	6.00	6.00	6.00	6.00	6.00	6.00	6.00
芬兰	3.00	3.00	3.00	3.00	3.00	3.00	3.00
哥伦比亚	7.00	6.50	6.00	6.00	6.00	6.50	7.00
哥斯达黎加	1.00	1.00	1.00	1.00	1.00	1.00	1.00
哈萨克斯坦	3.00	3.50	4.00	4.00	4.00	4.50	5.00
韩国	2.00	2.50	3.00	2.50	2.00	2.00	2.00
荷兰	3.00	3.00	3.00	3.00	3.00	3.00	3.00
洪都拉斯	5.00	5.00	5.00	5.50	6.00	6.00	6.00

续表

年份 国家	2016	2017	2018	2019	2020	2021	2022
吉尔吉斯斯坦	6.00	5.50	5.00	4.50	4.00	4.50	5.00
几内亚	7.00	6.50	6.00	6.00	6.00	6.50	7.00
加拿大	3.00	3.00	3.00	3.00	3.00	3.00	3.00
加纳	4.00	4.00	4.00	4.00	4.00	4.00	4.00
柬埔寨	5.00	5.00	5.00	5.00	5.00	5.00	5.00
捷克	1.00	1.00	1.00	1.00	1.00	1.00	1.00
喀麦隆	7.00	7.00	7.00	7.50	8.00	7.50	7.00
卡塔尔	2.00	2.00	2.00	2.00	2.00	2.00	2.00
科威特	4.00	4.50	5.00	4.50	4.00	4.00	4.00
克罗地亚	2.00	2.00	2.00	2.00	2.00	2.00	2.00
肯尼亚	7.00	7.00	7.00	6.50	6.00	5.50	5.00
拉脱维亚	4.00	4.00	4.00	4.00	4.00	3.50	3.00
老挝	3.00	3.00	3.00	3.00	3.00	3.00	3.00
黎巴嫩	7.00	7.00	7.00	6.50	6.00	6.50	7.00
立陶宛	1.00	1.00	1.00	1.00	1.00	1.00	1.00
卢森堡	4.00	4.00	4.00	4.00	4.00	4.00	4.00
罗马尼亚	3.00	3.00	3.00	3.00	3.00	3.00	3.00
马达加斯加	5.00	5.00	5.00	5.00	5.00	5.00	5.00
马耳他	4.00	4.50	5.00	4.50	4.00	4.00	4.00
马来西亚	5.00	5.00	5.00	5.00	5.00	5.00	5.00
马里	6.00	6.00	6.00	6.00	7.00	8.00	9.00
美国	3.00	3.00	3.00	3.00	3.00	3.00	3.00
蒙古国	3.00	3.00	3.00	2.50	2.00	1.50	1.00
孟加拉国	8.00	7.50	7.00	7.00	7.00	7.00	7.00
秘鲁	5.00	5.00	5.00	5.00	5.00	5.00	5.00
缅甸	8.00	8.50	9.00	9.00	9.00	9.00	9.00
摩尔多瓦	4.00	4.00	4.00	4.00	4.00	4.00	4.00
摩洛哥	4.00	4.00	4.00	4.00	4.00	4.00	4.00
莫桑比克	5.00	6.00	7.00	6.00	5.00	6.00	7.00

续表

年份 国家	2016	2017	2018	2019	2020	2021	2022
墨西哥	7.00	7.00	7.00	7.00	7.00	7.00	7.00
纳米比亚	4.00	4.00	4.00	4.00	4.00	4.00	4.00
南非	5.00	4.50	4.00	4.00	4.00	4.00	4.00
尼加拉瓜	4.00	4.00	4.00	5.00	6.00	5.50	5.00
尼日尔	5.00	5.00	5.00	5.00	5.00	5.50	6.00
尼日利亚	9.00	9.00	9.00	9.00	9.00	9.00	9.00
挪威	3.00	3.00	3.00	3.00	3.00	3.00	3.00
葡萄牙	1.00	1.00	1.00	1.00	1.00	1.00	1.00
日本	2.00	2.50	3.00	2.50	2.00	2.00	2.00
瑞典	3.00	3.00	3.00	3.00	3.00	3.00	3.00
瑞士	3.00	3.00	3.00	3.00	3.00	3.00	3.00
萨尔瓦多	4.00	4.00	4.00	4.00	4.00	4.00	4.00
塞尔维亚	3.00	3.00	3.00	3.50	4.00	4.00	4.00
塞内加尔	4.00	4.00	4.00	4.00	4.00	4.00	4.00
塞浦路斯	4.00	4.50	5.00	4.50	4.00	4.00	4.00
沙特阿拉伯	4.00	4.00	4.00	4.00	4.00	4.00	4.00
斯里兰卡	7.00	6.00	5.00	5.00	5.00	5.50	6.00
斯洛伐克	1.00	1.00	1.00	1.00	1.00	1.00	1.00
斯洛文尼亚	2.00	2.00	2.00	2.00	2.00	2.50	3.00
苏丹	9.00	9.00	9.00	9.50	10.00	10.00	10.00
塔吉克斯坦	5.00	5.00	5.00	5.00	5.00	5.00	5.00
泰国	7.00	7.00	7.00	7.00	7.00	7.50	8.00
坦桑尼亚	5.00	5.00	5.00	4.50	4.00	4.00	4.00
突尼斯	6.00	5.50	5.00	5.00	5.00	5.50	6.00
土耳其	4.00	5.50	7.00	7.00	7.00	7.00	7.00
土库曼斯坦	3.00	3.00	3.00	3.00	3.00	3.00	3.00
危地马拉	6.00	6.00	6.00	6.00	6.00	6.00	6.00
委内瑞拉	6.00	6.00	6.00	7.00	8.00	7.50	7.00
乌干达	6.00	6.00	6.00	6.00	6.00	6.00	6.00

续表

年份 国家	2016	2017	2018	2019	2020	2021	2022
乌克兰	9.00	9.00	9.00	9.00	9.00	9.00	9.00
乌拉圭	1.00	1.00	1.00	1.00	1.00	1.00	1.00
乌兹别克斯坦	5.00	4.50	4.00	3.50	3.00	3.00	3.00
西班牙	1.00	1.00	1.00	1.00	1.00	1.00	1.00
希腊	1.00	1.00	1.00	1.00	1.00	1.00	1.00
新加坡	3.00	3.00	3.00	3.00	3.00	3.00	3.00
新西兰	3.00	3.00	3.00	3.00	3.00	3.00	3.00
匈牙利	3.00	3.00	3.00	3.50	4.00	4.00	4.00
牙买加	4.00	4.00	4.00	4.00	4.00	4.00	4.00
亚美尼亚	3.00	3.00	3.00	3.00	3.00	3.50	4.00
伊拉克	10.00	10.00	10.00	9.50	9.00	8.50	8.00
伊朗	4.00	4.50	5.00	5.00	5.00	5.00	5.00
以色列	1.00	1.00	1.00	1.00	1.00	1.00	1.00
意大利	3.00	3.00	3.00	3.00	3.00	3.00	3.00
印度	6.00	6.00	6.00	6.00	6.00	6.00	6.00
印度尼西亚	5.00	5.50	6.00	5.50	5.00	5.00	5.00
英国	3.00	3.00	3.00	3.00	3.00	3.00	3.00
约旦	5.00	5.00	5.00	5.00	5.00	5.00	5.00
越南	4.00	3.50	3.00	3.00	3.00	3.00	3.00
赞比亚	4.00	4.00	4.00	4.00	4.00	4.00	4.00
智利	3.00	3.00	3.00	3.00	3.00	4.00	5.00

资料来源：BTI。

表23　　　　　　　　　　　环境政策

年份 国家	2016	2017	2018	2019	2020	2021	2022
阿尔巴尼亚	5.00	5.00	5.00	5.00	5.00	5.00	5.00
阿尔及利亚	4.00	4.50	5.00	5.50	6.00	6.00	6.00
阿根廷	5.00	5.50	6.00	5.50	5.00	5.00	5.00

续表

年份 国家	2016	2017	2018	2019	2020	2021	2022
阿联酋	6.00	6.00	6.00	6.00	6.00	6.50	7.00
阿曼	5.00	5.00	5.00	5.00	5.00	5.50	6.00
阿塞拜疆	5.00	5.00	5.00	4.50	4.00	4.50	5.00
埃及	4.00	4.00	4.00	4.00	4.00	4.00	4.00
埃塞俄比亚	3.00	2.50	2.00	2.50	3.00	3.50	4.00
爱尔兰	8.00	8.00	8.00	7.50	7.00	7.00	7.00
爱沙尼亚	9.00	9.00	9.00	9.00	9.00	9.00	9.00
安哥拉	3.00	3.00	3.00	3.00	3.00	3.00	3.00
奥地利	8.00	8.00	8.00	7.50	7.00	7.00	7.00
澳大利亚	8.00	8.00	8.00	7.50	7.00	7.00	7.00
巴布亚新几内亚	4.00	4.00	4.00	4.50	5.00	5.00	5.00
巴基斯坦	3.00	3.00	3.00	3.00	3.00	3.00	3.00
巴拉圭	4.00	4.00	4.00	4.00	4.00	4.00	4.00
巴林	4.00	4.00	4.00	4.50	5.00	5.00	5.00
巴拿马	6.00	6.00	6.00	5.50	5.00	5.00	5.00
巴西	6.00	6.00	6.00	5.50	5.00	4.50	4.00
白俄罗斯	6.00	6.00	6.00	6.00	6.00	6.00	6.00
保加利亚	7.00	7.00	7.00	7.00	7.00	7.00	7.00
比利时	8.00	8.00	8.00	7.50	7.00	7.00	7.00
冰岛	8.00	8.00	8.00	7.50	7.00	7.00	7.00
波兰	7.00	6.50	6.00	6.00	6.00	6.50	7.00
玻利维亚	5.00	5.00	5.00	5.00	5.00	5.00	5.00
博茨瓦纳	7.00	7.00	7.00	7.50	8.00	7.00	6.00
布基纳法索	5.00	4.5	4.00	4.00	4.00	4.00	4.00
丹麦	8.00	8.00	8.00	7.50	7.00	7.00	7.00
德国	8.00	8.00	8.00	7.50	7.00	7.00	7.00
多哥	3.00	3.50	4.00	4.00	4.00	4.00	4.00
俄罗斯	4.00	4.00	4.00	4.00	4.00	4.00	4.00
厄瓜多尔	5.00	5.00	5.00	5.00	5.00	4.50	4.00

续表

年份 国家	2016	2017	2018	2019	2020	2021	2022
法国	8.00	8.00	8.00	7.50	7.00	7.00	7.00
菲律宾	6.00	6.50	7.00	7.00	7.00	6.50	6.00
芬兰	8.00	8.00	8.00	7.50	7.00	7.00	7.00
哥伦比亚	5.00	5.00	5.00	5.00	5.00	5.00	5.00
哥斯达黎加	7.00	7.50	8.00	8.00	8.00	7.50	7.00
哈萨克斯坦	4.00	4.00	4.00	4.50	5.00	5.00	5.00
韩国	7.00	7.00	7.00	7.00	7.00	7.00	7.00
荷兰	8.00	8.00	8.00	7.50	7.00	7.00	7.00
洪都拉斯	4.00	4.00	4.00	4.00	4.00	4.00	4.00
吉尔吉斯斯坦	3.00	3.00	3.00	3.00	3.00	3.00	3.00
几内亚	4.00	4.50	5.00	4.50	4.00	3.50	3.00
加拿大	8.00	8.00	8.00	7.50	7.00	7.00	7.00
加纳	5.00	5.00	5.00	4.50	4.00	4.00	4.00
柬埔寨	2.00	2.00	2.00	2.00	2.00	2.00	2.00
捷克	8.00	8.5	9.00	9.00	9.00	9.00	9.00
喀麦隆	4.00	4.00	4.00	4.00	4.00	4.00	4.00
卡塔尔	5.00	5.50	6.00	6.00	6.00	5.50	5.00
科威特	4.00	4.00	4.00	4.00	4.00	4.00	4.00
克罗地亚	7.00	7.00	7.00	7.00	7.00	7.50	8.00
肯尼亚	4.00	4.00	4.00	4.00	4.00	4.00	4.00
拉脱维亚	9.00	9.00	9.00	9.00	9.00	9.00	9.00
老挝	3.00	3.00	3.00	3.00	3.00	3.00	3.00
黎巴嫩	4.00	3.00	2.00	2.00	2.00	2.00	2.00
立陶宛	9.00	9.00	9.00	9.00	9.00	9.00	9.00
卢森堡	5.00	5.50	6.00	6.00	6.00	6.50	7.00
罗马尼亚	7.00	7.00	7.00	7.00	7.00	7.00	7.00
马达加斯加	5.00	5.00	5.00	5.00	5.00	5.00	5.00
马耳他	4.00	4.00	4.00	4.00	4.00	4.00	4.00
马来西亚	6.00	5.50	5.00	5.00	5.00	5.00	5.00

续表

年份 国家	2016	2017	2018	2019	2020	2021	2022
马里	4.00	3.50	3.00	3.00	3.00	3.00	3.00
美国	8.00	8.00	8.00	7.50	7.00	7.00	7.00
蒙古国	5.00	5.00	5.00	5.00	5.00	5.00	5.00
孟加拉国	6.00	5.50	5.00	5.50	6.00	6.00	6.00
秘鲁	7.00	6.5	6.00	6.00	6.00	6.00	6.00
缅甸	3.00	3.00	3.00	3.00	3.00	3.00	3.00
摩尔多瓦	5.00	5.00	5.00	5.00	5.00	5.00	5.00
摩洛哥	5.00	5.50	6.00	6.00	6.00	6.50	7.00
莫桑比克	4.00	4.00	4.00	4.50	5.00	5.00	5.00
墨西哥	5.00	5.00	5.00	5.00	5.00	4.50	4.00
纳米比亚	6.00	6.00	6.00	5.50	5.00	4.50	4.00
南非	7.00	7.00	7.00	7.00	7.00	6.50	6.00
尼加拉瓜	4.00	4.00	4.00	4.00	4.00	4.00	4.00
尼日尔	3.00	3.00	3.00	3.00	3.00	3.00	3.00
尼日利亚	3.00	3.00	3.00	3.00	3.00	3.00	3.00
挪威	8.00	8.00	8.00	7.50	7.00	7.00	7.00
葡萄牙	8.00	8.50	9.00	9.00	9.00	9.00	9.00
日本	8.00	8.00	8.00	7.50	7.00	7.00	7.00
瑞典	8.00	8.00	8.00	7.50	7.00	7.00	7.00
瑞士	8.00	8.00	8.00	7.50	7.00	7.00	7.00
萨尔瓦多	5.00	5.00	5.00	5.00	5.00	5.00	5.00
塞尔维亚	7.00	7.00	7.00	6.50	6.00	5.50	5.00
塞内加尔	5.00	5.00	5.00	5.00	5.00	4.50	4.00
塞浦路斯	4.00	4.00	4.00	4.00	4.00	4.00	4.00
沙特阿拉伯	4.00	3.50	3.00	3.00	3.00	4.00	5.00
斯里兰卡	4.00	4.00	4.00	4.00	4.00	4.00	4.00
斯洛伐克	8.00	8.50	9.00	9.00	9.00	9.00	9.00
斯洛文尼亚	9.00	9.50	10.00	9.50	9.00	8.50	8.00
苏丹	2.00	2.00	2.00	1.50	1.00	1.50	2.00

续表

年份 国家	2016	2017	2018	2019	2020	2021	2022
塔吉克斯坦	3.00	3.00	3.00	3.00	3.00	3.00	3.00
泰国	6.00	6.00	6.00	6.00	6.00	6.00	6.00
坦桑尼亚	3.00	3.00	3.00	3.50	4.00	4.50	5.00
突尼斯	6.00	6.00	6.00	6.00	6.00	6.00	6.00
土耳其	4.00	4.00	4.00	4.00	4.00	4.00	4.00
土库曼斯坦	3.00	3.00	3.00	3.00	3.00	3.00	3.00
危地马拉	3.00	3.00	3.00	3.00	3.00	3.00	3.00
委内瑞拉	3.00	3.00	3.00	2.50	2.00	2.00	2.00
乌干达	5.00	5.00	5.00	5.00	5.00	5.00	5.00
乌克兰	4.00	4.50	5.00	5.00	5.00	5.50	6.00
乌拉圭	8.00	8.00	8.00	8.00	8.00	8.00	8.00
乌兹别克斯坦	5.00	5.00	5.00	5.00	5.00	5.00	5.00
西班牙	8.00	8.50	9.00	9.00	9.00	9.00	9.00
希腊	8.00	8.50	9.00	9.00	9.00	9.00	9.00
新加坡	8.00	8.00	8.00	7.50	7.00	7.00	7.00
新西兰	8.00	8.00	8.00	7.50	7.00	7.00	7.00
匈牙利	7.00	6.50	6.00	5.50	5.00	5.00	5.00
牙买加	5.00	5.00	5.00	5.00	5.00	5.00	5.00
亚美尼亚	5.00	5.00	5.00	5.00	5.00	5.00	5.00
伊拉克	2.00	2.00	2.00	2.00	2.00	2.00	2.00
伊朗	3.00	3.00	3.00	2.50	2.00	2.00	2.00
以色列	6.00	6.00	6.00	6.00	6.00	6.50	7.00
意大利	8.00	8.00	8.00	7.50	7.00	7.00	7.00
印度	5.00	5.00	5.00	4.50	4.00	4.00	4.00
印度尼西亚	4.00	3.50	3.00	3.00	3.00	3.00	3.00
英国	8.00	8.00	8.00	7.50	7.00	7.00	7.00
约旦	5.00	5.00	5.00	5.00	5.00	5.00	5.00
越南	6.00	5.00	4.00	4.50	5.00	5.00	5.00
赞比亚	3.00	3.00	3.00	3.00	3.00	3.00	3.00

续表

年份 国家	2016	2017	2018	2019	2020	2021	2022
智利	8.00	8.00	8.00	8.00	8.00	8.50	9.00

资料来源：BTI。

表24　　资本和人员流动的限制

年份 国家	2014	2015	2016	2017	2018	2019	2020
阿尔巴尼亚	5.69	5.69	5.69	6.02	5.77	5.80	5.80
阿尔及利亚	0.92	0.92	0.92	0.81	0.81	0.81	0.80
阿根廷	2.91	2.91	3.46	3.76	7.79	6.02	0.95
阿联酋	7.05	7.05	7.05	7.19	7.19	7.75	5.13
阿曼	7.56	7.56	7.56	7.64	7.64	5.31	5.13
阿塞拜疆	3.57	3.57	3.57	3.87	3.87	4.01	3.09
埃及	3.82	3.82	3.82	5.42	6.26	6.26	2.93
埃塞俄比亚	0.63	0.63	0.63	0.63	0.63	3.68	0.55
爱尔兰	8.85	8.85	8.85	8.74	8.74	8.81	5.90
爱沙尼亚	7.71	7.71	7.71	8.12	8.12	8.04	6.80
安哥拉	0.81	1.06	1.06	1.06	0.81	1.17	0.77
奥地利	6.94	6.94	6.94	7.31	7.31	7.27	6.03
澳大利亚	4.51	4.71	4.91	4.91	4.91	4.91	4.87
巴布亚新几内亚	7.42	7.42	6.48	6.52	6.52	6.77	3.56
巴基斯坦	1.07	1.07	1.07	0.99	0.99	0.99	0.80
巴拉圭	5.03	5.03	5.03	5.14	5.14	4.91	2.77
巴林	5.64	5.64	5.64	7.86	7.86	7.93	7.93
巴拿马	10.00	10.00	10.00	10.00	10.00	10.00	6.67
巴西	5.14	4.05	4.05	4.53	4.53	4.65	1.32
白俄罗斯	0.89	0.89	1.40	1.73	1.73	2.06	3.40
保加利亚	8.19	8.19	8.19	8.59	8.59	7.51	5.98
比利时	7.20	7.20	7.20	7.64	7.64	7.53	6.28
冰岛	3.39	3.39	4.33	5.58	5.90	6.22	6.00

续表

年份 国家	2014	2015	2016	2017	2018	2019	2020
波兰	4.85	5.68	5.68	6.20	6.20	6.02	4.77
玻利维亚	6.37	6.37	6.37	6.37	6.37	6.36	3.03
博茨瓦纳	8.46	8.46	8.46	8.46	8.46	8.46	5.13
布基纳法索	3.21	3.21	3.21	3.24	3.24	3.27	0.80
丹麦	8.22	8.22	8.22	8.66	8.66	8.55	7.31
德国	6.94	6.94	6.94	7.31	7.31	7.27	6.03
多哥	1.36	1.36	1.36	1.40	1.40	1.39	0.80
俄罗斯	5.70	5.70	5.49	5.24	4.78	4.05	2.36
厄瓜多尔	5.85	6.69	6.69	6.69	6.69	6.18	2.85
法国	7.71	7.71	7.71	7.89	7.89	8.04	6.80
菲律宾	5.09	5.09	5.09	5.09	5.09	5.08	1.75
芬兰	6.94	6.94	6.94	7.35	7.35	7.27	4.88
哥伦比亚	5.11	5.11	5.11	5.15	5.15	5.22	2.16
哥斯达黎加	7.80	8.99	8.99	8.89	8.12	8.12	6.98
哈萨克斯坦	1.87	1.87	1.87	3.57	3.57	5.67	3.02
韩国	7.77	7.77	8.72	8.72	8.72	8.72	5.38
荷兰	8.74	8.74	8.74	9.21	8.27	9.07	7.82
洪都拉斯	4.20	4.20	4.20	4.27	4.27	4.27	1.32
吉尔吉斯斯坦	4.63	4.37	5.20	5.13	5.13	4.95	3.52
几内亚	1.05	1.05	1.05	1.09	1.09	1.16	0.28
加拿大	7.74	7.74	7.74	5.93	5.68	5.68	5.90
加纳	2.13	2.13	2.13	3.24	3.24	3.31	1.28
柬埔寨	8.03	7.52	8.46	8.46	8.46	8.46	5.13
捷克	6.94	6.94	6.94	7.42	7.42	7.27	6.03
喀麦隆	1.01	1.01	1.01	1.25	1.25	1.28	1.06
卡塔尔	6.24	6.24	6.24	8.15	8.15	8.21	4.87
科威特	5.42	5.42	5.42	5.20	5.72	5.72	3.62
克罗地亚	6.41	6.41	6.41	6.86	6.86	6.79	5.10
肯尼亚	4.87	4.87	4.87	4.87	4.87	4.91	3.62

续表

年份 国家	2014	2015	2016	2017	2018	2019	2020
拉脱维亚	8.22	8.22	8.22	8.48	8.48	8.55	7.31
老挝	4.44	4.44	4.44	4.40	4.40	4.39	1.06
黎巴嫩	5.94	5.11	5.11	5.34	5.34	5.07	2.00
立陶宛	6.19	7.42	7.62	7.95	8.15	8.55	7.31
卢森堡	5.79	5.79	5.79	6.51	6.51	5.91	4.43
罗马尼亚	8.74	8.74	8.74	8.92	8.92	9.07	7.82
马达加斯加	4.98	4.98	4.14	4.14	4.14	4.14	0.80
马耳他	8.22	8.22	8.22	8.52	8.77	8.81	7.57
马来西亚	4.98	4.98	4.98	4.98	4.98	4.98	2.50
马里	4.14	4.14	4.14	1.73	1.73	1.73	0.80
美国	4.80	4.80	4.80	4.84	4.58	4.84	4.62
蒙古国	5.68	5.68	5.68	5.35	5.61	5.43	3.04
孟加拉国	3.10	3.10	3.10	3.89	3.89	3.88	0.55
秘鲁	9.14	9.14	9.14	9.49	9.49	9.49	6.15
缅甸	0	0.26	0.26	0.29	0.29	0.59	0.26
摩尔多瓦	2.98	2.98	2.98	3.28	3.28	4.14	0.80
摩洛哥	3.28	3.28	3.28	3.32	3.32	3.35	0.80
莫桑比克	0.85	0.85	0.85	3.89	3.89	3.88	0.55
墨西哥	5.28	5.28	5.28	5.17	5.17	5.50	5.24
纳米比亚	2.73	2.73	2.73	2.76	2.76	4.14	0.80
南非	3.57	3.57	3.57	3.50	3.50	3.68	0.80
尼加拉瓜	8.46	8.46	8.46	8.46	8.46	8.46	5.13
尼日尔	1.51	1.51	1.51	1.47	1.47	1.50	0.80
尼日利亚	3.46	3.61	3.61	3.50	3.50	3.49	2.79
挪威	7.45	7.45	7.45	7.97	7.97	7.78	6.54
葡萄牙	7.45	7.45	7.45	7.82	7.82	8.30	7.05
日本	8.51	8.51	8.51	8.44	8.44	8.44	6.15
瑞典	6.94	6.94	6.94	7.42	7.42	7.27	6.03
瑞士	6.94	6.94	6.94	7.42	7.42	7.27	6.03

续表

年份 国家	2014	2015	2016	2017	2018	2019	2020
萨尔瓦多	6.49	6.49	6.49	6.56	5.79	6.27	3.36
塞尔维亚	4.25	4.25	4.25	4.97	4.97	5.64	0.77
塞内加尔	2.39	2.39	2.39	4.14	4.14	4.14	0.80
塞浦路斯	7.82	7.82	7.82	8.12	8.06	8.30	6.80
沙特阿拉伯	3.03	3.03	3.03	2.99	2.99	4.54	2.59
斯里兰卡	0.55	0.55	0.55	0.66	0.66	0.66	0.55
斯洛伐克	6.87	6.87	6.87	7.24	7.24	7.20	4.29
斯洛文尼亚	5.94	5.94	5.94	6.31	6.31	6.27	3.36
苏丹	1.95	1.95	3.35	3.35	4.18	4.19	3.89
塔吉克斯坦	1.65	1.10	1.10	1.10	1.65	2.82	2.45
泰国	3.09	3.09	3.09	3.09	3.09	4.15	1.90
坦桑尼亚	3.89	3.89	3.89	4.40	4.40	4.39	4.39
突尼斯	3.94	3.94	3.94	4.09	4.09	4.09	0.80
土耳其	5.07	5.07	5.07	5.07	5.07	4.12	4.12
土库曼斯坦	1.65	1.10	1.10	1.10	1.65	2.82	2.45
危地马拉	8.81	9.07	9.07	8.59	8.59	8.59	5.64
委内瑞拉	2.40	2.65	2.65	2.36	2.36	2.21	0
乌干达	9.49	9.49	9.49	9.49	9.49	9.49	6.15
乌克兰	1.95	1.95	1.95	2.21	2.21	2.40	0
乌拉圭	8.48	8.74	8.74	9.18	9.18	9.33	6.15
乌兹别克斯坦	1.65	1.10	1.10	1.10	1.65	2.82	2.45
西班牙	6.94	6.94	6.94	7.24	7.24	7.27	6.03
希腊	6.94	5.34	5.34	5.59	5.59	6.50	6.80
新加坡	9.23	8.97	8.97	8.97	8.97	8.97	5.64
新西兰	8.22	8.22	8.22	7.82	7.82	7.82	5.64
匈牙利	7.20	7.20	7.20	7.53	7.53	7.53	4.62
牙买加	5.66	6.18	6.18	6.18	5.23	5.24	1.90
亚美尼亚	8.46	8.46	7.91	7.91	7.91	8.17	4.84
伊拉克	—	—	2.31	1.15	1.15	1.81	1.15

续表

年份 国家	2014	2015	2016	2017	2018	2019	2020
伊朗	1.37	1.37	1.37	4.55	3.61	3.61	0.28
以色列	8.67	8.67	8.67	8.72	8.72	8.72	5.38
意大利	8.22	8.22	8.22	8.70	8.70	8.55	7.31
印度	0.66	0.66	0.66	0.70	0.70	0.81	0.55
印度尼西亚	4.67	4.67	4.67	5.23	5.23	5.24	1.90
英国	7.90	7.90	7.90	7.71	7.71	7.56	4.87
约旦	8.72	8.72	8.72	8.72	8.72	8.72	5.38
越南	1.90	1.90	1.90	2.01	2.01	1.94	1.65
赞比亚	9.74	9.74	9.74	9.74	9.74	9.74	6.15
智利	6.38	6.38	6.38	6.57	6.31	6.24	3.10

资料来源：EFW。

表25　　劳动力市场管制

年份 国家	2014	2015	2016	2017	2018	2019	2020
阿尔巴尼亚	7.20	6.83	6.92	6.94	6.72	6.72	6.72
阿尔及利亚	5.15	5.28	5.36	5.42	5.65	5.65	5.65
阿根廷	5.27	4.97	5.15	5.13	5.12	5.12	5.12
阿联酋	6.83	6.97	6.96	6.70	6.72	6.72	6.72
阿曼	7.33	5.99	6.21	6.26	6.69	6.69	6.69
阿塞拜疆	6.57	6.40	6.08	6.20	6.54	6.54	6.54
埃及	5.07	5.01	4.85	4.97	5.23	5.23	5.23
埃塞俄比亚	7.58	7.22	7.29	7.29	6.93	6.93	6.93
爱尔兰	7.26	8.13	7.92	7.91	7.93	7.93	7.93
爱沙尼亚	5.97	6.29	6.26	6.24	6.26	6.26	6.26
安哥拉	2.45	4.56	4.56	5.37	5.34	5.34	5.34
奥地利	5.65	5.55	5.57	5.62	5.86	5.86	5.86
澳大利亚	8.01	7.66	7.70	7.72	7.80	7.80	7.80
巴布亚新几内亚	5.61	5.61	5.80	8.69	5.80	5.80	7.48

续表

年份 国家	2014	2015	2016	2017	2018	2019	2020
巴基斯坦	5.22	4.93	4.91	4.97	5.09	5.09	5.09
巴拉圭	4.11	4.25	4.51	4.45	4.53	4.53	4.53
巴林	8.09	8.22	6.62	7.79	7.90	7.90	7.90
巴拿马	5.10	5.08	5.05	5.02	5.00	5.00	5.00
巴西	4.49	4.18	4.15	4.21	4.46	4.46	4.46
白俄罗斯	—	—	7.19	7.19	4.79	4.79	7.19
保加利亚	7.31	7.04	7.04	7.06	7.17	7.17	7.17
比利时	7.15	7.24	7.33	7.37	7.42	7.42	7.42
冰岛	7.85	7.70	7.67	7.63	7.57	7.57	7.57
波兰	7.73	7.73	7.14	7.12	7.10	7.10	7.10
玻利维亚	4.06	3.95	3.95	3.84	3.83	3.83	3.83
博茨瓦纳	7.37	7.52	7.51	7.49	7.42	7.42	7.42
布基纳法索	7.16	7.16	7.16	6.91	7.01	7.01	7.01
丹麦	7.47	7.39	7.32	7.27	7.27	7.27	7.27
德国	5.91	7.18	7.44	7.53	7.54	7.54	7.54
多哥	4.17	4.17	4.17	4.17	2.78	2.78	4.48
俄罗斯	5.62	5.69	5.51	5.52	5.90	5.90	5.90
厄瓜多尔	3.65	5.05	4.94	4.98	4.98	4.98	4.98
法国	5.68	5.70	5.62	5.61	5.91	5.91	5.91
菲律宾	6.65	6.78	6.79	6.94	7.05	7.05	7.05
芬兰	5.52	5.18	5.20	5.22	5.34	5.34	5.34
哥伦比亚	6.03	5.98	5.84	5.82	5.84	5.84	5.84
哥斯达黎加	6.42	6.19	6.15	6.14	6.02	6.02	6.02
哈萨克斯坦	7.72	7.53	7.21	7.24	7.56	7.56	7.56
韩国	4.84	4.74	4.82	4.84	4.77	4.77	4.77
荷兰	7.36	7.33	7.45	7.51	7.63	7.63	7.63
洪都拉斯	5.18	5.18	5.13	5.13	5.14	5.14	5.14
吉尔吉斯斯坦	6.12	5.91	5.58	5.72	5.91	5.91	5.91
几内亚	4.79	4.79	5.15	5.34	5.09	5.59	5.59

续表

年份\国家	2014	2015	2016	2017	2018	2019	2020
加拿大	8.14	8.14	8.18	8.13	8.08	8.08	8.08
加纳	6.15	6.64	6.64	6.64	6.65	6.65	6.65
柬埔寨	6.69	6.54	6.55	6.51	6.46	6.46	6.46
捷克	8.01	8.36	8.12	8.09	8.12	8.12	8.12
喀麦隆	7.43	7.30	7.33	7.33	7.28	7.28	7.28
卡塔尔	6.52	6.51	6.47	6.28	6.03	6.03	6.03
科威特	6.84	6.69	6.58	5.42	5.52	5.52	5.52
克罗地亚	6.77	6.45	6.37	6.36	6.41	6.41	6.41
肯尼亚	7.81	7.77	7.72	7.15	7.13	7.13	7.13
拉脱维亚	7.68	7.64	7.56	7.54	7.64	7.64	7.64
老挝	4.91	4.92	4.85	4.82	4.78	4.78	4.78
黎巴嫩	7.59	7.12	7.53	7.50	7.47	7.47	7.47
立陶宛	7.87	6.57	6.58	6.69	6.67	6.67	6.67
卢森堡	5.99	6.35	6.33	6.38	6.53	6.53	6.53
罗马尼亚	7.25	7.27	7.37	7.43	7.41	7.41	7.41
马达加斯加	4.74	4.49	4.50	2.69	4.64	4.64	4.64
马耳他	7.71	7.90	8.02	8.02	7.95	7.95	7.95
马来西亚	7.77	8.05	8.01	8.04	8.04	8.04	8.04
马里	5.16	5.04	5.04	5.02	5.25	5.25	5.25
美国	9.20	9.14	9.14	9.16	8.98	8.98	8.98
蒙古国	7.06	6.93	6.65	6.81	6.60	6.60	6.60
孟加拉国	7.27	7.26	7.22	7.17	7.05	7.05	7.05
秘鲁	7.08	6.90	6.93	6.94	6.87	6.87	6.87
缅甸	6.15	5.59	5.59	3.30	3.49	3.49	5.37
摩尔多瓦	5.54	5.43	5.22	5.06	5.61	5.61	5.61
摩洛哥	5.83	5.91	5.73	5.95	6.06	4.89	4.89
莫桑比克	3.08	3.17	3.13	3.07	3.07	3.07	3.07
墨西哥	5.41	5.64	5.58	5.57	5.59	5.59	5.59
纳米比亚	7.86	8.14	8.19	8.19	8.17	8.17	8.17

续表

年份 国家	2014	2015	2016	2017	2018	2019	2020
南非	6.37	6.17	6.52	6.61	6.51	6.51	6.51
尼加拉瓜	6.53	6.46	6.03	5.97	5.91	5.91	5.91
尼日尔	4.26	4.26	4.26	4.26	2.84	2.84	5.13
尼日利亚	8.44	8.92	8.95	8.93	8.96	8.96	8.96
挪威	4.46	5.23	5.13	5.36	5.42	5.42	5.42
葡萄牙	6.11	5.87	5.87	5.86	5.81	5.81	5.81
日本	8.03	8.15	8.10	8.13	8.17	8.17	8.17
瑞典	6.70	6.75	6.87	6.93	6.05	6.05	6.05
瑞士	7.74	7.88	7.85	7.85	7.82	6.99	6.99
萨尔瓦多	5.19	4.74	4.45	4.42	4.47	4.47	4.47
塞尔维亚	6.98	6.88	6.89	6.88	6.92	6.92	6.92
塞内加尔	3.70	3.59	3.57	3.58	3.60	3.60	3.60
塞浦路斯	6.05	6.05	6.21	6.25	6.30	6.30	6.30
沙特阿拉伯	7.14	7.33	6.91	6.93	7.10	7.10	7.10
斯里兰卡	6.49	6.39	6.43	6.45	6.49	6.49	6.49
斯洛伐克	7.41	7.04	6.98	6.92	6.95	6.95	6.95
斯洛文尼亚	6.25	6.01	6.08	6.12	6.20	6.20	6.20
苏丹	—	—	4.71	4.71	3.14	3.14	4.44
塔吉克斯坦	5.41	5.48	5.75	5.73	5.76	5.76	5.76
泰国	4.82	4.70	4.72	4.70	4.69	4.69	4.69
坦桑尼亚	6.34	6.63	6.51	6.51	6.60	6.60	6.60
突尼斯	6.37	5.38	5.32	5.36	5.57	5.57	5.57
土耳其	4.93	4.51	4.69	4.71	5.41	5.41	5.41
土库曼斯坦	5.41	5.48	5.75	5.73	5.76	5.76	5.76
危地马拉	4.25	4.06	3.99	3.94	3.87	5.04	5.04
委内瑞拉	2.52	2.10	2.11	2.11	2.24	2.24	2.24
乌干达	8.95	8.58	8.61	8.66	8.63	8.63	8.63
乌克兰	5.69	5.38	5.09	5.13	5.35	5.35	5.35
乌拉圭	5.58	5.63	6.21	6.13	5.94	5.94	5.94

续表

年份\国家	2014	2015	2016	2017	2018	2019	2020
乌兹别克斯坦	5.41	5.48	5.75	5.73	5.76	5.76	5.76
西班牙	5.52	6.25	6.17	6.14	6.25	6.25	6.25
希腊	4.50	4.85	4.97	4.98	5.04	5.04	5.04
新加坡	7.80	7.21	7.67	7.67	7.68	7.68	7.68
新西兰	8.48	8.82	8.83	8.77	8.63	8.63	8.63
匈牙利	6.57	7.18	6.87	6.83	6.71	6.71	6.71
牙买加	7.91	7.86	7.96	7.94	7.86	7.86	7.86
亚美尼亚	6.30	6.32	6.23	6.41	6.46	6.46	6.46
伊拉克	—	—	6.47	6.19	4.13	4.13	6.13
伊朗	4.79	4.97	4.84	4.84	4.74	4.74	4.74
以色列	5.32	5.38	5.42	5.38	5.36	5.36	5.36
意大利	6.62	6.77	6.77	6.81	6.79	6.79	6.79
印度	5.98	6.46	6.37	6.74	6.42	6.42	6.42
印度尼西亚	4.64	4.56	4.63	4.69	4.71	4.71	4.71
英国	8.08	8.40	8.40	8.38	8.25	8.25	8.25
约旦	7.78	7.90	7.67	7.68	7.74	7.74	7.74
越南	5.48	5.31	5.25	5.26	5.38	5.38	5.38
赞比亚	6.14	5.65	5.55	5.72	5.60	5.60	5.60
智利	5.14	5.16	5.17	5.15	4.97	4.97	4.97

资料来源：EFW。

表26　　　　　　　　　　　商业管制

年份\国家	2014	2015	2016	2017	2018	2019	2020
阿尔巴尼亚	6.86	7.10	7.09	6.84	6.85	6.85	6.70
阿尔及利亚	5.22	5.68	5.84	5.28	5.97	5.69	5.69
阿根廷	5.46	5.59	6.11	6.30	6.29	6.14	6.23
阿联酋	8.77	8.79	8.20	7.69	8.06	8.13	8.20
阿曼	7.55	7.50	7.46	6.97	7.73	7.65	7.58

续表

年份 国家	2014	2015	2016	2017	2018	2019	2020
阿塞拜疆	6.50	6.68	6.66	6.11	7.19	7.22	7.23
埃及	5.15	5.61	5.38	4.60	5.53	5.53	5.61
埃塞俄比亚	5.62	5.58	5.69	5.33	6.66	6.67	6.65
爱尔兰	8.57	8.66	8.50	8.22	8.26	8.26	7.93
爱沙尼亚	8.73	8.75	8.81	8.97	8.89	8.75	8.71
安哥拉	5.01	5.00	5.06	4.88	5.59	5.59	5.70
奥地利	7.78	7.92	7.86	8.12	7.91	7.76	7.47
澳大利亚	8.56	8.54	8.52	8.64	8.37	8.33	8.22
巴布亚新几内亚	5.15	5.07	5.09	5.21	4.99	5.03	5.68
巴基斯坦	5.05	5.58	5.59	4.79	6.31	6.15	6.09
巴拉圭	6.25	6.16	6.12	6.09	6.16	6.13	6.13
巴林	7.15	7.36	7.32	6.06	7.61	7.61	7.54
巴拿马	7.33	7.31	7.19	7.36	6.94	6.94	6.87
巴西	4.05	4.10	4.14	5.46	4.51	4.56	4.56
白俄罗斯	—	—	7.60	6.48	6.37	6.37	7.10
保加利亚	6.64	6.56	6.65	6.63	6.64	6.71	6.61
比利时	8.03	7.89	7.88	8.15	7.87	7.87	7.75
冰岛	8.22	8.27	8.20	8.46	8.21	8.27	8.02
波兰	7.15	6.97	7.13	6.96	7.01	7.01	6.93
玻利维亚	3.94	3.71	3.78	4.78	4.09	4.23	4.22
博茨瓦纳	7.35	7.44	7.51	7.49	7.51	7.66	7.58
布基纳法索	6.28	6.31	6.69	6.32	6.54	6.54	6.54
丹麦	8.27	8.27	8.24	8.47	8.23	8.35	8.07
德国	8.45	8.56	8.66	9.00	8.49	8.41	7.93
多哥	5.91	6.32	6.56	5.88	5.66	5.66	6.39
俄罗斯	5.98	5.86	6.01	5.09	5.92	6.25	6.21
厄瓜多尔	5.10	5.09	5.12	5.40	5.05	5.14	5.14
法国	7.91	7.86	7.82	8.06	7.89	7.86	7.78
菲律宾	6.62	6.54	6.35	5.39	6.21	6.24	6.32

续表

年份 国家	2014	2015	2016	2017	2018	2019	2020
芬兰	8.39	8.57	8.63	8.71	8.75	8.67	8.56
哥伦比亚	7.26	7.21	6.97	6.54	6.70	6.56	6.51
哥斯达黎加	7.19	7.13	7.08	7.47	7.13	7.13	7.13
哈萨克斯坦	6.73	7.18	6.82	6.18	7.02	7.05	7.07
韩国	8.18	8.14	8.14	8.54	8.31	8.06	8.06
荷兰	8.21	8.23	8.33	8.49	8.29	8.39	7.87
洪都拉斯	6.45	6.39	6.18	5.99	6.11	6.02	6.10
吉尔吉斯斯坦	6.50	6.42	6.39	6.13	6.66	6.52	6.41
几内亚	5.11	5.49	5.69	5.19	5.55	5.56	5.56
加拿大	8.22	8.13	8.11	8.44	8.09	7.79	7.71
加纳	6.26	6.33	6.37	5.80	6.31	6.30	6.36
柬埔寨	4.84	4.83	4.91	3.79	5.06	5.06	5.13
捷克	6.73	7.09	7.02	7.14	7.10	7.15	6.65
喀麦隆	4.54	4.59	4.90	4.68	5.11	5.11	5.11
卡塔尔	8.21	8.17	8.11	7.05	8.03	8.03	7.94
科威特	5.65	5.53	5.79	5.15	6.43	6.62	6.62
克罗地亚	6.71	6.71	6.60	6.50	6.64	6.64	6.66
肯尼亚	6.51	6.59	6.72	6.08	6.91	6.86	6.88
拉脱维亚	8.02	8.08	7.79	7.97	7.93	7.88	7.73
老挝	5.23	5.33	5.33	4.70	5.44	5.53	5.66
黎巴嫩	5.25	5.33	5.26	4.47	5.26	5.23	5.19
立陶宛	7.99	8.00	8.10	8.04	8.22	8.15	8.00
卢森堡	8.24	8.30	8.27	8.36	8.31	8.31	8.20
罗马尼亚	6.71	6.72	6.55	5.87	6.50	6.65	6.56
马达加斯加	5.50	5.53	5.54	4.29	5.64	5.89	5.81
马耳他	6.99	6.99	7.04	7.24	7.34	7.34	7.37
马来西亚	8.20	8.02	7.96	7.46	8.19	8.27	8.10
马里	5.90	6.27	6.10	5.87	6.09	6.08	6.08
美国	8.17	8.20	8.39	8.61	8.31	8.08	8.04

续表

年份 国家	2014	2015	2016	2017	2018	2019	2020
蒙古国	6.89	6.93	7.24	6.83	7.08	7.08	7.17
孟加拉国	5.24	5.18	5.02	4.32	4.96	4.80	4.80
秘鲁	6.83	6.81	6.79	6.70	6.85	6.71	6.71
缅甸	5.80	5.83	6.51	5.95	6.29	6.37	7.39
摩尔多瓦	6.63	6.60	6.47	6.27	6.89	7.00	6.89
摩洛哥	6.74	6.76	7.01	6.40	7.20	7.24	7.24
莫桑比克	6.10	6.12	6.04	5.34	5.86	5.98	5.98
墨西哥	6.88	6.74	6.78	6.23	6.70	6.70	6.70
纳米比亚	6.79	6.88	6.81	6.72	6.80	6.85	6.85
南非	6.51	6.46	6.44	5.68	6.14	6.14	6.30
尼加拉瓜	5.69	5.70	5.82	5.05	5.46	5.46	5.53
尼日尔	6.78	6.85	7.59	7.62	6.32	6.25	7.18
尼日利亚	4.35	4.30	5.26	5.24	5.48	5.52	5.55
挪威	8.40	8.41	8.38	8.54	8.37	8.37	8.18
葡萄牙	7.58	7.66	7.66	7.78	7.58	7.57	7.12
日本	7.53	7.86	7.92	8.13	8.23	8.15	8.15
瑞典	8.26	8.27	8.21	8.40	8.04	8.04	7.97
瑞士	8.62	8.52	8.52	8.61	8.56	8.48	8.26
萨尔瓦多	6.08	6.13	6.20	4.95	5.70	5.81	5.81
塞尔维亚	5.95	6.39	6.57	6.10	6.74	6.80	6.77
塞内加尔	5.22	5.74	6.07	6.51	6.39	6.36	6.45
塞浦路斯	7.34	7.38	7.36	7.41	7.44	7.48	7.22
沙特阿拉伯	6.97	7.05	7.03	5.89	6.79	6.87	7.02
斯里兰卡	6.60	6.73	6.95	6.40	7.04	6.91	6.81
斯洛伐克	6.64	6.61	6.73	6.41	6.68	6.72	6.55
斯洛文尼亚	7.37	7.41	7.26	7.54	7.20	7.31	6.89
苏丹	—	—	5.57	4.93	4.87	5.22	5.84
塔吉克斯坦	5.60	5.65	5.93	5.22	6.09	6.20	6.12
泰国	6.78	6.76	6.82	5.57	6.78	6.71	6.71

续表

年份 国家	2014	2015	2016	2017	2018	2019	2020
坦桑尼亚	6.12	6.16	6.03	5.70	6.08	6.08	6.04
突尼斯	6.95	6.83	6.83	6.96	6.99	6.99	7.03
土耳其	6.78	6.70	6.80	5.53	6.47	6.43	6.45
土库曼斯坦	5.60	5.65	5.93	5.22	6.09	6.20	6.12
危地马拉	6.57	6.52	6.24	5.68	6.16	6.12	6.12
委内瑞拉	2.51	2.45	2.20	2.05	2.08	1.98	1.91
乌干达	6.33	6.47	6.45	6.13	6.60	6.60	6.52
乌克兰	6.22	6.45	6.52	6.10	6.76	6.72	6.57
乌拉圭	6.97	6.93	7.39	7.72	7.37	7.37	7.20
乌兹别克斯坦	5.60	5.65	5.93	5.22	6.09	6.20	6.12
西班牙	7.43	7.46	7.58	7.91	7.76	7.69	7.37
希腊	6.92	6.92	6.94	7.07	6.99	6.82	6.67
新加坡	9.31	9.40	9.41	9.45	9.34	9.34	9.20
新西兰	8.68	8.73	8.83	9.06	8.74	8.63	8.52
匈牙利	7.01	6.95	7.03	7.16	6.87	6.99	6.72
牙买加	6.76	6.92	6.92	6.93	7.00	7.00	7.04
亚美尼亚	6.77	6.82	6.81	6.48	7.21	7.32	7.12
伊拉克	—	—	5.22	4.30	4.22	4.18	5.04
伊朗	5.86	5.88	6.04	5.41	5.35	5.35	5.35
以色列	7.37	7.50	7.49	7.34	7.42	7.42	7.42
意大利	6.59	6.69	6.71	6.82	6.80	6.80	6.65
印度	6.36	6.46	6.68	6.56	6.74	7.11	7.10
印度尼西亚	6.29	6.66	6.80	6.49	6.74	6.93	7.00
英国	8.37	8.57	8.54	8.43	8.23	8.30	8.12
约旦	6.97	6.92	6.89	6.63	7.12	7.23	7.27
越南	5.34	5.82	6.07	6.26	6.38	6.28	6.33
赞比亚	6.36	6.37	6.25	5.86	6.36	6.25	6.25
智利	7.72	7.59	7.55	7.54	7.41	7.25	7.18

资料来源：EFW。

表 27　　　　　　　　　　　　教育水平

年份 国家	2016	2017	2018	2019	2020	2021	2022
阿尔巴尼亚	5.0	5.0	5.0	4.5	4.0	4.5	5.0
阿尔及利亚	4.0	4.0	4.0	4.0	4.0	4.0	4.0
阿根廷	6.0	6.0	6.0	6.0	6.0	6.0	6.0
阿联酋	9.0	9.0	9.0	9.0	9.0	8.5	8.0
阿曼	5.0	5.0	5.0	5.0	5.0	5.0	5.0
阿塞拜疆	4.0	4.0	4.0	4.0	4.0	4.5	5.0
埃及	4.0	4.0	4.0	4.0	4.0	4.0	4.0
埃塞俄比亚	4.0	4.0	4.0	4.5	5.0	4.5	4.0
爱尔兰	10.0	10.0	10.0	10.0	10.0	10.0	10.0
爱沙尼亚	9.0	9.0	9.0	9.0	9.0	9.0	9.0
安哥拉	3.0	3.0	3.0	3.0	3.0	3.0	3.0
奥地利	10.0	10.0	10.0	10.0	10.0	10.0	10.0
澳大利亚	10.0	10.0	10.0	10.0	10.0	10.0	10.0
巴布亚新几内亚	3.0	3.0	3.0	3.0	3.0	3.0	3.0
巴基斯坦	3.0	3.0	3.0	3.0	3.0	3.0	3.0
巴拉圭	5.0	5.0	5.0	5.0	5.0	5.0	5.0
巴林	7.0	7.0	7.0	7.0	7.0	7.0	7.0
巴拿马	5.0	5.0	5.0	5.0	5.0	5.0	5.0
巴西	7.0	7.0	7.0	7.0	7.0	6.5	6.0
白俄罗斯	5.0	5.0	5.0	5.0	5.0	5.5	6.0
保加利亚	6.0	6.0	6.0	6.0	6.0	6.0	6.0
比利时	10.0	10.0	10.0	10.0	10.0	10.0	10.0
冰岛	10.0	10.0	10.0	10.0	10.0	10.0	10.0
波兰	8.0	8.0	8.0	7.5	7.0	7.0	7.0
玻利维亚	5.0	5.0	5.0	5.0	5.0	5.0	5.0
博茨瓦纳	6.0	6.0	6.0	6.0	6.0	6.0	6.0
布基纳法索	2.0	2.0	2.0	2.0	2.0	2.0	2.0
丹麦	10.0	10.0	10.0	10.0	10.0	10.0	10.0
德国	10.0	10.0	10.0	10.0	10.0	10.0	10.0

续表

年份 国家	2016	2017	2018	2019	2020	2021	2022
多哥	4.0	4.0	4.0	4.0	4.0	4.0	4.0
俄罗斯	6.0	6.0	6.0	6.0	6.0	6.0	6.0
厄瓜多尔	5.0	5.0	5.0	5.0	5.0	5.0	5.0
法国	10.0	10.0	10.0	10.0	10.0	10.0	10.0
菲律宾	4.0	4.5	5.0	5.0	5.0	5.0	5.0
芬兰	10.0	10.0	10.0	10.0	10.0	10.0	10.0
哥伦比亚	5.0	5.0	5.0	5.0	5.0	5.0	5.0
哥斯达黎加	7.0	7.0	7.0	7.0	7.0	7.0	7.0
哈萨克斯坦	6.0	6.0	6.0	6.0	6.0	6.0	6.0
韩国	10.0	10.0	10.0	10.0	10.0	10.0	10.0
荷兰	10.0	10.0	10.0	10.0	10.0	10.0	10.0
洪都拉斯	3.0	3.0	3.0	3.0	3.0	3.0	3.0
吉尔吉斯斯坦	4.0	4.0	4.0	4.0	4.0	4.5	5.0
几内亚	2.0	2.0	2.0	2.0	2.0	2.0	2.0
加拿大	10.0	10.0	10.0	10.0	10.0	10.0	10.0
加纳	6.0	5.5	5.0	5.0	5.0	5.0	5.0
柬埔寨	3.0	3.0	3.0	3.0	3.0	3.0	3.0
捷克	9.0	9.0	9.0	9.0	9.0	9.0	9.0
喀麦隆	4.0	4.0	4.0	4.0	4.0	4.0	4.0
卡塔尔	9.0	9.0	9.0	8.5	8.0	8.0	8.0
科威特	6.0	6.0	6.0	6.0	6.0	6.0	6.0
克罗地亚	8.0	8.0	8.0	7.5	7.0	7.0	7.0
肯尼亚	5.0	5.0	5.0	5.0	5.0	5.0	5.0
拉脱维亚	8.0	8.0	8.0	8.0	8.0	8.0	8.0
老挝	3.0	3.0	3.0	3.0	3.0	3.0	3.0
黎巴嫩	6.0	5.5	5.0	5.0	5.0	5.0	5.0
立陶宛	9.0	9.0	9.0	8.5	8.0	8.0	8.0
卢森堡	5.0	5.0	5.0	5.0	5.0	5.0	5.0
罗马尼亚	7.0	7.0	7.0	6.5	6.0	6.0	6.0

续表

年份 国家	2016	2017	2018	2019	2020	2021	2022
马达加斯加	3.0	3.0	3.0	3.0	3.0	3.0	3.0
马耳他	6.0	6.0	6.0	6.0	6.0	6.0	6.0
马来西亚	7.0	7.0	7.0	7.0	7.0	7.0	7.0
马里	3.0	3.0	3.0	3.0	3.0	3.0	3.0
美国	10.0	10.0	10.0	10.0	10.0	10.0	10.0
蒙古国	5.0	5.0	5.0	5.0	5.0	5.0	5.0
孟加拉国	4.0	4.0	4.0	4.0	4.0	4.0	4.0
秘鲁	5.0	5.0	5.0	5.0	5.0	5.0	5.0
缅甸	2.0	2.5	3.0	3.0	3.0	3.0	3.0
摩尔多瓦	5.0	5.0	5.0	5.0	5.0	5.0	5.0
摩洛哥	5.0	5.0	5.0	5.0	5.0	5.0	5.0
莫桑比克	3.0	3.0	3.0	3.0	3.0	3.0	3.0
墨西哥	5.0	5.0	5.0	5.0	5.0	5.0	5.0
纳米比亚	5.0	4.5	4.0	4.0	4.0	4.0	4.0
南非	5.0	5.0	5.0	5.0	5.0	5.0	5.0
尼加拉瓜	5.0	4.5	4.0	4.0	4.0	4.0	4.0
尼日尔	2.0	1.5	1.0	1.0	1.0	1.0	1.0
尼日利亚	3.0	3.0	3.0	3.0	3.0	3.0	3.0
挪威	10.0	10.0	10.0	10.0	10.0	10.0	10.0
葡萄牙	9.0	9.0	9.0	9.0	9.0	9.0	9.0
日本	10.0	10.0	10.0	10.0	10.0	10.0	10.0
瑞典	10.0	10.0	10.0	10.0	10.0	10.0	10.0
瑞士	10.0	10.0	10.0	10.0	10.0	10.0	10.0
萨尔瓦多	5.0	5.0	5.0	5.0	5.0	5.0	5.0
塞尔维亚	7.0	7.0	7.0	7.0	7.0	7.0	7.0
塞内加尔	3.0	3.0	3.0	3.0	3.0	3.0	3.0
塞浦路斯	6.0	6.0	6.0	6.0	6.0	6.0	6.0
沙特阿拉伯	5.0	5.0	5.0	5.5	6.0	5.5	5.0
斯里兰卡	5.0	5.5	6.0	6.0	6.0	5.5	5.0

续表

年份 国家	2016	2017	2018	2019	2020	2021	2022
斯洛伐克	9.0	9.0	9.0	9.0	9.0	9.0	9.0
斯洛文尼亚	8.0	8.0	8.0	8.5	9.0	8.5	8.0
苏丹	2.0	2.0	2.0	2.0	2.0	1.5	1.0
塔吉克斯坦	3.0	3.0	3.0	3.0	3.0	3.5	4.0
泰国	6.0	6.0	6.0	6.0	6.0	5.5	5.0
坦桑尼亚	3.0	3.0	3.0	3.5	4.0	4.0	4.0
突尼斯	6.0	6.0	6.0	6.0	6.0	6.0	6.0
土耳其	7.0	6.5	6.0	5.5	5.0	5.0	5.0
土库曼斯坦	4.0	4.0	4.0	3.5	3.0	3.0	3.0
危地马拉	4.0	4.0	4.0	4.0	4.0	4.0	4.0
委内瑞拉	6.0	5.0	4.0	3.5	3.0	3.0	3.0
乌干达	5.0	5.0	5.0	5.0	5.0	4.5	4.0
乌克兰	6.0	6.0	6.0	6.0	6.0	6.0	6.0
乌拉圭	7.0	7.0	7.0	7.0	7.0	7.0	7.0
乌兹别克斯坦	5.0	5.0	5.0	5.0	5.0	5.0	5.0
西班牙	9.0	9.0	9.0	9.0	9.0	9.0	9.0
希腊	9.0	9.0	9.0	9.0	9.0	9.0	9.0
新加坡	10.0	10.0	10.0	10.0	10.0	10.0	10.0
新西兰	10.0	10.0	10.0	10.0	10.0	10.0	10.0
匈牙利	7.0	6.5	6.0	5.5	5.0	5.5	6.0
牙买加	5.0	5.0	5.0	5.0	5.0	5.0	5.0
亚美尼亚	5.0	5.0	5.0	5.0	5.0	5.0	5.0
伊拉克	3.0	3.0	3.0	3.0	3.0	3.0	3.0
伊朗	4.0	4.0	4.0	4.0	4.0	4.0	4.0
以色列	9.0	9.0	9.0	9.0	9.0	8.5	8.0
意大利	10.0	10.0	10.0	10.0	10.0	10.0	10.0
印度	6.0	6.0	6.0	6.0	6.0	5.5	5.0
印度尼西亚	5.0	5.0	5.0	5.0	5.0	5.0	5.0
英国	10.0	10.0	10.0	10.0	10.0	10.0	10.0

续表

年份 国家	2016	2017	2018	2019	2020	2021	2022
约旦	6.0	6.0	6.0	6.0	6.0	5.5	5.0
越南	6.0	6.0	6.0	6.0	6.0	6.0	6.0
赞比亚	4.0	4.0	4.0	4.0	4.0	4.0	4.0
智利	6.0	6.0	6.0	6.0	6.0	6.0	6.0

资料来源：BTI。

表28　　　　　社会安全（每十万人谋杀死亡人数）

年份 国家	2014	2015	2016	2017	2018	2019	2020
阿尔巴尼亚	4.040	2.214	2.737	2.011	2.289	2.256	2.120
阿尔及利亚	1.482	1.364	1.364	1.345	1.326	1.326	1.323
阿根廷	7.571	6.586	6.033	5.273	5.381	5.143	5.346
阿联酋	0.662	0.648	0.648	0.651	0.655	0.655	0.655
阿曼	0.298	0.375	0.357	0.364	0.269	0.462	0.274
阿塞拜疆	2.483	2.193	1.736	1.849	1.980	1.672	2.268
埃及	1.482	1.364	1.364	1.345	1.326	1.326	1.323
埃塞俄比亚	16.626	17.038	19.913	25.020	21.994	20.883	17.465
爱尔兰	0.886	0.666	0.724	0.820	0.809	0.696	0.689
爱沙尼亚	3.115	3.421	2.507	2.198	2.117	1.735	3.166
安哥拉	5.357	5.372	5.372	5.372	5.372	5.372	5.372
奥地利	0.522	0.530	0.617	0.794	0.967	0.860	0.722
澳大利亚	1.030	0.986	0.936	0.846	0.888	0.893	0.867
巴布亚新几内亚	16.626	17.038	19.913	25.020	21.994	20.883	17.465
巴基斯坦	6.798	4.757	4.182	3.961	3.883	3.765	3.844
巴拉圭	8.758	9.224	9.870	7.878	7.145	7.864	6.744
巴林	0.599	0.583	0.701	0.335	0.382	0.122	0.122
巴拿马	15.482	11.868	10.032	9.204	9.600	10.526	11.588
巴西	29.459	28.456	29.689	30.692	26.725	20.883	22.451
白俄罗斯	3.605	3.454	3.250	2.540	2.391	2.380	2.380

续表

年份 国家	2014	2015	2016	2017	2018	2019	2020
保加利亚	1.546	1.750	1.105	1.450	1.305	1.186	0.993
比利时	0.728	0.614	0.554	0.775	0.586	0.638	0.624
冰岛	0.304	0.908	0.301	0.897	0.891	0.295	1.465
波兰	0.753	0.784	0.684	0.756	0.730	0.668	0.703
玻利维亚	6.173	6.173	5.430	6.406	4.792	7.001	7.001
博茨瓦纳	8.641	8.648	8.648	8.648	8.648	8.648	8.648
布基纳法索	0.739	0.646	1.121	1.250	1.250	1.250	1.250
丹麦	1.306	1.090	0.981	1.239	1.008	1.143	0.950
德国	0.879	0.834	1.172	0.984	0.948	0.746	0.933
多哥	8.641	8.648	8.648	8.648	8.648	8.648	8.648
俄罗斯	11.417	11.481	10.920	9.134	8.209	7.679	7.330
厄瓜多尔	8.212	6.477	5.815	5.779	5.818	6.832	7.776
法国	1.234	1.570	1.367	1.254	1.199	1.322	1.347
菲律宾	10.761	10.761	10.761	7.861	5.299	4.406	4.406
芬兰	1.611	1.496	1.346	1.216	1.557	1.591	1.642
哥伦比亚	28.409	26.898	25.744	25.020	25.344	23.997	22.640
哥斯达黎加	9.947	11.490	11.798	12.182	11.701	11.154	11.189
哈萨克斯坦	5.225	4.854	4.958	5.061	5.061	3.227	3.227
韩国	0.745	0.738	0.698	0.589	0.604	0.580	0.601
荷兰	0.728	0.614	0.554	0.775	0.586	0.638	0.624
洪都拉斯	65.780	56.491	55.551	40.980	38.926	42.006	36.327
吉尔吉斯斯坦	5.475	5.118	2.996	3.263	2.919	2.198	1.747
几内亚	8.641	8.648	8.648	8.648	8.648	8.648	8.648
加拿大	1.464	1.693	1.682	1.816	1.780	1.836	1.969
加纳	1.995	1.885	1.928	2.091	2.091	2.091	2.091
柬埔寨	2.128	2.128	2.128	2.128	2.128	2.128	2.128
捷克	0.765	0.830	0.612	0.620	0.764	0.907	0.719
喀麦隆	0.935	1.155	1.154	1.388	1.388	1.388	1.388
卡塔尔	0.366	0.234	0.452	0.440	0.359	0.388	0.417

续表

年份 国家	2014	2015	2016	2017	2018	2019	2020
科威特	3.833	3.536	3.500	3.607	2.508	2.655	1.875
克罗地亚	0.846	0.874	1.045	1.100	0.577	0.799	0.974
肯尼亚	4.936	4.722	4.817	4.910	4.929	2.998	3.457
拉脱维亚	3.166	3.354	3.495	4.152	4.356	3.933	3.711
老挝	2.128	2.128	2.128	2.128	2.128	2.128	2.128
黎巴嫩	3.833	3.536	3.500	3.607	2.508	2.655	1.875
立陶宛	5.351	5.867	5.295	3.514	3.284	3.406	3.710
卢森堡	0.721	0.882	0.863	0.338	0.496	0.650	0.160
罗马尼亚	1.622	1.701	1.546	1.297	1.282	1.260	1.461
马达加斯加	8.641	8.648	8.648	8.648	8.648	8.648	8.648
马耳他	1.395	0.923	1.147	2.055	1.594	1.135	1.585
马来西亚	2.128	2.128	2.128	2.128	2.128	2.128	2.128
马里	8.641	8.648	8.648	8.648	8.648	8.648	8.648
美国	4.445	4.950	5.391	5.320	5.006	5.066	6.517
蒙古国	7.245	7.137	6.020	6.134	6.183	6.356	5.979
孟加拉国	2.921	2.582	2.273	2.222	2.373	2.373	2.373
秘鲁	6.899	7.374	7.874	7.909	7.665	7.665	7.665
缅甸	2.353	2.187	2.258	2.258	2.258	2.258	2.258
摩尔多瓦	3.952	4.643	4.919	3.473	4.097	2.993	2.305
摩洛哥	1.038	1.243	1.691	2.139	1.416	1.719	1.241
莫桑比克	8.641	8.648	8.648	8.648	8.648	8.648	8.648
墨西哥	16.626	17.038	19.913	25.709	29.071	28.737	28.371
纳米比亚	11.925	11.925	11.925	11.925	11.925	11.925	11.925
南非	32.643	33.714	33.832	35.671	36.399	36.417	33.462
尼加拉瓜	8.547	8.420	7.186	6.750	10.548	7.868	7.868
尼日尔	8.641	8.648	8.648	8.648	8.648	8.648	8.648
尼日利亚	34.093	34.093	34.093	34.093	21.994	21.994	21.994
挪威	0.564	0.462	0.514	0.529	0.468	0.521	0.572
葡萄牙	0.870	0.870	0.870	0.870	0.870	0.870	0.912

续表

年份 国家	2014	2015	2016	2017	2018	2019	2020
日本	0.308	0.284	0.283	0.240	0.263	0.251	0.251
瑞典	0.898	1.147	1.078	1.141	1.083	1.106	1.228
瑞士	0.500	0.687	0.537	0.532	0.586	0.535	0.543
萨尔瓦多	62.286	105.231	83.006	62.021	52.112	37.158	37.158
塞尔维亚	1.349	1.172	1.389	1.065	1.227	1.026	1.019
塞内加尔	0.268	0.268	0.268	0.268	0.268	0.268	0.268
塞浦路斯	0.955	1.292	1.111	0.593	1.261	1.251	1.242
沙特阿拉伯	0.665	0.665	0.665	0.665	0.665	0.832	0.832
斯里兰卡	2.660	2.329	2.521	2.300	2.421	3.480	3.480
斯洛伐克	1.197	0.809	1.047	1.358	1.137	1.393	1.154
斯洛文尼亚	0.774	0.966	0.482	0.915	0.481	0.481	0.529
苏丹	8.641	8.648	8.648	8.648	8.648	8.648	8.648
塔吉克斯坦	0.912	0.912	0.912	0.912	0.912	0.912	0.912
泰国	2.128	2.128	2.128	2.128	2.128	2.128	2.128
坦桑尼亚	7.451	7.276	6.483	6.483	6.483	6.483	6.483
突尼斯	4.883	4.883	4.883	4.883	4.883	4.883	4.755
土耳其	2.846	2.846	3.387	3.133	2.616	2.404	2.484
土库曼斯坦	1.636	1.636	2.408	1.849	1.460	1.201	1.201
危地马拉	32.990	32.990	32.131	32.131	28.230	24.952	17.465
委内瑞拉	63.343	52.038	58.312	49.877	49.877	49.877	49.877
乌干达	12.118	11.711	11.304	11.502	10.524	10.657	9.751
乌克兰	6.307	6.307	6.184	6.184	6.184	6.184	6.184
乌拉圭	7.881	8.587	7.798	8.235	12.176	11.353	9.701
乌兹别克斯坦	1.636	1.636	2.408	1.849	1.460	1.201	1.201
西班牙	0.690	0.647	0.630	0.658	0.619	0.713	0.637
希腊	1.000	0.872	0.791	0.814	0.941	0.745	0.748
新加坡	0.253	0.250	0.318	0.193	0.156	0.207	0.171
新西兰	0.941	1.040	1.073	0.744	1.689	2.634	2.634
匈牙利	1.489	2.260	2.071	1.644	0.886	0.661	0.828

续表

年份 国家	2014	2015	2016	2017	2018	2019	2020
牙买加	34.955	41.819	46.589	56.388	43.920	45.450	44.949
亚美尼亚	2.472	2.564	2.963	2.377	1.694	2.468	1.755
伊拉克	10.070	10.070	10.070	10.070	10.070	10.070	10.070
伊朗	2.499	2.499	2.347	2.194	2.194	2.194	2.194
以色列	1.375	1.379	1.283	1.492	1.384	1.467	1.467
意大利	0.786	0.774	0.666	0.620	0.592	0.524	0.471
印度	3.655	3.387	3.195	3.064	3.030	2.962	2.946
印度尼西亚	2.128	2.128	2.128	2.128	2.128	2.128	2.128
英国	0.900	0.990	1.190	1.212	1.124	1.124	1.124
约旦	1.906	1.630	1.371	1.359	1.249	1.138	1.196
越南	2.128	2.128	2.128	2.128	2.128	2.128	2.128
赞比亚	5.357	5.372	5.372	5.372	5.372	5.372	5.372
智利	2.466	3.395	3.405	4.218	4.405	3.963	4.844

资料来源：UNODC。

表29　　　　　　　　　　**其他投资风险**

年份 国家	2015	2016	2017	2018	2019	2020	2021
阿尔巴尼亚	7.08	7.67	8.00	7.83	7.88	7.58	7.54
阿尔及利亚	8.50	7.29	6.75	6.50	6.63	6.38	6.50
阿根廷	6.25	7.79	8.00	7.38	7.50	6.42	6.54
阿联酋	10.00	10.00	10.00	10.00	10.46	9.88	10.00
阿曼	11.00	10.83	9.25	8.08	8.33	8.67	9.00
阿塞拜疆	6.29	6.33	6.42	6.96	7.63	7.46	8.00
埃及	6.88	7.00	7.79	8.00	8.08	8.54	8.88
埃塞俄比亚	7.08	7.33	7.00	7.00	7.88	7.63	6.83
爱尔兰	11.50	12.00	12.00	12.00	12.00	11.75	12.00
爱沙尼亚	9.50	9.50	9.50	9.50	9.50	9.42	9.50
安哥拉	6.75	6.50	6.13	7.29	8.38	7.92	8.13

续表

年份 国家	2015	2016	2017	2018	2019	2020	2021
奥地利	9.50	9.50	9.50	9.50	9.50	9.79	10.50
澳大利亚	12.00	12.00	12.00	11.75	11.50	11.25	12.00
巴布亚新几内亚	7.50	7.50	6.67	6.63	7.13	7.00	7.00
巴基斯坦	7.50	8.00	8.00	8.00	7.13	7.54	7.63
巴拉圭	8.50	8.50	8.50	8.71	9.33	8.54	8.50
巴林	9.50	8.83	8.17	7.67	7.83	7.54	7.71
巴拿马	9.50	8.83	9.00	8.79	8.92	8.58	8.21
巴西	7.25	7.00	7.50	7.50	8.42	8.75	9.00
白俄罗斯	6.50	6.79	6.83	7.50	7.88	7.58	7.50
保加利亚	9.75	10.50	10.50	10.50	10.25	8.92	9.50
比利时	8.00	8.58	9.00	9.21	9.50	9.71	10.00
冰岛	9.50	9.50	10.17	10.00	10.00	9.88	10.00
波兰	9.50	9.08	9.42	9.50	10.38	10.63	10.50
玻利维亚	6.50	6.46	6.42	6.50	6.50	6.50	6.50
博茨瓦纳	10.50	10.50	10.33	9.50	8.96	9.00	9.04
布基纳法索	7.38	7.50	7.00	7.38	7.71	7.21	7.00
丹麦	8.75	8.04	8.63	9.00	8.46	9.33	10.50
德国	11.00	11.00	11.00	11.00	11.00	11.33	12.00
多哥	7.50	7.50	7.50	7.50	7.50	7.71	8.17
俄罗斯	7.50	8.00	8.00	8.00	8.38	7.88	8.00
厄瓜多尔	6.29	6.25	6.33	6.04	8.00	6.96	7.46
法国	8.75	9.00	8.83	9.00	10.63	11.42	11.50
菲律宾	8.25	9.67	9.63	8.79	9.25	9.29	9.50
芬兰	10.50	10.50	10.50	10.50	10.50	10.83	11.50
哥伦比亚	8.00	8.00	8.00	8.00	8.46	8.75	8.67
哥斯达黎加	8.46	8.21	7.79	7.92	9.00	8.50	8.38
哈萨克斯坦	6.54	6.50	7.33	8.00	8.46	8.50	8.50
韩国	10.00	10.00	10.00	10.00	10.00	10.00	10.00
荷兰	10.63	11.00	11.00	11.00	11.00	10.54	10.50

续表

年份 国家	2015	2016	2017	2018	2019	2020	2021
洪都拉斯	7.04	7.50	7.50	7.71	7.96	7.63	8.00
吉尔吉斯斯坦	0	0	0	0	0	0	8.63
几内亚	5.46	7.00	7.04	7.50	7.50	7.50	7.17
加拿大	12.00	12.00	12.00	12.00	12.00	11.92	12.00
加纳	7.67	8.21	7.71	8.00	7.92	7.67	7.83
柬埔寨	6.58	7.58	8.00	8.00	8.00	8.00	6.79
捷克	8.00	8.46	9.29	10.50	10.50	10.83	11.50
喀麦隆	8.00	8.00	7.50	7.00	7.00	7.33	7.50
卡塔尔	10.00	10.00	9.21	8.92	9.71	9.79	10.00
科威特	9.00	9.00	9.00	9.33	9.75	9.75	9.17
克罗地亚	8.00	7.50	7.00	8.00	9.38	9.38	10.00
肯尼亚	8.42	8.00	8.17	8.38	8.50	7.29	7.33
拉脱维亚	10.00	10.00	10.00	9.29	10.13	10.33	10.42
老挝	8.00	8.00	8.00	8.08	8.50	8.96	8.79
黎巴嫩	7.92	8.04	8.50	8.08	7.42	6.58	6.33
立陶宛	9.00	9.00	9.00	9.00	9.58	9.88	10.50
卢森堡	11.00	11.00	11.00	11.00	11.00	11.04	11.50
罗马尼亚	7.50	7.67	8.00	7.71	8.25	8.50	8.96
马达加斯加	7.00	7.21	7.50	7.50	7.92	7.17	7.00
马耳他	9.63	10.50	10.50	10.50	9.25	9.00	9.50
马来西亚	8.21	8.00	8.00	8.08	8.50	8.33	8.04
马里	7.00	7.00	7.21	7.50	7.50	7.50	7.50
美国	12.00	12.00	12.00	12.00	12.00	12.00	12.00
蒙古国	7.71	6.42	7.33	7.75	8.50	7.54	6.63
孟加拉国	6.58	6.83	7.13	7.04	7.17	7.29	7.46
秘鲁	8.08	8.71	8.25	8.00	8.42	8.46	7.58
缅甸	6.58	7.58	8.00	8.00	8.00	8.00	6.79
摩尔多瓦	6.17	6.00	6.58	7.46	7.58	7.83	8.21
摩洛哥	8.00	8.00	7.75	7.46	7.54	7.29	7.63

续表

年份 国家	2015	2016	2017	2018	2019	2020	2021
莫桑比克	8.21	6.29	6.00	6.25	6.00	6.08	6.29
墨西哥	7.58	7.42	7.21	7.38	7.50	7.50	7.50
纳米比亚	7.00	7.46	7.50	7.50	7.50	7.50	7.50
南非	7.29	7.63	7.96	8.13	8.50	7.96	7.83
尼加拉瓜	8.00	7.88	6.58	7.13	6.67	7.38	7.00
尼日尔	7.21	7.50	7.50	7.50	7.50	7.08	7.00
尼日利亚	6.00	6.00	6.00	7.25	7.42	6.58	6.63
挪威	11.08	11.46	11.58	12.00	12.00	11.29	11.50
葡萄牙	8.17	8.75	9.29	9.50	10.08	10.13	10.00
日本	11.50	11.50	11.04	11.00	11.00	11.00	11.00
瑞典	12.00	11.96	12.00	12.00	12.00	11.79	12.00
瑞士	11.50	11.50	11.50	11.50	11.50	10.67	10.50
萨尔瓦多	7.71	7.25	6.63	7.54	7.54	7.58	7.08
塞尔维亚	6.71	6.75	6.50	7.13	8.00	8.29	8.50
塞内加尔	8.00	8.33	8.50	8.50	8.42	7.50	7.50
塞浦路斯	10.50	10.50	9.92	8.67	9.88	9.54	8.75
沙特阿拉伯	10.29	9.38	8.00	8.00	8.00	9.21	10.00
斯里兰卡	7.92	7.17	7.00	7.00	7.04	7.21	6.21
斯洛伐克	9.00	9.00	9.00	9.00	10.04	10.25	10.50
斯洛文尼亚	7.04	7.00	7.00	7.00	8.67	8.75	8.96
苏丹	6.83	6.50	6.50	6.50	6.08	6.04	6.58
塔吉克斯坦	0	0	0	0	0	0	8.63
泰国	7.50	7.71	7.96	7.88	8.83	8.88	9.00
坦桑尼亚	8.00	8.00	7.67	7.00	7.13	7.00	7.00
突尼斯	7.88	7.42	6.58	6.63	6.79	7.50	7.08
土耳其	6.00	6.50	6.33	6.38	7.50	7.17	6.92
土库曼斯坦	0	0	0	0	0	0	8.63
危地马拉	9.50	9.50	9.00	9.00	9.00	8.83	9.00
委内瑞拉	4.00	4.00	4.50	4.50	4.50	4.58	5.42

续表

年份 国家	2015	2016	2017	2018	2019	2020	2021
乌干达	8.21	8.50	8.42	8.00	8.00	7.46	7.42
乌克兰	7.13	7.96	8.00	7.63	8.08	8.42	8.50
乌拉圭	10.00	10.00	10.00	10.00	9.92	9.71	10.00
乌兹别克斯坦	—	—	—	—	—	—	8.63
西班牙	8.88	9.50	10.00	10.00	10.75	9.08	9.00
希腊	7.38	8.63	8.96	10.00	10.50	10.63	10.25
新加坡	12.00	11.58	11.00	11.00	11.75	11.83	12.00
新西兰	12.00	12.00	12.00	12.00	12.00	11.83	12.00
匈牙利	8.92	9.92	9.67	10.29	10.46	10.42	10.50
牙买加	9.00	9.00	9.00	8.83	8.29	7.79	8.63
亚美尼亚	7.50	7.50	7.50	7.96	8.50	7.92	8.00
伊拉克	6.50	7.25	7.50	7.63	8.00	7.33	7.38
伊朗	6.25	7.50	7.79	7.50	7.00	7.00	6.83
以色列	10.00	10.00	10.00	10.00	10.46	9.88	10.00
意大利	9.25	9.75	9.50	10.13	11.29	9.21	9.50
印度	8.08	8.67	8.38	8.04	8.67	8.63	9.00
印度尼西亚	7.42	7.71	9.00	8.29	8.88	8.79	9.00
英国	11.96	11.71	11.50	11.50	11.17	10.88	11.00
约旦	9.00	8.50	8.00	7.63	7.50	8.13	8.00
越南	8.00	8.00	8.00	8.08	8.50	8.96	8.79
赞比亚	6.96	7.00	7.00	6.63	6.00	6.00	6.75
智利	10.50	10.50	10.08	10.25	10.42	8.04	8.46

资料来源：ICRG。

表30　　　　　　　　执政时间（剩余任期年限）

年份 国家	2016	2017	2018	2019	2020	2021	2022
阿尔巴尼亚	1	0	3	2	1	0	3
阿尔及利亚	3	2	1	0	4	3	2

续表

年份\国家	2016	2017	2018	2019	2020	2021	2022
阿根廷	3	2	1	0	3	2	1
阿联酋	N/A	N/A	N/A	N/A	N/A	N/A	N/A
阿曼	N/A	N/A	N/A	N/A	N/A	N/A	N/A
阿塞拜疆	2	1	0	4	3	2	3
埃及	3	2	1	0	4	3	2
埃塞俄比亚	4	3	2	4	3	2	4
爱尔兰	0	4	3	2	1	0	3
爱沙尼亚	0	4	3	2	1	0	4
安哥拉	0	0	4	3	2	1	0
奥地利	1	0	3	2	1	0	1
澳大利亚	0	2	1	2	1	0	2
巴布亚新几内亚	—	—	—	—	—	—	0
巴基斯坦	2	1	0	4	3	2	0
巴拉圭	2	1	0	4	3	2	1
巴林	N/A	N/A	N/A	N/A	N/A	N/A	N/A
巴拿马	3	2	1	0	4	3	2
巴西	2	1	0	3	2	1	0
白俄罗斯	4	3	2	1	4	3	2
保加利亚	2	1	0	3	2	1	1
比利时	—	—	—	—	—	—	1
冰岛	1	0	3	2	1	0	3
波兰	4	3	2	1	0	4	3
玻利维亚	3	2	1	0	N/A	4	3
博茨瓦纳	3	2	1	0	4	3	2
布基纳法索	4	3	2	1	0	4	2
丹麦	3	2	1	0	3	2	1
德国	1	0	3	2	1	0	3
多哥	4	3	2	1	0	4	3
俄罗斯	2	1	0	5	4	3	2

续表

年份 国家	2016	2017	2018	2019	2020	2021	2022
厄瓜多尔	1	0	3	2	1	0	3
法国	1	0	4	3	2	1	0
菲律宾	0	5	4	3	2	1	0
芬兰	3	2	1	0	3	2	1
哥伦比亚	2	1	0	3	2	1	0
哥斯达黎加	2	1	0	3	2	1	0
哈萨克斯坦	3	2	1	0	3	2	0
韩国	1	0	4	3	2	1	0
荷兰	0	0	3	2	1	0	3
洪都拉斯	1	0	3	2	1	0	3
吉尔吉斯斯坦	1	0	5	4	3	2	5
几内亚	1	0	4	3	2	1	4
加拿大	3	2	1	0	3	2	3
加纳	0	3	2	1	0	3	2
柬埔寨	2	1	0	4	3	2	1
捷克	2	1	3	2	1	0	3
喀麦隆	2	1	0	6	5	4	3
卡塔尔	N/A	N/A	N/A	N/A	N/A	N/A	N/A
科威特	N/A	N/A	N/A	N/A	N/A	N/A	N/A
克罗地亚	4	3	2	1	0	4	3
肯尼亚	2	1	4	3	2	1	0
拉脱维亚	2	3	2	1	3	2	0
老挝	0	4	3	2	1	0	4
黎巴嫩	0	5	4	3	2	1	0
立陶宛	3	2	1	0	4	3	2
卢森堡	2	1	0	4	3	2	1
罗马尼亚	3	2	1	0	4	3	2
马达加斯加	2	1	0	4	3	2	1
马耳他	2	1	4	3	2	1	0

续表

年份\国家	2016	2017	2018	2019	2020	2021	2022
马来西亚	2	1	0	4	3	2	0
马里	2	1	0	4	3	2	2
美国	0	3	2	1	0	3	2
蒙古国	1	0	3	2	1	0	3
孟加拉国	2	1	0	4	3	2	1
秘鲁	0	4	3	2	1	0	N/A
缅甸	0	4	3	2	1	N/A	N/A
摩尔多瓦	0	3	2	1	0	3	2
摩洛哥	N/A	N/A	N/A	N/A	N/A	N/A	N/A
莫桑比克	3	2	1	0	4	3	2
墨西哥	2	1	0	5	4	3	2
纳米比亚	3	2	1	0	4	3	3
南非	3	2	1	0	4	3	2
尼加拉瓜	0	4	3	2	1	0	4
尼日尔	0	4	3	2	1	0	4
尼日利亚	3	2	1	0	3	2	1
挪威	1	0	3	2	1	0	3
葡萄牙	0	3	2	1	0	3	0
日本	0	3	2	1	0	3	3
瑞典	2	1	0	3	2	1	0
瑞士	3	2	1	0	3	2	1
萨尔瓦多	—	—	—	—	—	—	2
塞尔维亚	—	—	—	—	—	—	0
塞内加尔	3	2	1	0	4	3	2
塞浦路斯	2	1	0	4	3	2	1
沙特阿拉伯	N/A	N/A	N/A	N/A	N/A	N/A	N/A
斯里兰卡	4	3	2	1	4	3	0
斯洛伐克	—	—	—	—	—	—	1
斯洛文尼亚	2	1	0	3	2	1	0

续表

年份 国家	2016	2017	2018	2019	2020	2021	2022
苏丹	N/A	N/A	N/A	N/A	N/A	N/A	N/A
塔吉克斯坦	4	3	2	1	0	6	5
泰国	N/A	N/A	N/A	N/A	1	0	1
坦桑尼亚	4	3	2	1	0	4	3
突尼斯	3	2	1	0	4	3	2
土耳其	3	2	1	4	3	2	1
土库曼斯坦	1	0	4	3	2	1	0
危地马拉	3	2	1	0	3	2	1
委内瑞拉	2	1	0	5	4	3	2
乌干达	0	4	3	2	1	0	4
乌克兰	3	2	1	0	4	3	2
乌拉圭	3	2	1	0	4	3	2
乌兹别克斯坦	4	4	3	2	1	0	4
西班牙	0	3	2	1	0	3	2
希腊	3	2	1	0	3	2	1
新加坡	0	4	3	2	1	0	3
新西兰	1	0	2	1	0	2	1
匈牙利	2	1	0	3	2	1	0
牙买加	—	—	—	—	—	—	3
亚美尼亚	2	1	0	4	3	2	4
伊拉克	2	1	0	3	2	1	3
伊朗	1	0	3	2	1	0	3
以色列	3	2	1	3	2	1	0
意大利	3	4	3	4	3	2	0
印度	3	2	1	0	4	3	2
印度尼西亚	3	2	1	0	4	3	2
英国	0	4	3	2	4	3	2
约旦	N/A	N/A	N/A	N/A	N/A	N/A	N/A
越南	0	4	3	2	1	0	4

续表

年份 国家	2016	2017	2018	2019	2020	2021	2022
赞比亚	0	4	3	2	1	4	3
智利	1	0	3	2	1	0	3

注：N/A表示该国为君主制国家，或国内选举因故无法举行。
资料来源：DPI。

表31　　　　　　　　　　　　政府稳定性

年份 国家	2016	2017	2018	2019	2020	2021	2022
阿尔巴尼亚	7.29	7.21	7.50	6.00	6.00	7.00	7.00
阿尔及利亚	6.92	6.67	7.00	6.50	6.50	6.50	8.00
阿根廷	7.38	7.33	7.50	6.00	6.00	5.00	5.50
阿联酋	10.00	10.00	10.00	10.00	10.00	10.00	10.00
阿曼	9.67	9.50	9.50	8.50	8.50	8.50	8.50
阿塞拜疆	7.54	7.50	7.50	7.50	7.50	9.50	9.50
埃及	8.42	8.08	8.50	8.50	8.50	8.50	8.00
埃塞俄比亚	8.21	7.50	7.50	7.00	7.00	7.00	7.00
爱尔兰	6.29	6.13	6.50	6.50	6.50	6.50	5.50
爱沙尼亚	8.38	8.00	8.50	6.00	6.00	6.50	7.00
安哥拉	6.54	6.83	7.00	8.00	8.00	7.00	6.00
奥地利	5.88	6.71	8.00	6.50	6.50	5.50	5.00
澳大利亚	6.92	6.00	5.50	7.00	7.00	7.00	9.00
巴布亚新几内亚	—	—	—	—	—	—	7.00
巴基斯坦	6.38	6.29	6.00	6.00	6.00	6.50	5.50
巴拉圭	6.46	6.58	6.50	5.50	5.50	5.50	6.00
巴林	7.50	7.42	7.00	7.50	7.50	8.00	8.00
巴拿马	7.00	6.75	6.50	7.50	7.50	7.50	7.00
巴西	5.54	6.50	6.50	7.00	7.00	4.50	6.00
白俄罗斯	7.17	6.58	7.00	7.00	7.00	6.50	6.50
保加利亚	6.79	6.33	7.00	6.50	6.50	6.00	6.00

续表

年份 国家	2016	2017	2018	2019	2020	2021	2022
比利时	—	—	—	—	—	—	6.50
冰岛	6.33	6.54	6.00	6.00	6.00	7.50	7.50
波兰	7.63	7.17	7.00	7.00	7.00	6.50	6.00
玻利维亚	6.17	6.17	6.00	6.00	6.00	6.50	6.50
博茨瓦纳	7.17	7.21	7.00	6.00	6.00	7.50	7.50
布基纳法索	7.75	6.79	7.00	7.50	7.50	6.00	5.50
丹麦	6.21	6.21	6.50	7.00	7.00	7.00	6.00
德国	7.58	7.00	5.50	6.50	6.50	7.50	6.50
多哥	8.00	7.75	7.00	7.50	7.50	8.00	8.00
俄罗斯	8.50	8.50	8.50	7.00	7.00	7.50	7.50
厄瓜多尔	5.88	6.71	7.00	7.00	7.00	6.50	5.50
法国	4.79	7.08	8.50	7.00	7.00	6.50	7.00
菲律宾	7.71	6.96	6.50	8.00	8.00	8.50	9.00
芬兰	5.79	6.25	6.50	7.00	7.00	6.50	6.50
哥伦比亚	7.54	7.04	6.50	6.50	6.50	4.50	7.50
哥斯达黎加	5.92	6.04	5.50	6.50	6.50	6.00	8.00
哈萨克斯坦	8.00	8.00	8.00	7.50	7.50	10.00	10.50
韩国	6.92	7.13	8.50	7.50	7.50	7.00	5.50
荷兰	7.00	6.75	7.50	6.50	6.50	7.00	6.50
洪都拉斯	7.25	6.92	6.50	6.00	6.00	6.00	6.50
吉尔吉斯斯坦	8.00	7.75	8.00	8.00	8.00	8.00	9.00
几内亚	8.79	7.54	7.00	6.00	6.00	7.50	—
加拿大	8.83	7.71	7.50	6.00	6.00	6.00	5.50
加纳	6.46	6.88	7.00	7.00	7.00	7.00	6.00
柬埔寨	7.63	6.75	6.50	7.50	7.50	7.50	6.00
捷克	7.50	7.21	8.00	6.50	6.50	6.00	7.00
喀麦隆	7.00	6.92	6.50	6.00	6.00	7.00	6.50
卡塔尔	10.50	9.92	9.50	9.50	9.50	8.50	8.50
科威特	6.04	6.04	6.00	6.50	6.50	6.00	6.00

续表

年份 国家	2016	2017	2018	2019	2020	2021	2022
克罗地亚	6.54	6.71	6.50	6.00	6.00	6.50	6.50
肯尼亚	8.33	7.58	7.50	8.00	8.00	8.00	6.50
拉脱维亚	7.67	7.17	6.50	7.00	7.00	7.00	6.50
老挝	8.00	7.75	8.00	8.00	8.00	8.00	7.50
黎巴嫩	6.21	6.46	6.00	7.00	7.00	5.00	6.00
立陶宛	7.75	6.75	6.50	7.00	7.00	7.00	5.50
卢森堡	6.75	6.29	6.00	7.50	7.50	6.50	6.50
罗马尼亚	7.38	6.42	6.00	6.00	6.00	7.00	6.50
马达加斯加	8.17	8.17	7.50	7.50	7.50	7.00	6.50
马耳他	6.25	7.21	7.50	8.00	8.00	8.00	7.50
马来西亚	6.29	6.46	6.50	7.00	7.00	6.50	6.50
马里	6.79	6.71	6.50	6.00	6.00	6.00	6.00
美国	8.17	7.46	8.00	7.00	7.00	7.50	6.50
蒙古国	7.71	7.21	6.50	6.50	6.50	6.50	7.00
孟加拉国	8.50	8.21	8.00	8.50	8.50	7.00	6.50
秘鲁	6.54	6.42	6.00	7.00	7.00	6.00	5.00
缅甸	7.63	6.75	6.50	7.50	7.50	7.00	6.00
摩尔多瓦	7.08	7.13	7.00	6.50	6.50	7.50	6.00
摩洛哥	7.63	7.21	6.50	6.00	6.00	6.50	6.50
莫桑比克	7.79	7.29	7.50	7.00	7.00	6.50	6.50
墨西哥	6.63	6.21	6.00	8.00	8.00	8.00	9.00
纳米比亚	8.58	8.33	8.50	7.00	7.00	6.50	6.50
南非	6.50	6.21	7.50	7.00	7.00	7.50	7.00
尼加拉瓜	8.88	9.00	9.00	7.00	7.00	7.00	7.00
尼日尔	7.42	7.33	6.50	6.50	6.50	6.50	6.00
尼日利亚	7.04	6.67	7.00	7.50	7.50	7.00	7.00
挪威	7.13	7.29	8.00	6.50	6.50	7.00	6.50
葡萄牙	7.00	7.79	7.50	7.00	7.00	7.00	7.50
日本	8.54	9.13	10.00	7.50	7.50	5.00	7.50

续表

年份 国家	2016	2017	2018	2019	2020	2021	2022
瑞典	6.08	6.58	6.50	6.50	6.50	6.50	7.00
瑞士	9.00	9.00	9.00	8.50	8.50	8.50	9.00
萨尔瓦多	—	—	—	—	—	—	7.50
塞尔维亚	—	—	—	—	—	—	9.00
塞内加尔	6.38	6.96	8.00	7.00	7.00	7.00	7.00
塞浦路斯	6.71	7.00	7.00	7.50	7.50	7.00	6.50
沙特阿拉伯	8.00	7.75	7.50	8.00	8.00	9.50	10.00
斯里兰卡	7.29	6.04	7.00	6.50	6.50	7.50	6.00
斯洛伐克	—	—	—	—	—	—	5.50
斯洛文尼亚	6.17	6.17	6.00	6.00	6.00	5.50	6.00
苏丹	6.00	6.00	6.00	6.00	6.00	6.50	5.50
塔吉克斯坦	8.00	7.75	8.00	8.00	8.00	8.00	9.00
泰国	7.50	7.46	8.00	7.46	7.46	6.00	6.00
坦桑尼亚	8.04	6.83	6.50	7.50	7.50	7.50	7.50
突尼斯	6.79	7.38	7.00	6.50	6.50	6.50	6.00
土耳其	7.71	8.00	8.00	6.50	6.50	7.00	6.50
土库曼斯坦	8.00	7.75	8.00	8.00	8.00	8.00	9.00
危地马拉	7.63	6.67	6.50	7.50	7.50	5.00	6.00
委内瑞拉	5.00	7.00	7.00	7.00	7.00	7.50	8.00
乌干达	7.00	7.46	7.46	7.46	7.46	7.00	6.50
乌克兰	7.33	7.33	6.50	8.00	8.00	7.00	9.00
乌拉圭	6.46	6.13	6.50	6.00	6.00	6.00	8.00
乌兹别克斯坦	8.00	7.75	8.00	8.00	8.00	8.00	9.00
西班牙	6.04	6.33	6.00	7.00	7.00	6.00	6.00
希腊	5.96	5.92	6.50	7.50	7.50	7.50	6.00
新加坡	9.54	9.50	9.50	9.50	9.50	9.00	8.50
新西兰	7.88	6.46	6.50	6.46	6.46	8.50	5.50
匈牙利	8.13	8.46	9.00	8.50	8.50	8.00	10.00
牙买加	—	—	—	—	—	—	7.00

续表

年份 国家	2016	2017	2018	2019	2020	2021	2022
亚美尼亚	5.92	7.33	7.50	9.50	9.50	7.00	6.50
伊拉克	6.58	6.00	6.00	6.00	6.00	7.00	6.50
伊朗	7.00	7.67	7.50	7.00	7.00	7.00	6.00
以色列	7.88	6.83	6.00	6.50	6.50	6.50	5.00
意大利	6.46	6.46	6.00	6.50	6.50	9.00	7.00
印度	8.21	6.88	7.50	7.50	7.50	8.00	8.50
印度尼西亚	6.92	8.38	8.50	8.00	8.00	7.00	7.50
英国	7.83	6.83	6.00	5.00	5.00	7.00	6.00
约旦	7.88	7.50	7.50	7.50	7.50	7.00	6.50
越南	8.00	7.75	8.00	8.00	8.00	7.50	7.50
赞比亚	7.21	7.25	6.50	6.00	6.00	7.50	7.00
智利	5.54	5.63	7.00	5.00	5.00	5.50	6.00

资料来源：ICRG。

表32　　　　　　　　　　　军事干预政治

年份 国家	2016	2017	2018	2019	2020	2021	2022
阿尔巴尼亚	5.00	5.00	5.00	5.00	5.00	5.00	5.00
阿尔及利亚	2.50	2.50	2.50	2.00	2.00	2.00	2.00
阿根廷	4.50	4.50	4.50	4.50	4.50	4.50	4.50
阿联酋	5.00	5.00	5.00	5.00	5.00	5.00	5.00
阿曼	5.00	5.00	5.00	5.00	5.00	5.00	5.00
阿塞拜疆	3.00	3.00	3.00	3.00	3.00	3.00	3.00
埃及	1.00	1.00	1.00	1.00	1.00	1.00	1.00
埃塞俄比亚	1.00	1.00	1.00	2.00	2.00	2.00	2.00
爱尔兰	6.00	6.00	6.00	6.00	6.00	6.00	6.00
爱沙尼亚	5.00	5.00	5.00	5.00	5.00	5.00	5.00
安哥拉	2.00	2.00	2.00	2.00	2.00	2.50	2.50
奥地利	6.00	6.00	6.00	6.00	6.00	6.00	6.00

续表

年份 国家	2016	2017	2018	2019	2020	2021	2022
澳大利亚	6.00	6.00	6.00	6.00	6.00	6.00	6.00
巴布亚新几内亚	—	—	—	—	—	—	4.50
巴基斯坦	1.50	1.50	1.50	1.50	1.50	1.50	1.50
巴拉圭	1.50	1.50	1.50	1.50	1.50	1.50	1.50
巴林	3.00	3.00	3.00	3.00	3.00	3.00	3.00
巴拿马	5.00	5.00	5.00	5.00	5.00	5.00	5.00
巴西	4.00	4.00	4.00	4.00	4.00	3.50	3.50
白俄罗斯	3.00	3.00	3.00	3.00	3.00	3.00	3.00
保加利亚	5.00	5.00	5.00	5.00	5.00	5.00	5.00
比利时	—	—	—	—	—	—	6.00
冰岛	6.00	6.00	6.00	6.00	6.00	6.00	6.00
波兰	6.00	6.00	6.00	6.00	6.00	6.00	6.00
玻利维亚	3.00	3.00	3.00	3.00	3.00	2.50	2.50
博茨瓦纳	5.00	5.00	5.00	5.00	5.00	5.00	5.00
布基纳法索	2.00	2.00	2.00	2.00	2.00	2.00	2.00
丹麦	6.00	6.00	6.00	6.00	6.00	6.00	6.00
德国	6.00	6.00	6.00	6.00	6.00	6.00	6.00
多哥	2.50	2.50	2.50	2.50	2.50	2.50	2.50
俄罗斯	4.00	4.00	4.00	4.00	4.00	4.00	3.50
厄瓜多尔	1.50	1.50	1.50	1.50	1.50	1.50	1.50
法国	5.25	5.00	5.00	5.00	5.00	5.00	5.00
菲律宾	2.96	2.17	2.00	2.00	2.00	2.00	2.50
芬兰	6.00	6.00	6.00	6.00	6.00	6.00	6.00
哥伦比亚	2.29	2.50	2.50	2.50	2.50	2.50	2.50
哥斯达黎加	6.00	6.00	6.00	6.00	6.00	6.00	6.00
哈萨克斯坦	5.00	5.00	5.00	5.00	5.00	5.00	4.50
韩国	4.00	4.00	4.00	4.00	4.00	4.00	4.00
荷兰	6.00	6.00	6.00	6.00	6.00	6.00	6.00
洪都拉斯	2.50	2.50	2.50	2.50	2.50	2.50	2.50

续表

年份 国家	2016	2017	2018	2019	2020	2021	2022
吉尔吉斯斯坦	2.50	2.50	2.50	2.50	2.50	2.50	4.00
几内亚	0.50	0.50	0.50	0.50	0.50	0.50	0.50
加拿大	6.00	6.00	6.00	6.00	6.00	6.00	6.00
加纳	3.00	3.00	3.00	3.00	3.00	3.00	3.00
柬埔寨	1.54	1.58	1.50	1.50	1.50	1.50	1.50
捷克	6.00	6.00	6.00	6.00	6.00	6.00	6.00
喀麦隆	3.00	3.00	3.00	2.50	2.50	2.50	2.50
卡塔尔	4.00	4.00	4.00	4.00	4.00	4.00	4.00
科威特	5.00	5.00	5.00	5.00	5.00	5.00	5.00
克罗地亚	5.00	5.00	5.00	5.00	5.00	5.00	5.00
肯尼亚	4.00	3.88	3.50	3.50	3.50	3.50	3.50
拉脱维亚	5.00	5.00	5.00	5.00	5.00	5.00	5.00
老挝	3.00	3.00	3.00	3.00	3.00	3.00	3.00
黎巴嫩	2.00	2.00	2.00	2.00	2.00	2.00	2.00
立陶宛	5.00	5.00	5.00	5.00	5.00	5.00	5.00
卢森堡	6.00	6.00	6.00	6.00	6.00	6.00	6.00
罗马尼亚	5.00	5.00	5.00	5.00	5.00	5.00	5.00
马达加斯加	1.00	1.00	1.00	1.00	1.00	1.00	1.00
马耳他	6.00	6.00	6.00	6.00	6.00	6.00	6.00
马来西亚	5.00	5.00	5.00	5.00	5.00	4.50	4.50
马里	2.50	2.50	2.50	2.50	2.50	2.00	2.00
美国	4.00	4.00	4.00	4.00	4.00	4.00	4.00
蒙古国	5.00	5.00	5.00	5.00	5.00	5.00	5.00
孟加拉国	2.50	2.50	2.50	2.50	2.50	2.50	2.50
秘鲁	4.50	4.50	4.50	4.50	4.50	3.50	3.50
缅甸	1.54	1.58	1.50	1.50	1.50	1.50	1.50
摩尔多瓦	4.00	4.00	4.00	4.00	4.00	4.00	3.50
摩洛哥	4.00	4.00	4.00	4.00	4.00	4.00	4.00
莫桑比克	4.00	4.00	4.00	4.50	4.50	4.50	4.50

续表

年份 国家	2016	2017	2018	2019	2020	2021	2022
墨西哥	3.00	3.00	3.00	3.00	3.00	3.00	2.50
纳米比亚	6.00	6.00	6.00	6.00	6.00	6.00	6.00
南非	5.00	5.00	5.00	5.00	5.00	5.00	5.00
尼加拉瓜	2.50	2.50	2.50	2.50	2.50	2.00	2.00
尼日尔	2.00	2.00	2.00	2.00	2.00	2.00	2.00
尼日利亚	2.00	2.00	2.00	2.00	2.00	2.00	2.00
挪威	6.00	6.00	6.00	6.00	6.00	6.00	6.00
葡萄牙	6.00	6.00	6.00	6.00	6.00	6.00	6.00
日本	5.00	5.00	5.00	5.00	5.00	5.00	5.00
瑞典	5.50	5.50	5.50	5.50	5.50	5.50	5.50
瑞士	6.00	6.00	6.00	6.00	6.00	6.00	6.00
萨尔瓦多	—	—	—	—	—	—	2.50
塞尔维亚	—	—	—	—	—	—	4.00
塞内加尔	2.50	2.50	2.50	2.50	2.50	2.50	2.50
塞浦路斯	5.00	5.00	5.00	5.00	5.00	5.00	5.00
沙特阿拉伯	5.00	5.00	5.00	5.00	5.00	5.00	5.00
斯里兰卡	3.00	3.00	3.00	3.00	3.00	3.00	3.00
斯洛伐克	—	—	—	—	—	—	6.00
斯洛文尼亚	5.50	5.50	5.50	5.50	5.50	5.50	5.50
苏丹	0	0	0	0	0	1.00	0.50
塔吉克斯坦	2.50	2.50	2.50	2.50	2.50	2.50	4.00
泰国	2.00	2.00	2.00	2.00	2.00	2.00	2.00
坦桑尼亚	4.00	4.00	4.00	3.50	3.50	3.50	3.50
突尼斯	4.00	4.00	4.00	3.50	3.50	3.50	3.00
土耳其	2.00	2.00	2.00	2.00	2.00	2.00	2.00
土库曼斯坦	5.00	5.00	5.00	5.00	5.00	5.00	4.00
危地马拉	4.00	4.00	4.00	4.00	4.00	4.00	3.50
委内瑞拉	1.00	1.00	1.00	1.00	1.00	1.00	1.00
乌干达	2.00	2.00	2.00	2.00	2.00	2.00	2.00

续表

年份 国家	2016	2017	2018	2019	2020	2021	2022
乌克兰	5.00	5.00	5.00	5.00	5.00	5.00	4.00
乌拉圭	3.50	3.50	3.50	3.50	3.50	3.50	3.50
乌兹别克斯坦	2.50	2.50	2.50	2.50	2.50	2.50	4.00
西班牙	5.00	5.00	5.00	5.00	5.00	5.00	5.00
希腊	5.00	5.00	5.00	5.00	5.00	5.00	5.00
新加坡	5.00	5.00	5.00	5.00	5.00	5.00	5.00
新西兰	6.00	6.00	6.00	6.00	6.00	6.00	6.00
匈牙利	6.00	6.00	6.00	6.00	6.00	6.00	6.00
牙买加	—	—	—	—	—	—	5.00
亚美尼亚	3.50	3.50	3.50	3.50	3.50	3.00	3.00
伊拉克	0	0	0	0.50	0.50	1.50	1.50
伊朗	4.50	4.50	4.50	4.00	4.00	4.00	4.00
以色列	2.50	2.50	2.50	2.50	2.50	2.50	2.50
意大利	6.00	6.00	6.00	6.00	6.00	6.00	6.00
印度	4.00	4.00	4.00	4.00	4.00	4.00	4.00
印度尼西亚	2.50	2.50	2.50	2.50	2.50	2.00	2.00
英国	6.00	6.00	6.00	6.00	6.00	6.00	6.00
约旦	4.50	4.25	4.00	4.00	4.00	3.50	3.50
越南	3.00	3.00	3.00	3.00	3.00	3.00	3.00
赞比亚	5.00	5.00	5.00	5.00	5.00	5.00	5.00
智利	4.50	4.50	4.50	4.50	4.50	4.50	4.50

资料来源：ICRG。

表33　　　　　　　　　　　　　腐败

年份 国家	2016	2017	2018	2019	2020	2021	2022
阿尔巴尼亚	2.50	2.50	2.50	2.50	2.50	2.00	2.00
阿尔及利亚	2.00	2.00	2.00	2.00	2.00	1.50	1.50
阿根廷	2.00	2.00	2.00	2.50	2.50	2.00	2.00

续表

年份 国家	2016	2017	2018	2019	2020	2021	2022
阿联酋	4.00	4.00	4.00	4.00	4.00	4.00	4.00
阿曼	3.00	3.00	3.00	3.00	3.00	3.00	3.00
阿塞拜疆	1.50	1.50	1.50	1.50	1.50	1.50	1.50
埃及	2.00	2.00	2.00	2.00	2.00	2.00	2.00
埃塞俄比亚	2.00	2.00	2.00	2.00	2.00	2.00	2.00
爱尔兰	4.50	4.50	4.50	4.50	4.50	4.50	4.50
爱沙尼亚	4.00	4.00	4.00	4.00	4.00	4.00	4.00
安哥拉	1.00	1.00	1.00	2.00	2.00	2.00	2.00
奥地利	4.50	4.50	4.50	4.50	4.50	4.50	4.50
澳大利亚	4.50	4.50	4.50	4.50	4.50	4.50	4.50
巴布亚新几内亚	—	—	—	—	—	—	2.00
巴基斯坦	2.00	2.00	2.00	2.00	2.00	2.00	2.00
巴拉圭	2.00	2.00	2.00	2.00	2.00	2.00	2.00
巴林	2.50	2.50	2.50	2.50	2.50	3.00	3.00
巴拿马	2.00	2.00	2.00	2.00	2.00	2.00	2.00
巴西	2.00	2.00	2.00	2.00	2.00	2.00	2.00
白俄罗斯	2.00	2.00	2.00	2.00	2.00	1.50	1.50
保加利亚	2.75	3.00	3.00	3.00	3.00	2.50	3.00
比利时	—	—	—	—	—	—	4.50
冰岛	5.00	5.00	5.00	5.00	5.00	4.50	4.50
波兰	3.50	3.33	3.50	3.00	3.00	2.50	2.50
玻利维亚	2.00	2.00	2.00	2.00	2.00	1.50	1.50
博茨瓦纳	4.00	3.67	3.50	3.00	3.00	3.50	3.50
布基纳法索	2.50	2.50	2.50	2.50	2.50	2.50	2.50
丹麦	5.50	5.42	5.50	5.50	5.50	6.00	6.00
德国	5.00	5.00	5.00	5.00	5.00	5.00	5.00
多哥	2.00	2.00	2.00	2.00	2.00	2.00	2.00
俄罗斯	1.50	1.50	1.50	1.50	1.50	1.50	1.50
厄瓜多尔	2.00	2.00	2.00	2.50	2.50	2.50	2.00

续表

年份 国家	2016	2017	2018	2019	2020	2021	2022
法国	4.50	4.17	4.00	4.00	4.00	4.00	4.00
菲律宾	2.50	2.50	2.50	2.50	2.50	2.50	2.50
芬兰	5.50	5.50	5.50	5.50	5.50	5.50	5.50
哥伦比亚	2.50	2.50	2.50	2.50	2.50	2.00	2.00
哥斯达黎加	3.00	3.17	3.00	2.50	2.50	2.50	2.50
哈萨克斯坦	1.50	1.50	1.50	3.00	3.00	4.00	4.00
韩国	3.00	3.00	3.00	3.50	3.50	4.00	3.50
荷兰	5.00	5.00	5.00	5.00	5.00	5.00	5.00
洪都拉斯	2.50	2.17	2.00	2.50	2.50	1.50	1.50
吉尔吉斯斯坦	1.00	1.00	1.00	1.00	1.00	1.00	2.50
几内亚	1.50	1.50	1.50	1.50	1.50	1.50	1.50
加拿大	5.00	5.00	5.00	5.00	5.00	4.50	4.50
加纳	3.00	2.67	2.50	3.00	3.00	3.00	3.00
柬埔寨	1.63	2.00	2.00	2.00	2.00	2.00	1.50
捷克	3.00	3.00	3.00	2.50	2.50	3.00	3.00
喀麦隆	2.00	1.67	1.50	1.50	1.50	1.50	1.50
卡塔尔	4.00	3.67	3.50	3.50	3.50	3.50	3.50
科威特	3.00	2.67	2.50	2.50	2.50	2.50	3.00
克罗地亚	3.00	3.00	3.00	3.00	3.00	3.00	3.00
肯尼亚	1.63	1.67	1.50	2.50	2.50	2.50	2.50
拉脱维亚	3.00	3.33	3.50	2.50	2.50	2.50	2.50
老挝	2.50	2.17	2.00	2.50	2.50	2.50	2.50
黎巴嫩	2.00	1.67	1.50	1.50	1.50	1.50	2.00
立陶宛	3.50	3.42	3.00	3.00	3.00	3.00	3.00
卢森堡	5.00	5.00	5.00	5.00	5.00	5.00	5.00
罗马尼亚	2.50	2.50	2.50	2.50	2.50	2.50	2.50
马达加斯加	2.00	1.67	1.50	1.50	1.50	1.50	1.50
马耳他	3.50	3.50	3.50	3.00	3.00	2.50	2.50
马来西亚	2.50	2.50	2.50	2.50	2.50	2.50	3.00

续表

年份 国家	2016	2017	2018	2019	2020	2021	2022
马里	2.00	2.00	2.00	2.00	2.00	2.00	2.00
美国	4.50	4.50	4.50	4.50	4.50	4.00	4.00
蒙古国	2.00	2.00	2.00	2.50	2.50	2.00	2.00
孟加拉国	3.00	2.67	2.50	2.50	2.50	2.50	2.50
秘鲁	2.42	2.58	2.50	2.50	2.50	2.50	2.00
缅甸	1.63	2.00	2.00	2.00	2.00	1.50	1.50
摩尔多瓦	2.00	2.00	2.00	2.00	2.00	2.00	2.50
摩洛哥	2.58	3.00	3.00	3.00	3.00	3.00	3.00
莫桑比克	2.00	2.00	2.00	2.00	2.00	2.00	2.00
墨西哥	1.50	1.50	1.50	1.50	1.50	1.50	1.50
纳米比亚	3.00	3.00	3.00	3.00	3.00	3.00	3.00
南非	2.50	2.50	2.50	3.00	3.00	2.50	2.50
尼加拉瓜	1.50	1.50	1.50	1.50	1.50	1.00	1.00
尼日尔	1.50	1.50	1.50	1.50	1.50	1.50	1.50
尼日利亚	1.50	1.50	1.50	1.50	1.50	1.50	1.50
挪威	5.50	5.50	5.50	5.00	5.00	5.00	5.00
葡萄牙	4.00	4.00	4.00	4.00	4.00	4.00	4.00
日本	4.50	4.50	4.50	4.00	4.00	4.00	4.00
瑞典	5.50	5.50	5.50	5.50	5.50	5.50	5.50
瑞士	5.00	5.00	5.00	5.00	5.00	5.00	5.00
萨尔瓦多	—	—	—	—	—	—	2.00
塞尔维亚	—	—	—	—	—	—	2.00
塞内加尔	2.00	2.00	2.00	2.00	2.00	2.00	2.00
塞浦路斯	4.00	3.67	3.50	3.50	3.50	3.00	3.00
沙特阿拉伯	3.00	3.04	3.50	3.50	3.50	3.50	3.50
斯里兰卡	2.50	2.17	2.00	2.00	2.00	2.00	2.00
斯洛伐克	—	—	—	—	—	—	2.50
斯洛文尼亚	3.50	3.50	3.50	3.50	3.50	3.00	3.50
苏丹	0.50	0.50	0.50	0.50	0.50	0.50	0.50

续表

年份 国家	2016	2017	2018	2019	2020	2021	2022
塔吉克斯坦	1.00	1.00	1.00	1.00	1.00	1.00	2.50
泰国	2.00	2.00	2.00	2.00	2.00	2.00	2.00
坦桑尼亚	2.00	2.00	2.00	2.00	2.00	2.00	2.00
突尼斯	2.50	2.50	2.50	2.50	2.50	2.50	2.50
土耳其	2.50	2.50	2.50	2.50	2.50	2.00	2.00
土库曼斯坦	1.00	1.00	1.00	1.00	1.00	1.00	2.50
危地马拉	2.00	2.00	2.00	2.00	2.00	1.50	1.50
委内瑞拉	1.00	1.00	1.00	1.00	1.00	1.00	1.00
乌干达	1.50	1.50	1.50	1.50	1.50	1.50	1.50
乌克兰	1.67	2.00	2.00	2.50	2.50	2.50	2.50
乌拉圭	4.50	4.50	4.50	4.50	4.50	4.50	4.50
乌兹别克斯坦	1.00	1.00	1.00	1.00	1.00	1.00	2.50
西班牙	3.50	3.50	3.50	3.50	3.50	3.50	3.50
希腊	2.50	2.50	2.50	2.50	2.50	2.50	2.00
新加坡	4.50	4.83	5.00	5.00	5.00	5.00	5.00
新西兰	5.50	5.50	5.50	5.50	5.50	5.50	5.50
匈牙利	3.00	3.00	3.00	3.00	3.00	2.50	2.50
牙买加	—	—	—	—	—	—	2.50
亚美尼亚	2.00	2.00	2.00	2.00	2.00	2.00	2.00
伊拉克	1.00	1.00	1.00	1.50	1.50	2.00	2.00
伊朗	1.50	1.50	1.50	1.50	1.50	1.50	1.50
以色列	3.50	3.50	3.50	3.50	3.50	3.00	3.00
意大利	2.50	2.83	3.00	3.00	3.00	3.00	3.00
印度	2.50	2.50	2.50	2.50	2.50	2.50	2.50
印度尼西亚	3.00	3.00	3.00	3.00	3.00	2.50	2.00
英国	5.00	5.00	5.00	5.00	5.00	5.00	4.50
约旦	3.00	3.00	3.00	3.00	3.00	2.50	2.50
越南	2.50	2.17	2.00	2.50	2.50	2.50	2.50
赞比亚	2.50	2.17	2.00	2.50	2.50	2.00	2.00

续表

年份 国家	2016	2017	2018	2019	2020	2021	2022
智利	4.50	4.17	4.00	4.00	4.00	3.50	3.50

资料来源：ICRG。

表34　　　　　　　　　　　　民主问责

年份 国家	2016	2017	2018	2019	2020	2021	2022
阿尔巴尼亚	5.00	5.00	5.00	5.00	5.00	4.00	4.00
阿尔及利亚	3.96	3.50	3.50	3.00	3.00	3.50	3.00
阿根廷	4.00	4.00	4.00	4.00	4.00	4.00	4.00
阿联酋	2.50	2.50	2.50	2.50	2.50	2.50	2.50
阿曼	2.00	2.00	2.00	2.00	2.00	2.00	2.50
阿塞拜疆	1.50	1.50	1.50	1.50	1.50	1.50	1.50
埃及	2.00	2.17	3.00	2.50	2.50	2.00	2.00
埃塞俄比亚	2.50	2.50	2.50	3.00	3.00	3.00	3.00
爱尔兰	6.00	6.00	6.00	6.00	6.00	6.00	6.00
爱沙尼亚	5.50	5.50	5.50	5.50	5.50	5.50	5.50
安哥拉	2.50	2.50	2.50	2.50	2.50	3.00	2.50
奥地利	6.00	6.00	6.00	6.00	6.00	6.00	6.00
澳大利亚	6.00	6.00	6.00	6.00	6.00	6.00	6.00
巴布亚新几内亚	—	—	—	—	—	—	4.00
巴基斯坦	4.50	4.50	4.50	4.00	4.00	3.50	3.50
巴拉圭	2.00	2.00	2.00	2.00	2.00	2.00	2.00
巴林	3.50	3.50	3.50	3.00	3.00	3.00	3.00
巴拿马	6.00	6.00	6.00	6.00	6.00	6.00	6.00
巴西	5.00	5.00	5.00	5.00	5.00	5.00	5.00
白俄罗斯	1.00	1.00	1.00	1.00	1.00	1.00	1.00
保加利亚	5.50	5.50	5.50	5.50	5.50	5.50	5.50
比利时	—	—	—	—	—	—	6.00
冰岛	6.00	6.00	6.00	6.00	6.00	6.00	6.00

续表

年份 国家	2016	2017	2018	2019	2020	2021	2022
波兰	6.00	5.54	5.50	5.00	5.00	4.50	4.50
玻利维亚	3.50	3.50	3.50	3.50	3.50	3.00	3.00
博茨瓦纳	3.50	3.50	3.50	4.00	4.00	4.00	4.00
布基纳法索	5.00	5.00	5.00	5.00	5.00	5.00	4.50
丹麦	6.00	6.00	6.00	6.00	6.00	6.00	6.00
德国	6.00	6.00	6.00	6.00	6.00	6.00	6.00
多哥	2.00	2.17	2.50	2.50	2.50	2.50	3.00
俄罗斯	2.00	2.00	2.00	2.50	2.00	2.00	2.00
厄瓜多尔	3.00	3.00	3.00	3.50	3.50	4.50	4.50
法国	6.00	6.00	6.00	6.00	6.00	6.00	6.00
菲律宾	5.00	5.00	5.00	5.00	5.00	4.50	5.00
芬兰	6.00	6.00	6.00	6.00	6.00	6.00	6.00
哥伦比亚	4.50	4.50	4.50	4.50	4.50	4.50	4.50
哥斯达黎加	5.50	5.50	5.50	5.50	5.50	5.50	5.50
哈萨克斯坦	1.50	1.50	1.50	2.50	2.50	3.00	4.00
韩国	5.50	5.50	5.50	5.50	5.50	5.50	5.50
荷兰	6.00	6.00	6.00	6.00	6.00	6.00	6.00
洪都拉斯	4.50	4.50	4.50	4.50	4.50	4.00	4.50
吉尔吉斯斯坦	2.50	2.50	2.50	2.50	2.50	2.50	4.00
几内亚	2.04	2.50	3.50	3.50	3.50	3.00	2.50
加拿大	6.00	6.00	6.00	6.00	6.00	6.00	6.00
加纳	5.00	5.00	5.00	5.00	5.00	5.00	4.50
柬埔寨	2.75	3.46	3.00	3.00	3.00	3.00	2.50
捷克	5.50	5.04	5.00	5.00	5.00	5.00	5.00
喀麦隆	2.00	2.00	2.00	2.00	2.00	2.00	2.00
卡塔尔	2.00	2.00	2.00	2.00	2.00	2.00	2.00
科威特	3.00	3.00	3.00	3.00	3.00	3.00	3.00
克罗地亚	5.50	5.50	5.50	5.50	5.50	5.50	5.50
肯尼亚	5.00	5.00	5.00	5.00	5.00	5.00	5.00

续表

年份 国家	2016	2017	2018	2019	2020	2021	2022
拉脱维亚	5.00	5.00	5.00	5.00	5.00	5.00	5.00
老挝	1.50	1.50	1.50	1.50	1.50	1.50	1.50
黎巴嫩	4.79	4.50	4.50	4.50	4.50	4.00	4.50
立陶宛	5.50	5.50	5.50	5.50	5.50	5.50	5.50
卢森堡	6.00	6.00	6.00	6.00	6.00	6.00	6.00
罗马尼亚	6.00	6.00	6.00	6.00	6.00	6.00	6.00
马达加斯加	4.00	4.00	4.00	4.00	4.00	4.00	4.00
马耳他	6.00	6.00	6.00	6.00	6.00	6.00	6.00
马来西亚	4.00	4.00	4.00	4.00	4.00	3.50	4.00
马里	3.00	3.00	3.00	3.00	3.00	2.50	2.50
美国	6.00	6.00	6.00	6.00	6.00	5.50	5.00
蒙古国	4.00	4.00	4.00	4.00	4.00	4.00	4.00
孟加拉国	3.50	3.75	4.00	4.00	4.00	4.00	4.00
秘鲁	5.00	5.00	5.00	5.00	5.00	5.00	4.50
缅甸	2.75	3.46	3.00	3.00	3.00	3.00	2.50
摩尔多瓦	4.00	4.00	4.00	4.00	4.00	4.50	4.50
摩洛哥	4.50	4.50	4.50	4.50	4.50	4.50	5.00
莫桑比克	4.00	4.00	4.00	4.00	4.00	4.00	4.00
墨西哥	4.00	4.00	4.00	4.00	4.00	4.00	4.00
纳米比亚	4.00	4.00	4.00	4.00	4.00	4.00	4.00
南非	5.00	5.00	5.00	5.00	5.00	5.00	5.00
尼加拉瓜	2.83	2.50	2.50	2.50	2.50	2.00	2.00
尼日尔	3.00	3.00	3.00	3.00	3.00	4.50	4.50
尼日利亚	4.50	4.50	4.50	4.50	4.50	4.50	4.50
挪威	6.00	6.00	6.00	6.00	6.00	6.00	6.00
葡萄牙	5.50	5.50	5.50	5.50	5.50	6.00	6.00
日本	5.00	5.00	5.00	5.00	5.00	5.00	5.00
瑞典	6.00	6.00	6.00	6.00	6.00	6.00	6.00
瑞士	6.00	6.00	6.00	6.00	6.00	6.00	6.00

续表

年份 国家	2016	2017	2018	2019	2020	2021	2022
萨尔瓦多	—	—	—	—	—	—	4.00
塞尔维亚	—	—	—	—	—	—	4.50
塞内加尔	4.00	4.00	4.00	4.50	4.50	4.50	4.50
塞浦路斯	6.00	6.00	6.00	6.00	6.00	6.00	6.00
沙特阿拉伯	2.00	2.00	2.00	2.00	2.00	2.50	2.50
斯里兰卡	4.00	4.00	4.00	4.00	4.00	4.00	4.00
斯洛伐克	—	—	—	—	—	—	6.00
斯洛文尼亚	5.00	5.00	5.00	5.00	5.00	4.50	5.00
苏丹	2.00	2.00	2.00	2.50	2.50	3.00	2.50
塔吉克斯坦	2.50	2.50	2.50	2.50	2.50	2.50	4.00
泰国	2.79	2.50	2.50	2.50	2.50	2.50	2.50
坦桑尼亚	4.00	4.00	4.00	3.00	3.00	3.00	3.00
突尼斯	4.50	4.50	4.50	4.50	4.50	4.00	4.00
土耳其	3.75	3.13	3.00	3.00	3.00	3.00	3.00
土库曼斯坦	1.50	1.50	1.50	2.50	2.50	2.50	4.00
危地马拉	3.50	3.50	3.50	4.00	4.00	4.00	4.00
委内瑞拉	3.00	3.00	3.00	3.00	3.00	2.00	2.00
乌干达	2.50	2.50	2.50	2.50	2.50	2.50	2.50
乌克兰	5.00	5.00	5.00	5.00	5.00	5.00	5.00
乌拉圭	5.00	5.00	5.00	5.00	5.00	5.00	5.00
乌兹别克斯坦	2.50	2.50	2.50	2.50	2.50	2.50	4.00
西班牙	6.00	6.00	6.00	6.00	6.00	6.00	6.00
希腊	6.00	6.00	6.00	6.00	6.00	6.00	6.00
新加坡	2.00	2.00	2.00	2.00	2.00	2.00	2.00
新西兰	6.00	6.00	6.00	6.00	6.00	6.00	6.00
匈牙利	5.50	5.50	5.50	5.00	5.00	5.00	4.50
牙买加	—	—	—	—	—	—	4.50
亚美尼亚	2.50	2.50	2.50	4.00	4.00	4.50	4.50
伊拉克	4.00	4.00	4.00	4.00	4.00	4.00	4.50

续表

年份 国家	2016	2017	2018	2019	2020	2021	2022
伊朗	3.00	3.00	3.00	3.00	3.00	3.00	3.00
以色列	6.00	6.00	6.00	6.00	6.00	6.00	6.00
意大利	5.50	5.50	5.50	5.50	5.50	5.50	5.50
印度	6.00	6.00	6.00	6.00	6.00	6.00	6.00
印度尼西亚	4.00	4.00	4.00	4.50	4.50	4.50	4.50
英国	6.00	6.00	6.00	6.00	6.00	6.00	6.00
约旦	3.00	3.00	3.00	3.00	3.00	3.00	3.00
越南	1.50	1.50	1.50	1.50	1.50	1.50	1.50
赞比亚	4.38	4.00	4.00	4.00	4.00	4.50	4.50
智利	5.00	5.00	5.00	5.00	5.00	5.50	5.50

资料来源：ICRG。

表35　　　　　　　　　　　政府有效性

年份 国家	2016	2017	2018	2019	2020	2021	2022
阿尔巴尼亚	0.01	0.08	0.11	-0.06	-0.14	-0.14	0
阿尔及利亚	-0.53	-0.59	-0.44	-0.52	-0.53	-0.53	-0.62
阿根廷	0.16	0.15	0.03	-0.09	-0.22	-0.22	-0.36
阿联酋	1.42	1.42	1.43	1.38	1.33	1.33	1.40
阿曼	0.19	0.19	0.19	0.26	0.14	0.14	-0.12
阿塞拜疆	-0.17	-0.17	-0.10	-0.14	-0.17	-0.17	0.25
埃及	-0.66	-0.62	-0.58	-0.42	-0.55	-0.55	-0.43
埃塞俄比亚	-0.64	-0.70	-0.61	-0.63	-0.55	-0.55	-0.61
爱尔兰	1.33	1.29	1.42	1.29	1.48	1.48	1.50
爱沙尼亚	1.09	1.11	1.19	1.17	1.34	1.34	1.38
安哥拉	-1.04	-1.03	-1.05	-1.12	-1.18	-1.18	-1.06
奥地利	1.51	1.46	1.45	1.53	1.66	1.66	1.57
澳大利亚	1.57	1.54	1.60	1.57	1.62	1.62	1.51
巴布亚新几内亚	—	—	—	—	—	—	-0.89

续表

年份 国家	2016	2017	2018	2019	2020	2021	2022
巴基斯坦	-0.65	-0.60	-0.63	-0.68	-0.55	-0.55	-0.40
巴拉圭	-0.79	-0.82	-0.52	-0.53	-0.47	-0.47	-0.62
巴林	0.33	0.19	0.18	0.30	0.43	0.43	0.72
巴拿马	0.19	0.02	-0.02	0.06	0.07	0.07	0.16
巴西	-0.17	-0.29	-0.45	-0.19	-0.45	-0.45	-0.46
白俄罗斯	-0.48	-0.34	-0.30	-0.18	-0.73	-0.73	-0.77
保加利亚	0.30	0.26	0.27	0.26	-0.07	-0.07	-0.14
比利时	—	—	—	—	—	—	1.13
冰岛	1.39	1.45	1.47	1.52	1.52	1.52	1.64
波兰	0.71	0.64	0.66	0.53	0.38	0.38	0.29
玻利维亚	-0.57	-0.38	-0.32	-0.70	-0.56	-0.56	-0.73
博茨瓦纳	0.53	0.44	0.33	0.43	0.26	0.26	0.35
布基纳法索	-0.56	-0.58	-0.58	-0.76	-0.67	-0.67	-0.73
丹麦	1.88	1.80	1.87	1.91	1.89	1.89	2.00
德国	1.73	1.72	1.62	1.53	1.36	1.36	1.33
多哥	-1.07	-1.12	-1.06	-0.92	-0.69	-0.69	-0.65
俄罗斯	-0.20	-0.08	-0.06	0.15	0.03	0.03	-0.18
厄瓜多尔	-0.43	-0.32	-0.26	-0.40	-0.44	-0.44	-0.21
法国	1.41	1.35	1.48	1.37	1.25	1.25	1.27
菲律宾	-0.01	-0.05	0.05	0.05	0.06	0.06	0.07
芬兰	1.83	1.94	1.98	2.01	1.95	1.95	1.96
哥伦比亚	0.02	-0.07	-0.09	0.07	0.04	0.04	-0.01
哥斯达黎加	0.36	0.25	0.38	0.42	0.36	0.36	0.26
哈萨克斯坦	-0.07	0.01	0.02	0.12	0.16	0.16	0.06
韩国	1.06	1.07	1.18	1.38	1.42	1.42	1.41
荷兰	1.83	1.85	1.85	1.80	1.85	1.85	1.77
洪都拉斯	-0.73	-0.51	-0.62	-0.61	-0.60	-0.60	-0.78
吉尔吉斯斯坦	-1.03	-1.11	-1.10	-0.68	-0.54	-0.54	-0.73
几内亚	-1.01	-1.04	-0.97	-0.78	-0.89	-0.89	-0.92

续表

年份 国家	2016	2017	2018	2019	2020	2021	2022
加拿大	1.78	1.85	1.72	1.73	1.64	1.64	1.60
加纳	-0.17	-0.11	-0.21	-0.21	-0.15	-0.15	-0.15
柬埔寨	-0.69	-0.66	-0.57	-0.58	-0.42	-0.42	-0.42
捷克	1.04	1.01	0.92	0.96	0.96	0.96	1.11
喀麦隆	-0.76	-0.81	-0.80	-0.81	-0.88	-0.88	-0.88
卡塔尔	0.74	0.74	0.63	0.70	0.91	0.91	1.11
科威特	-0.16	-0.18	-0.09	0.02	-0.16	-0.16	-0.04
克罗地亚	0.49	0.57	0.46	0.46	0.44	0.44	0.59
肯尼亚	-0.32	-0.32	-0.41	-0.38	-0.35	-0.35	-0.33
拉脱维亚	1.01	0.90	1.04	1.10	0.88	0.88	0.87
老挝	0.02	0.01	0	-0.79	-0.77	-0.77	-0.62
黎巴嫩	-0.54	-0.51	-0.64	-0.83	-1.17	-1.17	-1.29
立陶宛	1.07	0.97	1.07	1.04	1.06	1.06	1.06
卢森堡	1.69	1.68	1.78	1.73	1.84	1.84	1.72
罗马尼亚	-0.17	-0.17	-0.25	-0.16	-0.22	-0.22	-0.13
马达加斯加	-1.17	-1.14	-1.15	-1.14	-1.00	-1.00	-1.00
马耳他	0.96	1.00	0.97	0.86	1.04	1.04	0.89
马来西亚	0.87	0.83	1.08	1.00	1.04	1.04	0.99
马里	-0.99	-0.94	-1.00	-1.06	-1.15	-1.15	-1.22
美国	1.48	1.55	1.58	1.49	1.32	1.32	1.34
蒙古国	-0.10	-0.26	-0.23	-0.20	-0.34	-0.34	-0.47
孟加拉国	-0.68	-0.73	-0.75	-0.74	-0.79	-0.79	-0.63
秘鲁	-0.18	-0.13	-0.25	-0.07	-0.24	-0.24	-0.26
缅甸	-0.98	-1.05	-1.07	-1.15	-1.00	-1.00	-1.41
摩尔多瓦	-0.63	-0.53	-0.47	-0.38	-0.46	-0.46	-0.40
摩洛哥	-0.11	-0.19	-0.21	-0.12	-0.03	-0.03	-0.07
莫桑比克	-0.86	-0.89	-0.87	-0.82	-0.72	-0.72	-0.77
墨西哥	0.13	-0.03	-0.15	-0.16	-0.16	-0.16	-0.31
纳米比亚	0.17	0.20	0.11	0.10	0.05	0.05	0.06

续表

年份 国家	2016	2017	2018	2019	2020	2021	2022
南非	0.31	0.29	0.34	0.37	0.30	0.30	-0.02
尼加拉瓜	-0.69	-0.63	-0.80	-0.77	-0.71	-0.71	-0.85
尼日尔	-0.63	-0.70	-0.77	-0.80	-0.62	-0.62	-0.61
尼日利亚	-1.09	-1.01	-1.02	-1.09	-1.03	-1.03	-1.00
挪威	1.87	1.98	1.89	1.86	1.94	1.94	1.84
葡萄牙	1.21	1.33	1.21	1.17	1.02	1.02	0.99
日本	1.82	1.62	1.68	1.59	1.60	1.60	1.40
瑞典	1.77	1.84	1.83	1.71	1.72	1.72	1.65
瑞士	2.01	2.06	2.04	1.95	2.02	2.02	2.03
萨尔瓦多	—	—	—	—	—	—	-0.31
塞尔维亚	—	—	—	—	—	—	0.05
塞内加尔	-0.45	-0.32	-0.27	-0.06	0.01	0.01	0.06
塞浦路斯	0.96	0.92	0.92	0.99	0.88	0.88	0.74
沙特阿拉伯	0.26	0.26	0.32	0.31	0.15	0.15	0.50
斯里兰卡	-0.03	-0.15	-0.24	-0.11	-0.07	-0.07	-0.08
斯洛伐克	—	—	—	—	—	—	0.53
斯洛文尼亚	1.13	1.17	1.13	1.08	1.17	1.17	1.18
苏丹	-1.52	-1.43	-1.62	-1.62	-1.49	-1.49	-1.64
塔吉克斯坦	-1.03	-1.11	-1.10	-1.05	-0.71	-0.71	-0.59
泰国	0.34	0.38	0.35	0.36	0.30	0.30	0.25
坦桑尼亚	-0.55	-0.63	-0.76	-0.88	-0.77	-0.77	-0.63
突尼斯	-0.23	-0.08	-0.11	-0.10	-0.20	-0.20	-0.17
土耳其	0.05	0.08	0.01	0.05	-0.04	-0.04	-0.09
土库曼斯坦	-1.13	-1.21	-1.04	-1.16	-1.16	-1.16	-0.93
危地马拉	-0.61	-0.64	-0.68	-0.68	-0.69	-0.69	-0.75
委内瑞拉	-1.29	-1.40	-1.58	-1.66	-1.78	-1.78	-1.85
乌干达	-0.57	-0.58	-0.61	-0.59	-0.58	-0.58	-0.57
乌克兰	-0.57	-0.46	-0.42	-0.30	-0.36	-0.36	-0.41
乌拉圭	0.57	0.43	0.56	0.69	0.78	0.78	0.84

续表

年份 国家	2016	2017	2018	2019	2020	2021	2022
乌兹别克斯坦	-0.58	-0.56	-0.55	-0.51	-0.51	-0.51	-0.20
西班牙	1.12	1.03	1.00	1.00	0.89	0.89	0.95
希腊	0.23	0.31	0.34	0.35	0.44	0.44	0.44
新加坡	2.21	2.22	2.23	2.22	2.34	2.34	2.29
新西兰	1.84	1.77	1.67	1.67	1.59	1.59	1.35
匈牙利	0.46	0.52	0.49	0.50	0.58	0.58	0.63
牙买加	—	—	—	—	—	—	0.41
亚美尼亚	-0.16	-0.10	-0.02	-0.07	-0.12	-0.12	-0.25
伊拉克	-1.27	-1.26	-1.32	-1.34	-1.33	-1.33	-1.29
伊朗	-0.19	-0.20	-0.43	-0.55	-0.99	-0.99	-0.86
以色列	1.35	1.39	1.21	1.33	1.10	1.10	1.29
意大利	0.53	0.50	0.41	0.48	0.40	0.40	0.36
印度	0.08	0.09	0.28	0.17	0.39	0.39	0.28
印度尼西亚	0.01	0.04	0.18	0.18	0.37	0.37	0.38
英国	1.60	1.41	1.34	1.48	1.38	1.38	1.28
约旦	0.13	0.11	0.11	0.10	0.11	0.11	0.23
越南	0.02	0.01	0	0.04	0.20	0.20	0.28
赞比亚	-0.66	-0.63	-0.56	-0.68	-0.77	-0.77	-0.82
智利	1.01	0.84	1.08	1.06	0.99	0.99	0.63

资料来源：WGI。

表36　　　　　　　　　　　　法治

年份 国家	2015	2016	2017	2018	2019	2020	2021
阿尔巴尼亚	-0.33	-0.33	-0.40	-0.39	-0.41	-0.36	-0.26
阿尔及利亚	-0.86	-0.86	-0.86	-0.78	-0.82	-0.78	-0.82
阿根廷	-0.77	-0.39	-0.25	-0.24	-0.43	-0.47	-0.46
阿联酋	0.64	0.85	0.80	0.81	0.84	0.92	0.83
阿曼	0.38	0.41	0.43	0.46	0.55	0.62	0.41

续表

年份\国家	2015	2016	2017	2018	2019	2020	2021
阿塞拜疆	-0.67	-0.52	-0.56	-0.60	-0.58	-0.69	-0.58
埃及	-0.60	-0.52	-0.54	-0.41	-0.42	-0.36	-0.24
埃塞俄比亚	-0.51	-0.49	-0.45	-0.43	-0.47	-0.40	-0.61
爱尔兰	1.77	1.52	1.43	1.46	1.38	1.50	1.53
爱沙尼亚	1.33	1.23	1.28	1.24	1.28	1.38	1.43
安哥拉	-1.08	-1.09	-1.10	-1.05	-1.05	-0.96	-0.95
奥地利	1.86	1.81	1.81	1.88	1.90	1.81	1.79
澳大利亚	1.83	1.76	1.68	1.72	1.73	1.65	1.67
巴布亚新几内亚	—	—	—	—	—	—	-0.74
巴基斯坦	-0.77	-0.80	-0.72	-0.67	-0.67	-0.69	-0.64
巴拉圭	-0.69	-0.73	-0.65	-0.54	-0.56	-0.42	-0.56
巴林	0.43	0.46	0.45	0.41	0.49	0.49	0.47
巴拿马	-0.11	0.05	0.04	-0.06	-0.12	-0.21	-0.25
巴西	-0.15	-0.16	-0.28	-0.28	-0.18	-0.18	-0.28
白俄罗斯	-0.81	-0.72	-0.82	-0.83	-0.79	-1.00	-1.10
保加利亚	-0.10	-0.06	-0.04	-0.03	-0.01	-0.09	-0.04
比利时	—	—	—	—	—	—	1.33
冰岛	1.67	1.52	1.61	1.72	1.77	1.80	1.75
波兰	0.80	0.64	0.47	0.43	0.43	0.54	0.44
玻利维亚	-1.14	-1.20	-1.21	-1.15	-1.12	-1.15	-1.16
博茨瓦纳	0.60	0.53	0.52	0.47	0.50	0.44	0.48
布基纳法索	-0.52	-0.44	-0.40	-0.45	-0.43	-0.42	-0.44
丹麦	2.04	1.91	1.86	1.83	1.88	1.86	1.94
德国	1.79	1.62	1.61	1.63	1.62	1.56	1.61
多哥	-0.80	-0.63	-0.72	-0.59	-0.59	-0.66	-0.56
俄罗斯	-0.76	-0.79	-0.79	-0.82	-0.72	-0.76	-0.87
厄瓜多尔	-1.03	-0.76	-0.70	-0.63	-0.58	-0.55	-0.34
法国	1.41	1.41	1.44	1.44	1.41	1.33	1.29
菲律宾	-0.34	-0.35	-0.41	-0.48	-0.48	-0.55	-0.64

续表

年份 国家	2015	2016	2017	2018	2019	2020	2021
芬兰	2.06	2.02	2.03	2.05	2.06	2.08	2.06
哥伦比亚	-0.27	-0.28	-0.36	-0.41	-0.42	-0.49	-0.45
哥斯达黎加	0.50	0.47	0.45	0.48	0.54	0.57	0.45
哈萨克斯坦	-0.44	-0.44	-0.41	-0.43	-0.43	-0.40	-0.49
韩国	-1.65	-1.67	-1.72	-1.63	1.19	1.18	1.13
荷兰	1.94	1.89	1.83	1.82	1.78	1.76	1.74
洪都拉斯	-0.93	-1.12	-1.05	-1.02	-1.01	-0.96	-1.07
吉尔吉斯斯坦	-1.06	-1.15	-1.35	-1.28	-0.89	-0.93	-1.07
几内亚	-1.16	-1.22	-1.23	-1.21	-1.21	-1.26	-1.13
加拿大	1.84	1.84	1.80	1.77	1.76	1.66	1.63
加纳	0.14	0.05	0.13	0.07	0.05	-0.04	-0.08
柬埔寨	-0.98	-1.06	-1.06	-1.11	-0.94	-0.95	-0.90
捷克	1.15	1.04	1.12	1.05	1.05	1.06	1.13
喀麦隆	-0.98	-1.04	-1.03	-1.08	-1.12	-1.15	-1.10
卡塔尔	0.77	0.79	0.72	0.73	0.73	1.00	0.93
科威特	0	0.03	0.10	0.21	0.22	0.33	0.26
克罗地亚	0.20	0.41	0.33	0.32	0.40	0.29	0.30
肯尼亚	-0.49	-0.44	-0.41	-0.41	-0.45	-0.56	-0.39
拉脱维亚	0.79	0.96	0.93	0.96	1.01	0.96	0.98
老挝	-0.34	0.08	0.07	0	-0.94	-0.85	-0.64
黎巴嫩	-0.83	-0.83	-0.82	-0.76	-0.86	-0.90	-1.07
立陶宛	1.01	1.03	0.99	0.96	1.02	0.99	1.11
卢森堡	1.87	1.76	1.74	1.81	1.79	1.79	1.79
罗马尼亚	0.16	0.36	0.39	0.33	0.40	0.37	0.41
马达加斯加	-0.69	-0.81	-0.86	-0.81	-1.01	-0.88	-0.87
马耳他	1.14	1.00	1.14	1.05	0.95	0.92	0.86
马来西亚	0.50	0.50	0.41	0.62	0.59	0.66	0.56
马里	-0.74	-0.78	-0.78	-0.80	-0.83	-0.92	-0.90
美国	1.60	1.62	1.64	1.45	1.46	1.37	1.42

续表

年份 国家	2015	2016	2017	2018	2019	2020	2021
蒙古国	-0.38	-0.22	-0.30	-0.27	-0.27	-0.26	-0.23
孟加拉国	-0.75	-0.66	-0.67	-0.64	-0.64	-0.57	-0.61
秘鲁	-0.49	-0.48	-0.50	-0.52	-0.49	-0.34	-0.52
缅甸	-1.24	-0.89	-0.95	-1.03	-1.06	-1.18	-1.46
摩尔多瓦	-0.35	-0.49	-0.41	-0.41	-0.37	-0.41	-0.33
摩洛哥	-0.09	-0.16	-0.16	-0.14	-0.14	-0.09	-0.25
莫桑比克	-0.85	-1.05	-0.99	-1.04	-1.02	-1.02	-1.04
墨西哥	-0.45	-0.56	-0.57	-0.67	-0.66	-0.67	-0.80
纳米比亚	0.19	0.36	0.24	0.24	0.31	0.30	0.36
南非	0.09	0.12	-0.04	-0.10	-0.08	-0.12	0.13
尼加拉瓜	-0.74	-0.64	-0.64	-1.04	-1.18	-1.22	-1.36
尼日尔	-0.57	-0.66	-0.68	-0.58	-0.53	-0.55	-0.40
尼日利亚	-0.96	-1.02	-0.87	-0.88	-0.90	-0.81	-0.86
挪威	2.01	2.04	2.02	1.97	1.99	1.98	1.95
葡萄牙	1.15	1.10	1.13	1.14	1.14	1.18	1.13
日本	1.52	1.42	1.57	1.53	1.54	1.53	1.58
瑞典	2.04	2.02	1.94	1.90	1.83	1.81	1.73
瑞士	1.95	1.95	1.93	1.93	1.91	1.83	1.81
萨尔瓦多	—	—	—	—	—	—	-0.85
塞尔维亚	—	—	—	—	—	—	-0.09
塞内加尔	-0.14	-0.11	-0.14	-0.21	-0.19	-0.28	-0.36
塞浦路斯	1.04	0.72	0.88	0.75	0.76	0.58	0.64
沙特阿拉伯	0.12	0.34	0.10	0.14	0.17	0.24	0.23
斯里兰卡	0.04	0.11	0.06	0.03	-0.01	-0.05	0.04
斯洛伐克	—	—	—	—	—	—	0.71
斯洛文尼亚	0.97	1.08	1.02	1.06	1.12	1.07	1.03
苏丹	-1.21	-1.26	-1.11	-1.12	-1.14	-1.07	-1.21
塔吉克斯坦	-1.06	-1.15	-1.35	-1.28	-1.23	-1.22	-1.19
泰国	-0.15	0	0.04	0.02	0.10	0.12	0.11

续表

年份 国家	2015	2016	2017	2018	2019	2020	2021
坦桑尼亚	-0.37	-0.38	-0.45	-0.55	-0.58	-0.60	-0.52
突尼斯	-0.07	0	0.06	0.04	0.06	0.14	0.10
土耳其	-0.11	-0.21	-0.25	-0.32	-0.28	-0.36	-0.42
土库曼斯坦	-1.42	-1.49	-1.49	-1.45	-1.42	-1.41	-1.44
危地马拉	-0.95	-1.02	-1.06	-1.05	-1.05	-1.05	-1.09
委内瑞拉	-2.03	-2.24	-2.26	-2.34	-2.32	-2.35	-2.30
乌干达	-0.39	-0.25	-0.30	-0.29	-0.31	-0.33	-0.35
乌克兰	-0.81	-0.77	-0.71	-0.72	-0.70	-0.67	-0.66
乌拉圭	0.71	0.63	0.59	0.60	0.62	0.68	0.73
乌兹别克斯坦	-1.11	-1.11	-1.11	-1.07	-1.05	-1.06	-0.89
西班牙	0.90	0.98	1.01	0.97	1.03	0.90	0.88
希腊	0.27	0.11	0.08	0.15	0.18	0.32	0.35
新加坡	1.81	1.83	1.82	1.84	1.88	1.88	1.86
新西兰	2.00	1.95	1.92	1.88	1.89	1.88	1.82
匈牙利	0.40	0.42	0.53	0.56	0.53	0.51	0.53
牙买加	—	—	—	—	—	—	-0.17
亚美尼亚	-0.39	-0.12	-0.16	-0.15	-0.13	-0.08	-0.10
伊拉克	-1.42	-1.63	-1.64	-1.76	-1.72	-1.75	-1.73
伊朗	-0.92	-0.68	-0.68	-0.69	-0.75	-0.87	-0.95
以色列	1.16	1.07	1.02	0.99	1.05	1.00	0.94
意大利	0.28	0.33	0.32	0.25	0.30	0.24	0.27
印度	-0.05	-0.03	0	0.03	-0.03	-0.02	-0.08
印度尼西亚	-0.42	-0.34	-0.35	-0.31	-0.34	-0.34	-0.22
英国	1.81	1.69	1.68	1.64	1.61	1.50	1.43
约旦	0.44	0.30	0.26	0.23	0.14	0.21	0.21
越南	-0.34	0.08	0.07	0	-0.02	-0.13	-0.15
赞比亚	-0.23	-0.30	-0.33	-0.34	-0.46	-0.62	-0.59
智利	1.34	1.13	1.01	1.12	1.07	1.07	0.91

资料来源：WGI。

表37　　　　　　　　　　　　　外部冲突

年份国家	2016	2017	2018	2019	2020	2021	2022
阿尔巴尼亚	11.00	11.00	11.00	10.50	10.50	10.00	10.00
阿尔及利亚	9.50	9.50	9.50	9.00	9.00	9.00	8.50
阿根廷	9.50	9.50	9.50	10.00	10.00	10.00	10.00
阿联酋	9.00	9.00	9.00	9.00	9.00	9.50	8.50
阿曼	10.00	10.00	10.00	10.00	10.00	10.00	10.00
阿塞拜疆	7.29	6.63	6.50	7.50	7.50	8.00	8.00
埃及	8.58	9.38	9.50	9.50	9.50	8.00	8.00
埃塞俄比亚	7.00	7.00	7.00	9.50	9.50	8.00	7.50
爱尔兰	11.50	11.50	11.50	11.50	11.50	11.50	11.50
爱沙尼亚	10.50	10.50	10.50	11.00	11.00	10.50	8.00
安哥拉	10.50	10.50	10.50	10.50	10.50	10.50	10.50
奥地利	11.50	11.50	11.50	11.50	11.50	11.50	11.50
澳大利亚	11.00	11.00	11.00	11.00	11.00	10.50	10.50
巴布亚新几内亚	—	—	—	—	—	—	10.00
巴基斯坦	9.00	9.00	8.50	8.50	8.50	8.00	8.00
巴拉圭	10.50	10.50	10.50	10.50	10.50	10.50	10.50
巴林	10.00	9.96	9.50	10.00	10.00	10.00	10.00
巴拿马	11.00	11.00	11.00	11.00	11.00	11.00	11.00
巴西	10.50	10.50	10.50	10.50	10.50	10.50	10.50
白俄罗斯	9.92	10.00	10.00	10.00	10.00	8.00	5.50
保加利亚	9.00	9.00	9.00	9.00	9.00	10.00	8.50
比利时	—	—	—	—	—	—	11.50
冰岛	10.00	10.00	10.00	10.00	10.00	10.50	10.50
波兰	10.50	10.29	10.50	10.00	10.00	10.00	7.50
玻利维亚	9.50	9.50	9.50	9.50	9.50	9.50	9.50
博茨瓦纳	11.00	11.00	11.00	11.00	11.00	11.00	11.00
布基纳法索	8.71	9.00	9.00	9.00	9.00	9.00	8.50
丹麦	8.50	8.50	8.50	10.50	10.50	10.50	10.50
德国	10.50	10.50	10.50	10.50	10.50	10.00	10.00

续表

年份 国家	2016	2017	2018	2019	2020	2021	2022
多哥	9.50	9.50	9.50	9.50	9.50	9.50	9.50
俄罗斯	6.50	6.50	7.00	7.00	7.00	7.00	5.50
厄瓜多尔	9.50	9.50	9.50	9.50	9.50	9.50	9.50
法国	10.00	10.00	10.00	10.00	10.00	10.00	10.00
菲律宾	10.00	10.00	10.00	10.50	10.50	10.00	10.00
芬兰	11.50	11.50	11.50	11.50	11.50	11.50	9.00
哥伦比亚	9.50	9.50	9.50	9.00	9.00	9.00	9.00
哥斯达黎加	9.50	9.50	9.50	9.50	9.50	9.50	9.50
哈萨克斯坦	11.00	11.00	11.00	11.00	11.00	10.00	9.00
韩国	8.50	8.50	8.50	8.50	8.50	8.50	8.00
荷兰	12.00	12.00	12.00	12.00	12.00	12.00	12.00
洪都拉斯	10.50	10.50	10.50	10.50	10.50	10.00	10.00
吉尔吉斯斯坦	11.00	11.00	11.00	11.00	11.00	11.00	9.00
几内亚	8.00	8.00	8.00	8.00	8.00	9.00	8.50
加拿大	11.00	11.00	11.00	11.00	11.00	11.00	11.00
加纳	11.00	11.00	11.00	10.50	10.50	10.50	10.50
柬埔寨	10.38	9.50	9.50	9.50	9.50	9.50	7.50
捷克	10.50	10.50	10.50	10.50	10.50	10.50	10.50
喀麦隆	9.00	9.00	9.00	9.00	9.00	9.50	9.50
卡塔尔	8.50	7.71	7.00	7.00	7.00	7.50	9.00
科威特	9.50	9.50	9.50	9.50	9.50	10.00	10.00
克罗地亚	10.00	10.00	10.00	10.00	10.00	10.00	10.00
肯尼亚	9.50	9.50	9.50	9.50	9.50	9.50	9.50
拉脱维亚	10.50	10.50	10.50	11.00	11.00	11.00	9.00
老挝	10.38	9.50	9.50	9.50	9.50	9.50	9.50
黎巴嫩	7.00	7.00	7.00	7.00	7.00	7.50	8.50
立陶宛	10.50	10.50	10.50	10.50	10.50	10.50	8.00
卢森堡	10.50	10.50	10.50	11.00	11.00	11.00	11.00
罗马尼亚	11.00	11.00	11.00	11.00	11.00	11.00	8.50

续表

年份 国家	2016	2017	2018	2019	2020	2021	2022
马达加斯加	10.88	11.00	11.00	11.00	11.00	11.00	11.00
马耳他	12.00	12.00	12.00	12.00	12.00	12.00	12.00
马来西亚	10.50	10.50	10.50	10.00	10.00	10.00	10.00
马里	9.00	8.83	8.50	8.00	8.00	8.00	8.50
美国	10.00	10.00	10.00	10.00	10.00	10.50	10.00
蒙古国	11.50	11.50	11.00	11.50	11.50	11.50	11.50
孟加拉国	8.50	8.50	8.50	9.00	9.00	9.00	8.50
秘鲁	10.00	10.00	10.00	10.00	10.00	10.00	10.00
缅甸	9.00	9.00	9.00	8.50	8.50	8.00	7.50
摩尔多瓦	9.50	9.50	9.50	9.50	9.50	10.00	8.00
摩洛哥	9.50	9.50	9.50	9.50	9.50	9.00	7.50
莫桑比克	9.88	9.50	9.50	9.50	9.50	9.00	9.00
墨西哥	10.50	10.50	10.50	11.00	11.00	11.00	11.00
纳米比亚	11.50	11.50	11.50	11.50	11.50	11.50	11.50
南非	10.50	10.50	10.50	10.50	10.50	10.50	10.50
尼加拉瓜	9.00	8.88	8.50	8.50	8.50	9.00	9.00
尼日尔	9.50	9.50	9.50	9.50	9.50	9.50	9.50
尼日利亚	9.00	9.00	9.00	9.50	9.50	9.50	9.50
挪威	11.00	11.00	11.00	11.00	11.00	11.00	8.50
葡萄牙	9.50	9.50	9.50	9.50	9.50	9.50	10.00
日本	9.50	9.50	9.50	9.50	9.50	9.50	9.50
瑞典	11.00	11.00	11.00	11.50	11.50	11.50	9.00
瑞士	10.50	10.50	10.50	10.50	10.50	10.50	11.00
萨尔瓦多	—	—	—	—	—	—	9.50
塞尔维亚	—	—	—	—	—	—	8.50
塞内加尔	9.50	9.50	9.50	10.00	10.00	10.00	9.50
塞浦路斯	9.00	9.00	9.00	9.00	9.00	9.00	9.00
沙特阿拉伯	8.00	8.00	8.00	8.00	8.00	8.50	8.50
斯里兰卡	11.00	11.00	11.00	10.50	10.50	11.00	11.00

续表

年份 国家	2016	2017	2018	2019	2020	2021	2022
斯洛伐克	—	—	—	—	—	—	8.50
斯洛文尼亚	11.00	10.83	10.50	10.00	10.00	10.00	10.50
苏丹	6.50	7.08	7.50	7.50	7.50	7.00	7.50
塔吉克斯坦	11.00	11.00	11.00	11.00	11.00	11.00	9.00
泰国	9.00	9.00	9.00	9.00	9.00	10.00	10.00
坦桑尼亚	9.50	9.50	9.50	9.50	9.50	9.50	9.50
突尼斯	9.50	9.50	9.50	9.50	9.50	10.00	10.00
土耳其	7.50	7.50	7.50	8.00	8.00	7.50	7.50
土库曼斯坦	11.00	11.00	11.00	11.00	11.00	11.00	9.00
危地马拉	9.50	9.50	9.50	10.00	10.00	9.50	9.50
委内瑞拉	7.50	8.50	8.50	8.50	8.50	8.00	8.00
乌干达	8.00	8.00	8.00	8.50	8.50	8.50	8.50
乌克兰	7.00	7.00	7.00	7.50	7.50	8.00	5.50
乌拉圭	9.50	9.50	9.50	9.50	9.50	9.50	9.50
乌兹别克斯坦	11.00	11.00	11.00	11.00	11.00	11.00	9.00
西班牙	10.00	10.00	10.00	10.50	10.50	10.50	10.00
希腊	10.50	10.50	10.50	10.50	10.50	10.50	9.50
新加坡	10.50	10.50	10.50	10.50	10.50	10.50	10.50
新西兰	10.50	10.00	10.00	10.00	10.00	10.00	10.00
匈牙利	10.00	10.00	10.00	10.50	10.50	10.00	10.00
牙买加	—	—	—	—	—	—	11.50
亚美尼亚	6.79	6.50	6.50	7.50	7.50	7.50	7.50
伊拉克	8.00	8.00	8.00	10.00	10.00	9.50	9.50
伊朗	8.46	8.04	8.00	6.50	6.50	6.50	6.50
以色列	7.58	8.00	8.00	8.00	8.00	7.00	7.50
意大利	11.00	11.00	11.00	11.00	11.00	11.00	10.50
印度	9.00	9.00	9.00	8.00	8.00	8.50	8.50
印度尼西亚	9.50	9.33	9.00	9.00	9.00	10.00	10.00
英国	9.50	9.50	9.50	9.00	9.00	9.50	9.50

续表

年份 国家	2016	2017	2018	2019	2020	2021	2022
约旦	9.50	9.50	9.50	9.50	9.50	9.00	9.00
越南	10.38	9.50	9.50	9.50	9.50	9.50	9.50
赞比亚	10.50	10.50	10.50	10.50	10.50	10.00	10.00
智利	9.00	9.00	9.00	9.00	9.00	10.00	10.00

资料来源：ICRG。

表38　　贸易依存度

年份 国家	2016	2017	2018	2019	2020	2021	2022
阿尔巴尼亚	0.071	0.061	0.054	0.060	0.060	0.081	1.000
阿尔及利亚	0.084	0.070	0.070	0.070	0.070	0.116	1.000
阿根廷	0.076	0.075	0.063	0.098	0.098	0.143	1.000
阿联酋	0.058	0.062	0.061	0.061	0.061	0.091	1.000
阿曼	0.216	0.202	0.246	0.246	0.246	0.356	1.000
阿塞拜疆	0.021	0.024	0.019	0.036	0.036	0.054	1.000
埃及	0.078	0.071	0.081	0.100	0.100	0.168	1.000
埃塞俄比亚	0.140	0.115	0.104	0.104	0.104	0.157	1.000
爱尔兰	0.011	0.012	0.015	0.018	0.018	0.065	0
爱沙尼亚	0.031	0.030	0.027	0.027	0.027	0.034	1.000
安哥拉	0.262	0.312	0.364	0.441	0.441	0.542	0
奥地利	0.017	0.018	0.019	0.022	0.022	0.029	1.000
澳大利亚	0.186	0.201	0.209	0.263	0.263	0.371	1.000
巴布亚新几内亚	—	—	—	—	—	—	1.000
巴基斯坦	0.232	0.203	0.183	0.207	0.207	0.258	1.000
巴拉圭	0.048	0.057	0.058	0.055	0.055	0.066	0
巴林	0.018	0.019	0.021	0.021	0.021	0.047	1.000
巴拿马	0.115	0.112	0.109	0.151	0.151	0.382	0
巴西	0.142	0.161	0.183	0.223	0.223	0.320	0
白俄罗斯	0.024	0.019	0.020	0.032	0.032	0.049	1.000

续表

年份 国家	2016	2017	2018	2019	2020	2021	2022
保加利亚	0.024	0.026	0.030	0.032	0.032	0.044	1.000
比利时	—	—	—	—	—	—	1.000
冰岛	0.012	0.010	0.017	0.012	0.012	0.020	1.000
波兰	0.035	0.036	0.037	0.044	0.044	0.059	1.000
玻利维亚	0.047	0.048	0.049	0.053	0.053	0.069	1.000
博茨瓦纳	0.017	0.018	0.019	0.019	0.019	0.030	0
布基纳法索	0.020	0.023	0.031	0.031	0.031	0.047	0
丹麦	0.029	0.030	0.030	0.032	0.032	0.065	1.000
德国	0.049	0.050	0.050	0.054	0.054	0.075	1.000
多哥	0.490	0.499	0.502	0.502	0.502	0.827	0
俄罗斯	0.103	0.102	0.113	0.131	0.131	0.189	1.000
厄瓜多尔	0.077	0.085	0.104	0.140	0.140	0.198	1.000
法国	0.028	0.030	0.032	0.037	0.037	0.062	1.000
菲律宾	0.260	0.242	0.244	0.274	0.274	0.396	1.000
芬兰	0.033	0.033	0.033	0.036	0.036	0.053	1.000
哥伦比亚	0.088	0.095	0.108	0.133	0.133	0.183	0
哥斯达黎加	0.056	0.055	0.055	0.055	0.055	0.081	0
哈萨克斯坦	0.140	0.156	0.145	0.191	0.191	0.257	1.000
韩国	0.224	0.218	0.222	0.221	0.221	0.291	1.000
荷兰	0	0	0	0.061	0.061	0.072	1.000
洪都拉斯	0.041	0.044	0.049	0.051	0.051	0.054	0
吉尔吉斯斯坦	0.436	0.323	0.324	0.324	0.324	0.509	1.000
几内亚	0.236	0.312	0.424	0.424	0.424	0.485	1.000
加拿大	0.043	0.045	0.051	0.058	0.058	0.080	1.000
加纳	0.156	0.147	0.144	0.144	0.144	0.317	1.000
柬埔寨	0.150	0.163	0.176	0.203	0.203	0.263	1.000
捷克	0.035	0.035	0.042	0.049	0.049	0.052	1.000
喀麦隆	0.142	0.133	0.168	0.168	0.168	0.318	0
卡塔尔	0.039	0.052	0.064	0.070	0.070	0.141	1.000

续表

年份 国家	2016	2017	2018	2019	2020	2021	2022
科威特	0.089	0.100	0.120	0.120	0.120	0.210	1.000
克罗地亚	0.024	0.024	0.024	0.025	0.025	0.039	1.000
肯尼亚	0.216	0.170	0.170	0.170	0.170	0.259	0
拉脱维亚	0.035	0.034	0.031	0.031	0.031	0.036	0
老挝	0.257	0.263	0.284	0.284	0.284	0.312	1.000
黎巴嫩	0.042	0.038	0.037	0.037	0.037	0.063	1.000
立陶宛	0.022	0.024	0.024	0.026	0.026	0.035	1.000
卢森堡	0.004	0.002	0.002	0.008	0.008	0.035	1.000
罗马尼亚	0.029	0.029	0.030	0.033	0.033	0.048	1.000
马达加斯加	0.156	0.139	0.128	0.128	0.128	0.218	0
马耳他	0.044	0.053	0.035	0.039	0.039	0.222	1.000
马来西亚	0.220	0.216	0.222	0.222	0.222	0.310	1.000
马里	0.050	0.042	0.040	0.040	0.040	0.072	1.000
美国	0.094	0.099	0.099	0.097	0.097	0.153	0
蒙古国	0.371	0.424	0.445	0.458	0.458	0.524	1.000
孟加拉国	0.175	0.164	0.167	0.168	0.168	0.184	1.000
秘鲁	0.160	0.178	0.193	0.193	0.193	0.301	1.000
缅甸	0.404	0.385	0.407	0.407	0.407	0.545	1.000
摩尔多瓦	0.014	0.015	0.014	0.016	0.016	0.026	1.000
摩洛哥	0.045	0.042	0.044	0.047	0.047	0.067	1.000
莫桑比克	0.155	0.131	0.147	0.147	0.147	0.256	0
墨西哥	0.050	0.051	0.057	0.062	0.062	0.075	0
纳米比亚	0.041	0.051	0.068	0.069	0.069	0.063	0
南非	0.183	0.174	0.184	0.204	0.204	0.212	1.000
尼加拉瓜	0.050	0.048	0.046	0.046	0.046	0.043	0
尼日尔	0.056	0.042	0.056	0.056	0.056	0.156	0
尼日利亚	0.118	0.121	0.099	0.099	0.099	0.212	1.000
挪威	0.021	0.018	0.018	0.025	0.025	0.066	1.000
葡萄牙	0.032	0.028	0.027	0.032	0.032	0.050	1.000

续表

年份 国家	2016	2017	2018	2019	2020	2021	2022
日本	0.165	0.168	0.167	0.174	0.174	0.249	1.000
瑞典	0.027	0.030	0.032	0.037	0.037	0.059	1.000
瑞士	0.046	0.032	0.041	0.038	0.038	0.037	1.000
萨尔瓦多	—	—	—	—	—	—	0
塞尔维亚	—	—	—	—	—	—	1.000
塞内加尔	0.220	0.169	0.149	0.149	0.149	0.245	0
塞浦路斯	0.012	0.010	0.013	0.018	0.018	0.079	1.000
沙特阿拉伯	0.106	0.111	0.119	0.159	0.159	0.215	
斯里兰卡	0.108	0.094	0.093	0.093	0.093	0.159	1.000
斯洛伐克	—	—	—	—	—	—	1.000
斯洛文尼亚	0.006	0.006	0.007	0.046	0.046	0.046	1.000
苏丹	0.189	0.162	0.169	0.169	0.169	0.240	1.000
塔吉克斯坦	0.436	0.323	0.324	0.365	0.365	0.233	1.000
泰国	0.147	0.139	0.136	0.153	0.153	0.225	1.000
坦桑尼亚	0.199	0.183	0.207	0.207	0.207	0.329	1.000
突尼斯	0.037	0.037	0.035	0.035	0.035	0.051	1.000
土耳其	0.046	0.044	0.043	0.044	0.044	0.062	1.000
土库曼斯坦	0.436	0.323	0.324	0.324	0.324	0.685	1.000
危地马拉	0.060	0.059	0.066	0.074	0.074	0.092	0
委内瑞拉	0.129	0.129	0.129	0.129	0.129	0.177	0
乌干达	0.072	0.062	0.049	0.050	0.050	0.067	0
乌克兰	0.065	0.060	0.070	0.085	0.085	0.144	1.000
乌拉圭	0.124	0.144	0.134	0.171	0.171	0.282	1.000
乌兹别克斯坦	0.139	0.140	0.160	0.166	0.166	0.200	1.000
西班牙	0.033	0.033	0.033	0.038	0.038	0.060	1.000
希腊	0.035	0.035	0.040	0.052	0.052	0.086	1.000
新加坡	0.069	0.066	0.061	0.076	0.076	0.129	1.000
新西兰	0.111	0.119	0.131	0.161	0.161	0.238	1.000
匈牙利	0.039	0.039	0.039	0.039	0.039	0.050	1.000

续表

年份\国家	2016	2017	2018	2019	2020	2021	2022
牙买加	—	—	—	—	—	—	1.000
亚美尼亚	0.045	0.041	0.044	0.061	0.061	0.143	1.000
伊拉克	0.198	0.194	0.201	0.206	0.206	0.351	0
伊朗	0.198	0.194	0.201	0.201	0.201	0.162	1.000
以色列	0.058	0.062	0.061	0.066	0.066	0.146	1.000
意大利	0.039	0.041	0.041	0.046	0.046	0.060	1.000
印度	0.075	0.077	0.078	0.080	0.080	0.135	1.000
印度尼西亚	0.150	0.153	0.165	0.197	0.197	0.257	1.000
英国	0.041	0.041	0.038	0.047	0.047	0.089	1.000
约旦	0.090	0.081	0.082	0.082	0.082	0.145	0
越南	0.257	0.263	0.284	0.284	0.284	0.353	1.000
赞比亚	0.167	0.199	0.249	0.262	0.262	0.319	0
智利	0.204	0.203	0.224	0.224	0.224	0.341	1.000

资料来源：根据 WDI、IMF 数据计算。

表39　　　　　　　　　　　投资依存度

年份\国家	2016	2017	2018	2019	2020	2021	2022
阿尔巴尼亚	0.001	0.001	0.001	0.001	0.001	0	0
阿尔及利亚	-0.059	-0.114	0.075	0.051	0.051	0.017	0.226
阿根廷	0.031	0.015	0.010	0.016	0.016	0.075	0.037
阿联酋	-0.036	0.064	0.106	0.025	0.025	0.041	0.012
阿曼	0.002	0.004	0.012	0.003	0.003	0.017	0.010
阿塞拜疆	-0.005	0	0	0	0	0.013	0
埃及	0.010	0.006	0.032	0.008	0.008	0.005	0
埃塞俄比亚	0.071	0.045	0.103	0.103	0.103	0.130	-0.021
爱尔兰	0.009	-0.314	-0.004	0.001	0.001	-0.009	0.002
爱沙尼亚	0	0	0	0.002	0.002	0.001	0
安哥拉	1.798	-0.106	-0.047	-0.047	-0.047	-0.071	-0.023

续表

年份 国家	2016	2017	2018	2019	2020	2021	2022
奥地利	-0.030	0.035	0.025	0.002	0.002	-0.013	0.013
澳大利亚	0.094	0.104	0.036	0.030	0.030	0.053	0.053
巴布亚新几内亚	—	—	—	—	—	—	0.980
巴基斯坦	0.012	0.006	-0.002	0.131	0.131	0.443	0.310
巴拉圭	0	0	0.002	0.002	0.002	0.001	0
巴林	0.061	0.024	-0.001	-0.001	-0.001	0	0.033
巴拿马	0.001	0.001	0.003	0.007	0.007	0.188	0.227
巴西	0.003	0.007	0.007	0.005	0.005	-0.332	0.002
白俄罗斯	0.130	0.118	0.058	0.041	0.041	-0.005	0.038
保加利亚	0	0.002	0	0.003	0.003	0.001	0
比利时	—	—	—	—	—	—	0.001
冰岛	0	0	0	0	0	-0.018	0.008
波兰	-0.001	0	0.010	0.002	0.002	0.012	0.001
玻利维亚	0.132	-0.033	0.225	0.225	0.225	-0.031	0.038
博茨瓦纳	0.676	-0.088	-0.020	-0.020	-0.020	0.472	2.638
布基纳法索	0	0	0	0	0	0.002	0
丹麦	-0.963	0.202	0.042	0.001	0.001	0.018	0.005
德国	0.216	0.116	0.201	0.006	0.006	0.039	0.016
多哥	0	0.002	-0.063	-0.063	-0.063	0.006	-0.014
俄罗斯	0.001	0	0.001	0.015	0.015	0.036	-0.010
厄瓜多尔	0.101	-0.212	0.023	0.033	0.033	-0.002	0.096
法国	0.005	0.003	0.002	0.003	0.003	0.011	0
菲律宾	0.015	0.010	0.011	0.005	0.005	0.015	0.013
芬兰	0.032	-0.126	0.184	0.002	0.002	0.008	0.005
哥伦比亚	0	0	-0.001	0.001	0.001	0	0
哥斯达黎加	0	0.002	0.002	0.002	0.002	0.016	0
哈萨克斯坦	0.030	0.125	0.010	0.044	0.044	-0.062	0.117
韩国	0.197	0.127	0.146	0.018	0.018	0.090	0.058
荷兰	0.027	0.033	0.033	0.006	0.006	-0.027	-0.014

续表

年份 国家	2016	2017	2018	2019	2020	2021	2022
洪都拉斯	0.003	0	0.452	0.452	0.452	-0.023	0.002
吉尔吉斯斯坦	0.169	4.139	0.466	0.466	0.466	-0.769	-0.894
几内亚	0.021	0.486	0.283	0.283	0.283	-0.907	2.505
加拿大	0.067	0.010	0.040	0.005	0.005	0.006	0.007
加纳	0.140	0.016	0.056	0.048	0.048	-0.003	0.046
柬埔寨	0.004	0.004	0.005	0.186	0.186	0.265	0.140
捷克	0.001	0.005	0.008	0.001	0.001	0.006	-0.001
喀麦隆	0	0	0	0	0	0.078	-0.019
卡塔尔	0.046	-0.012	0.457	0.006	0.006	0.320	-0.125
科威特	0.010	0.024	0.039	0.018	0.018	0.058	0.010
克罗地亚	0	0.015	0.024	0.003	0.003	0.100	0.003
肯尼亚	0.026	0.252	0.119	0.091	0.091	0.887	0.399
拉脱维亚	0	0	0.009	0.001	0.001	0.005	0.001
老挝	0	0.001	0.001	0.823	0.823	1.503	1.196
黎巴嫩	0	0	0	0	0	0	0
立陶宛	0.058	0.036	0	0	0	0.002	0
卢森堡	0.093	-0.298	-0.595	0.041	0.041	0.005	0.111
罗马尼亚	0.002	0.007	0.001	0.004	0.004	0.008	0.001
马达加斯加	-0.001	0.008	0.014	0.014	0.014	0.295	-0.023
马耳他	0.048	0.001	0.002	0.001	0.001	0	-0.001
马来西亚	0.181	0.195	0.232	0.028	0.028	0.230	0.046
马里	0.010	0.008	-0.059	0.058	0.058	0.054	0.023
美国	0.025	0.016	0.054	0.005	0.005	0.033	0.009
蒙古国	0.003	-0.001	-0.129	0.148	0.148	0.005	0.013
孟加拉国	0.028	0.042	0.146	0.069	0.069	0.175	0.168
秘鲁	0.010	0.015	0.014	0.011	0.011	0.217	0.050
缅甸	0.096	0.099	-0.053	0.121	0.121	0.137	0.009
摩尔多瓦	0	0	0	0.001	0.001	0	0.001
摩洛哥	0.005	0.022	0.025	0.025	0.025	0.057	0.013

续表

年份 国家	2016	2017	2018	2019	2020	2021	2022
莫桑比克	0.004	0.015	0.068	0.068	0.068	0.017	-0.001
墨西哥	0.007	0.006	0.012	0.001	0.001	0.007	0.007
纳米比亚	0.023	0.014	-0.029	-0.029	-0.029	-0.070	0.039
南非	0.378	0.011	0.128	0.017	0.017	0.359	0.009
尼加拉瓜	0	0	0	0	0	-0.001	0
尼日尔	-0.060	0.121	0.213	0.130	0.130	0.597	0.348
尼日利亚	0	0	0	0.020	0.020	0.151	0.039
挪威	-0.030	-0.011	0.001	0.003	0.003	0.022	0.002
葡萄牙	0.002	0.002	0	0	0	0	0.002
日本	0.003	0.004	0.007	0.004	0.004	0.031	0.026
瑞典	0.050	0.148	0.110	0.012	0.012	0.037	0.014
瑞士	0.004	1.953	0.043	0.002	0.002	-0.057	0.295
萨尔瓦多	—	—	—	—	—	—	0
塞尔维亚	—	—	—	—	—	—	0.042
塞内加尔	0.012	0.060	0.293	0.032	0.032	0.129	0.005
塞浦路斯	0.001	0.085	0.035	0.001	0.001	-0.010	-0.013
沙特阿拉伯	0.005	-0.233	0.140	0.007	0.007	0.038	0.014
斯里兰卡	-0.068	-0.018	0.005	0.005	0.005	0.219	0.271
斯洛伐克	—	—	—	—	—	—	0
斯洛文尼亚	0	0.001	0.001	0.008	0.008	0.038	0.004
苏丹	-0.648	0.239	0.050	0.050	0.050	0.004	0
塔吉克斯坦	0.719	0.222	1.039	0.603	0.603	-1.493	1.802
泰国	0.648	0.180	0.075	0.019	0.019	0.188	0.053
坦桑尼亚	0.253	0.310	0.502	0.061	0.061	0.106	0.110
突尼斯	-0.004	-0.001	0.004	0.004	0.004	-0.010	0.009
土耳其	-0.001	0.004	0.027	0.009	0.009	0.035	0.014
土库曼斯坦	-0.011	0.022	-0.019	-0.019	-0.019	0.180	-0.012
危地马拉	0	0	0	0	0	0.004	0
委内瑞拉	-0.047	0.127	0.126	0.065	0.065	-0.507	-12.056

续表

年份 国家	2016	2017	2018	2019	2020	2021	2022
乌干达	0.168	0.069	0.006	0.047	0.047	0.119	0.002
乌克兰	0.001	0.010	0.011	0.003	0.003	-0.028	0
乌拉圭	-0.042	-0.032	0.001	0.007	0.007	0.001	0.005
乌兹别克斯坦	1.333	-0.776	0.240	0.335	0.335	-0.021	0.178
西班牙	0.012	0.010	0.016	0.001	0.001	0.007	0.003
希腊	0.011	0.008	0.014	0.004	0.004	0.002	0.001
新加坡	0.120	0.151	0.148	0.021	0.021	0.111	0.123
新西兰	0.305	0.243	0.206	0.025	0.025	0.094	0.099
匈牙利	-0.011	0.007	0.009	0.003	0.003	0	0.001
牙买加	—	—	—	—	—	—	-0.024
亚美尼亚	0	0	0	0.002	0.002	0.017	-0.030
伊拉克	0.003	0.002	-0.003	0.480	0.480	-0.151	-0.072
伊朗	0.113	-0.072	-0.160	0.050	0.050	0.237	0.161
以色列	0.174	0.009	0.019	0.014	0.014	0.010	-0.013
意大利	0.026	0.019	0.015	0.003	0.003	0.045	0.005
印度	0	0.001	0.001	0.006	0.006	0.003	0.005
印度尼西亚	0.003	0.004	0.005	0.049	0.049	0.096	0.174
英国	0.014	0.026	0.054	0.004	0.004	-0.139	0.025
约旦	0.002	0.004	0.027	0.008	0.008	-0.158	-0.026
越南	0	0.001	0.001	0.041	0.041	0.116	0.139
赞比亚	0.313	0.241	0.019	0.135	0.135	0.583	-0.439
智利	0.007	0.003	0.004	0.003	0.003	0.001	0.004

资料来源：根据 UNCTAD、Wind 数据计算。

表40　　　　　　　　　　　　是否签订 BIT

年份 国家	2016	2017	2018	2019	2020	2021	2022
阿尔巴尼亚	1	1	1	1	1	1	1
阿尔及利亚	1	1	1	1	1	1	1

续表

年份 国家	2016	2017	2018	2019	2020	2021	2022
阿根廷	1	1	1	1	1	1	1
阿联酋	1	1	1	1	1	1	1
阿曼	1	1	1	1	1	1	1
阿塞拜疆	1	1	1	1	1	1	1
埃及	1	1	1	1	1	1	1
埃塞俄比亚	1	1	1	1	1	1	1
爱尔兰	0	0	0	0	0	0	0
爱沙尼亚	1	1	1	1	1	1	1
安哥拉	0	0	0	0	0	0	0
奥地利	1	1	1	1	1	1	1
澳大利亚	1	1	1	1	1	1	1
巴布亚新几内亚	—	—	—	—	—	—	1
巴基斯坦	1	1	1	1	1	1	1
巴拉圭	0	0	0	0	0	0	0
巴林	1	1	1	1	1	1	1
巴拿马	0	0	0	0	0	0	0
巴西	0	0	0	0	0	0	0
白俄罗斯	1	1	1	1	1	1	1
保加利亚	1	1	1	1	1	1	1
比利时	—	—	—	—	—	—	1
冰岛	1	1	1	1	1	1	1
波兰	1	1	1	1	1	1	1
玻利维亚	1	1	1	1	1	1	1
博茨瓦纳	0	0	0	0	0	0	0
布基纳法索	0	0	0	0	0	0	0
丹麦	1	1	1	1	1	1	1
德国	1	1	1	1	1	1	1
多哥	0	0	0	0	0	0	0
俄罗斯	1	1	1	1	1	1	1

续表

年份 国家	2016	2017	2018	2019	2020	2021	2022
厄瓜多尔	1	1	1	1	1	1	1
法国	1	1	1	1	1	1	1
菲律宾	1	1	1	1	1	1	1
芬兰	1	1	1	1	1	1	1
哥伦比亚	0	0	0	0	0	0	0
哥斯达黎加	0	0	0	0	0	0	0
哈萨克斯坦	1	1	1	1	1	1	1
韩国	1	1	1	1	1	1	1
荷兰	1	1	1	1	1	1	1
洪都拉斯	0	0	0	0	0	0	0
吉尔吉斯斯坦	1	1	1	1	1	1	1
几内亚	1	1	1	1	1	1	1
加拿大	1	1	1	1	1	1	1
加纳	1	1	1	1	1	1	1
柬埔寨	1	1	1	1	1	1	1
捷克	1	1	1	1	1	1	1
喀麦隆	0	0	0	0	0	0	0
卡塔尔	1	1	1	1	1	1	1
科威特	1	1	1	1	1	1	1
克罗地亚	1	1	1	1	1	1	1
肯尼亚	0	0	0	0	0	0	0
拉脱维亚	0	0	0	0	0	0	0
老挝	1	1	1	1	1	1	1
黎巴嫩	1	1	1	1	1	1	1
立陶宛	1	1	1	1	1	1	1
卢森堡	1	1	1	1	1	1	1
罗马尼亚	1	1	1	1	1	1	1
马达加斯加	1	1	1	1	1	1	1
马耳他	1	1	1	1	1	1	1

续表

年份 国家	2016	2017	2018	2019	2020	2021	2022
马来西亚	1	1	1	1	1	1	1
马里	1	1	1	1	1	1	1
美国	0	0	0	0	0	0	0
蒙古国	1	1	1	1	1	1	1
孟加拉国	1	1	1	1	1	1	1
秘鲁	1	1	1	1	1	1	1
缅甸	1	1	1	1	1	1	1
摩尔多瓦	1	1	1	1	1	1	1
摩洛哥	1	1	1	1	1	1	1
莫桑比克	0	0	0	0	0	0	0
墨西哥	0	0	0	0	0	0	0
纳米比亚	0	0	0	0	0	0	0
南非	1	1	1	1	1	1	1
尼加拉瓜	0	0	0	0	0	0	0
尼日尔	0	0	0	0	0	0	0
尼日利亚	1	1	1	1	1	1	1
挪威	1	1	1	1	1	1	1
葡萄牙	1	1	1	1	1	1	1
日本	1	1	1	1	1	1	1
瑞典	1	1	1	1	1	1	1
瑞士	1	1	1	1	1	1	1
萨尔瓦多	—	—	—	—	—	—	0
塞尔维亚	—	—	—	—	—	—	1
塞内加尔	0	0	0	0	0	0	0
塞浦路斯	1	1	1	1	1	1	1
沙特阿拉伯	1	1	1	1	1	1	1
斯里兰卡	1	1	1	1	1	1	1
斯洛伐克	—	—	—	—	—	—	—
斯洛文尼亚	1	1	1	1	1	1	1

续表

年份 国家	2016	2017	2018	2019	2020	2021	2022
苏丹	1	1	1	1	1	1	1
塔吉克斯坦	1	1	1	1	1	1	1
泰国	1	1	1	1	1	1	1
坦桑尼亚	1	1	1	1	1	1	1
突尼斯	1	1	1	1	1	1	1
土耳其	1	1	1	1	1	1	1
土库曼斯坦	1	1	1	1	1	1	1
危地马拉	0	0	0	0	0	0	0
委内瑞拉	0	0	0	0	0	0	0
乌干达	0	0	0	0	0	0	0
乌克兰	1	1	1	1	1	1	1
乌拉圭	1	1	1	1	1	1	1
乌兹别克斯坦	1	1	1	1	1	1	1
西班牙	1	1	1	1	1	1	1
希腊	1	1	1	1	1	1	1
新加坡	1	1	1	1	1	1	1
新西兰	1	1	1	1	1	1	1
匈牙利	1	1	1	1	1	1	1
牙买加	—	—	—	—	—	—	1
亚美尼亚	1	1	1	1	1	1	1
伊拉克	0	0	0	0	0	0	0
伊朗	1	1	1	1	1	1	1
以色列	1	1	1	1	1	1	1
意大利	1	1	1	1	1	1	1
印度	1	1	1	1	1	1	1
印度尼西亚	1	1	1	1	1	1	1
英国	1	1	1	1	1	1	1
约旦	0	0	0	0	0	0	0
越南	1	1	1	1	1	1	1

续表

年份\国家	2016	2017	2018	2019	2020	2021	2022
赞比亚	0	0	0	0	0	0	0
智利	1	1	1	1	1	1	1

注：0表示未签订，1表示已签订。

资料来源：中华人民共和国商务部，UNCTAD。

表41　　　　　　　　　签证情况

年份\国家	2016	2017	2018	2019	2020	2021	2022
阿尔巴尼亚	0	0	0	0	0.70	0.70	0.40
阿尔及利亚	0	0	0	0	0	0	0.40
阿根廷	0.30	0.30	0.30	0.30	0.30	0.30	0.40
阿联酋	0.50	0.50	0.50	1.00	1.00	1.00	1.00
阿曼	0	0	0	0	0	0.70	0.40
阿塞拜疆	0	0	0	0.50	0.50	0.50	0.80
埃及	0.50	0.50	0.50	0.50	0.50	0.50	0.40
埃塞俄比亚	0.50	0.50	0.50	0.50	0.50	0.50	0.40
爱尔兰	0	0	0	0	0	0	0.40
爱沙尼亚	0	0	0	0	0	0	0.20
安哥拉	0	0	0	0	0	0	0.40
奥地利	0	0	0	0	0	0	0.20
澳大利亚	0.30	0.30	0.30	0.30	0.30	0.30	0.00
巴布亚新几内亚	—	—	—	—	—	—	0.60
巴基斯坦	0	0	1.00	1.00	1.00	1.00	0.60
巴拉圭	0	0	0	0	0	0	0.00
巴林	0	0	0	0.50	0.50	0.50	0.60
巴拿马	0	0	0	0	0	0	0.60
巴西	0	0	0	0	0	0	0.40
白俄罗斯	0.80	0.80	0.80	0.80	0.80	0.80	0.80
保加利亚	0	0	0	0	0	0	0.40
比利时	—	—	—	—	—	—	0.20

续表

年份 国家	2016	2017	2018	2019	2020	2021	2022
冰岛	0	0	0	0	0	0	0.20
波兰	0	0	0	0	0	0	0.40
玻利维亚	0	0	0	0.50	0.50	0.50	0.60
博茨瓦纳	0	0	0	0	0	0	0.60
布基纳法索	0	0	0	0	0	0	0.60
丹麦	0	0	0	0	0	0	0.20
德国	0	0	0	0	0	0	0.20
多哥	0	0	0	0	0.50	0.50	0.60
俄罗斯	0.80	0.80	0.80	0.80	0.80	0.80	0.80
厄瓜多尔	0	0	0	0	1.00	1.00	1.00
法国	0	0	0	0	0	0	0.20
菲律宾	0	0	0	0	0	0	0.20
芬兰	0	0	0	0	0	0	0.20
哥伦比亚	0	0	0	0	0	0	0.20
哥斯达黎加	0	0	0	0	0	0	0.20
哈萨克斯坦	0	0	0	0	0	0	0.20
韩国	0.50	0.50	0.50	0.50	0.50	0.50	0.20
荷兰	0	0	0	0	0	0	0.20
洪都拉斯	0	0	0	0	0	0	0.00
吉尔吉斯斯坦	0	0	0	0	0	0	0.40
几内亚	0	0	0	0	0	0	0.60
加拿大	0	0	0	0	0	0	0.00
加纳	0	0	0	0	0	0	0.40
柬埔寨	0.50	0.50	0.50	0.50	0.50	0.50	0.40
捷克	0	0	0	0	0	0	0.20
喀麦隆	0	0	0	0	0	0	0.40
卡塔尔	0	0	1.00	1.00	1.00	1.00	1.00
科威特	0	0	0	0	0	0	0.60
克罗地亚	0	0	0	0	0	0	0.40
肯尼亚	0.30	0.30	0.30	0.30	0.30	0.30	0.40
拉脱维亚	0	0	0	0	0	0	0.20

续表

年份 国家	2016	2017	2018	2019	2020	2021	2022
老挝	0.50	0.50	0.50	0.50	0.50	0.50	0.60
黎巴嫩	0	0.50	0.50	0.50	0.50	0.50	0
立陶宛	0	0	0	0	0	0	0.40
卢森堡	0	0	0	0	0	0	0.20
罗马尼亚	0	0	0	0	0	0	0.40
马达加斯加	0.50	0.50	0.50	0.50	0.50	0.50	0
马耳他	0	0	0	0	0	0	0.40
马来西亚	0.30	0.30	0.30	0.30	0.50	0.50	0.40
马里	0	0	0	0	0	0	0.60
美国	0.30	0.30	0.30	0	0	0	0
蒙古国	0	0	0	0	0	0	0.60
孟加拉国	0.50	0.50	0.50	0.50	0.50	0.50	0.60
秘鲁	0	0	0	0	0	0	0
缅甸	0.50	0.50	0.50	0.50	0.50	0.50	0.40
摩尔多瓦	0	0	0	0	0	0	0.60
摩洛哥	0.70	0.70	0.70	0.70	0.70	0.70	0.60
莫桑比克	0	0	0	0	0	0	0.40
墨西哥	0	0	0	0	0	0	0.40
纳米比亚	0	0	0	0	0	0	0
南非	0	0	0	0	0	0	0.40
尼加拉瓜	0	0	0	0	0	0	0.60
尼日尔	0	0	0	0	0	0	0.60
尼日利亚	0	0	0.50	0.50	0.50	0.50	0.60
挪威	0	0	0	0	0	0	0.20
葡萄牙	0	0	0	0	0	0	0.20
日本	0	0	0	0	0	0	0
瑞典	0	0	0	0	0	0	0.20
瑞士	0	0	0	0	0	0	0.20
萨尔瓦多	—	—	—	—	—	—	0.60
塞尔维亚	—	—	—	—	—	—	1.00
塞内加尔	0	0	0	0	0	0	0.60

续表

年份 国家	2016	2017	2018	2019	2020	2021	2022
塞浦路斯	0	0	0	0	0	0	0.40
沙特阿拉伯	0	0	0	0	0	0	0
斯里兰卡	0.30	0.30	0.50	0.50	0.50	0.50	0.60
斯洛伐克	—	—	—	—	—	—	0.40
斯洛文尼亚	0	0	0	0	0	0	0.40
苏丹	0	0	0	0	0	0	0.40
塔吉克斯坦	0	0	0.30	0.30	0.30	0.30	0.60
泰国	0.50	0.50	0.50	0.50	0.50	0.50	0.40
坦桑尼亚	0	0	0.50	0.50	0.50	0.50	0.40
突尼斯	0.70	0.70	0.70	0.70	0.70	0.70	0.40
土耳其	0.30	0.30	0.30	0.30	0.30	0.30	0.60
土库曼斯坦	0.50	0.50	0.50	0.50	0.50	0.50	0.60
危地马拉	0	0	0	0	0	0	0
委内瑞拉	0.70	0.70	0.70	0.70	0.70	0.70	0.60
乌干达	0	0	0	0.50	0.50	0.50	0
乌克兰	0.50	0.50	0.50	0.50	0.50	0.50	0.40
乌拉圭	0	0	0	0	0	0	0.40
乌兹别克斯坦	0	0	0	0	0.70	0.70	0.20
西班牙	0	0	0	0	0	0	0.20
希腊	0	0	0	0	0	0	0.20
新加坡	0.30	0.30	0.30	0.30	0.30	0.30	0.60
新西兰	0	0	0	0	0	0	0
匈牙利	0	0	0	0	0	0	0.40
牙买加	—	—	—	—	—	—	0.40
亚美尼亚	0.30	0.30	0.30	1.00	1.00	1.00	1.00
伊拉克	0	0	0	0	0	0	0.20
伊朗	0.50	0.50	0.50	0.50	0.50	0.50	0.40
以色列	0	0	0	0	0	0	0.40
意大利	0	0	0	0	0	0	0.20
印度	0	0	0	0	0	0	0
印度尼西亚	1.00	1.00	1.00	1.00	1.00	1.00	0.40

续表

年份 国家	2016	2017	2018	2019	2020	2021	2022
英国	0	0	0	0	0	0	0.40
约旦	0.50	0.50	0.50	0.50	0.50	0.50	0.40
越南	0.50	0.50	0.50	0	0.50	0.50	0.60
赞比亚	0	0	0	0	0	0	0
智利	0	0	0	0	0	0	0.40

资料来源：中华人民共和国商务部、中国领事服务网。

表42 投资受阻程度

年份 国家	2016	2017	2018	2019	2020	2021	2022
阿尔巴尼亚	0.80	0.80	0.80	0.80	0.8	0.80	0.80
阿尔及利亚	0.80	0.80	0.80	0.80	0.8	0.80	0.80
阿根廷	0.50	0.50	0.50	0.50	0.5	0.50	0.50
阿联酋	0.70	0.70	0.70	0.70	0.7	0.70	0.70
阿曼	0.80	0.80	0.80	0.80	0.8	0.80	0.80
阿塞拜疆	0.80	0.80	0.80	0.80	0.8	0.80	0.80
埃及	0.70	0.70	0.70	0.70	0.7	0.70	0.70
埃塞俄比亚	0.80	0.80	0.80	0.80	0.8	0.80	0.80
爱尔兰	0.80	0.80	0.80	0.80	0.8	0.80	0.80
爱沙尼亚	0.80	0.80	0.80	0.80	0.8	0.80	0.80
安哥拉	0.80	0.80	0.80	0.80	0.8	0.80	0.80
奥地利	0.80	0.80	0.80	0.80	0.8	0.80	0.80
澳大利亚	0.40	0.40	0.40	0.30	0.2	0.15	0.30
巴布亚新几内亚	—	—	—	—	—	—	0.70
巴基斯坦	0.80	0.80	0.80	0.80	0.8	0.70	0.80
巴拉圭	0.80	0.80	0.80	0.80	0.8	0.80	0.80
巴林	0.80	0.80	0.80	0.80	0.8	0.80	0.80
巴拿马	0.80	0.80	0.80	0.80	0.8	0.80	0.80
巴西	0.70	0.70	0.70	0.70	0.7	0.70	0.70

续表

年份 国家	2016	2017	2018	2019	2020	2021	2022
白俄罗斯	0.70	0.70	0.70	0.70	0.7	0.70	0.70
保加利亚	0.70	0.70	0.70	0.70	0.7	0.70	0.70
比利时	—	—	—	—	—	—	0.60
冰岛	0.80	0.80	0.80	0.80	0.8	0.80	0.80
波兰	0.70	0.70	0.70	0.70	0.7	0.70	0.70
玻利维亚	0.80	0.80	0.80	0.80	0.8	0.80	0.80
博茨瓦纳	0.80	0.80	0.80	0.80	0.8	0.80	0.80
布基纳法索	0.70	0.70	0.70	0.70	0.7	0.70	0.70
丹麦	0.80	0.80	0.80	0.80	0.8	0.80	0.80
德国	0.70	0.70	0.70	0.60	0.6	0.50	0.50
多哥	0.70	0.70	0.70	0.70	0.7	0.70	0.70
俄罗斯	0.80	0.80	0.80	0.80	0.8	0.80	0.80
厄瓜多尔	0.80	0.80	0.80	0.80	0.8	0.80	0.80
法国	0.70	0.70	0.70	0.60	0.6	0.60	0.60
菲律宾	0.60	0.60	0.60	0.60	0.6	0.60	0.60
芬兰	0.80	0.80	0.80	0.80	0.8	0.80	0.80
哥伦比亚	0.80	0.80	0.80	0.80	0.8	0.80	0.80
哥斯达黎加	0.80	0.80	0.80	0.80	0.8	0.80	0.80
哈萨克斯坦	0.80	0.80	0.80	0.80	0.8	0.80	0.80
韩国	0.80	0.80	0.80	0.80	0.8	0.80	0.60
荷兰	0.80	0.80	0.80	0.80	0.8	0.80	0.80
洪都拉斯	0.80	0.80	0.80	0.80	0.8	0.80	0.80
吉尔吉斯斯坦	0.60	0.60	0.60	0.60	0.6	0.60	0.60
几内亚	0.70	0.70	0.70	0.70	0.7	0.70	0.70
加拿大	0.50	0.50	0.50	0.40	0.4	0.30	0.30
加纳	0.80	0.80	0.80	0.80	0.8	0.80	0.60
柬埔寨	0.60	0.60	0.60	0.60	0.6	0.60	0.60
捷克	0.80	0.80	0.80	0.80	0.8	0.80	0.80
喀麦隆	0.80	0.80	0.80	0.80	0.8	0.80	0.80

续表

年份 国家	2016	2017	2018	2019	2020	2021	2022
卡塔尔	0.80	0.80	0.80	0.80	0.8	0.80	0.80
科威特	0.80	0.80	0.80	0.80	0.8	0.80	0.80
克罗地亚	0.80	0.80	0.80	0.80	0.8	0.80	0.80
肯尼亚	0.80	0.80	0.80	0.80	0.8	0.80	0.80
拉脱维亚	0.80	0.80	0.80	0.80	0.8	0.80	0.80
老挝	0.70	0.70	0.70	0.70	0.7	0.70	0.70
黎巴嫩	0.80	0.80	0.80	0.80	0.8	0.80	0.80
立陶宛	0.80	0.80	0.80	0.80	0.8	0.80	0.80
卢森堡	0.80	0.80	0.80	0.80	0.8	0.80	0.80
罗马尼亚	0.70	0.70	0.70	0.70	0.7	0.70	0.70
马达加斯加	0.80	0.80	0.80	0.80	0.8	0.80	0.80
马耳他	0.80	0.80	0.80	0.80	0.8	0.80	0.80
马来西亚	0.70	0.70	0.70	0.70	0.7	0.70	0.70
马里	0.80	0.80	0.80	0.80	0.8	0.80	0.80
美国	0.50	0.50	0.50	0.20	0.2	0.20	0.20
蒙古国	0.40	0.40	0.40	0.40	0.4	0.40	0.40
孟加拉国	0.80	0.80	0.80	0.80	0.8	0.80	0.80
秘鲁	0.80	0.80	0.80	0.80	0.8	0.80	0.80
缅甸	0.60	0.60	0.60	0.60	0.6	0.60	0.60
摩尔多瓦	0.80	0.80	0.80	0.80	0.8	0.80	0.80
摩洛哥	0.80	0.80	0.80	0.80	0.8	0.80	0.80
莫桑比克	0.80	0.80	0.80	0.80	0.8	0.80	0.80
墨西哥	0.30	0.30	0.30	0.30	0.3	0.30	0.30
纳米比亚	0.80	0.80	0.80	0.80	0.8	0.70	0.80
南非	0.70	0.70	0.70	0.70	0.7	0.70	0.70
尼加拉瓜	0.80	0.80	0.80	0.80	0.8	0.80	0.80
尼日尔	0.80	0.80	0.80	0.80	0.8	0.80	0.80
尼日利亚	0.70	0.70	0.70	0.70	0.7	0.70	0.70
挪威	0.80	0.80	0.80	0.80	0.8	0.80	0.80

续表

年份 国家	2016	2017	2018	2019	2020	2021	2022
葡萄牙	0.80	0.80	0.80	0.80	0.7	0.80	0.80
日本	0.70	0.70	0.70	0.60	0.6	0.60	0.60
瑞典	0.80	0.80	0.80	0.80	0.8	0.80	0.80
瑞士	0.80	0.80	0.80	0.80	0.8	0.80	0.80
萨尔瓦多	—	—	—	—	—	—	0.60
塞尔维亚	—	—	—	—	—	—	0.80
塞内加尔	0.70	0.70	0.70	0.70	0.7	0.70	0.70
塞浦路斯	0.80	0.80	0.80	0.80	0.8	0.80	0.80
沙特阿拉伯	0.70	0.70	0.70	0.70	0.7	0.70	0.70
斯里兰卡	0.60	0.60	0.60	0.50	0.5	0.50	0.50
斯洛伐克	—	—	—	—	—	—	0.70
斯洛文尼亚	0.80	0.80	0.80	0.80	0.8	0.80	0.80
苏丹	0.70	0.70	0.70	0.70	0.7	0.70	0.70
塔吉克斯坦	0.60	0.60	0.60	0.60	0.6	0.60	0.60
泰国	0.70	0.70	0.70	0.70	0.7	0.70	0.70
坦桑尼亚	0.80	0.80	0.80	0.80	0.8	0.80	0.80
突尼斯	0.80	0.80	0.80	0.80	0.8	0.80	0.80
土耳其	0.80	0.80	0.80	0.80	0.8	0.80	0.80
土库曼斯坦	0.60	0.60	0.60	0.60	0.6	0.60	0.60
危地马拉	0.80	0.80	0.80	0.80	0.8	0.80	0.80
委内瑞拉	0.80	0.90	0.90	0.90	0.8	0.80	0.80
乌干达	0.80	0.80	0.80	0.80	0.8	0.80	0.80
乌克兰	0.60	0.60	0.60	0.60	0.6	0.60	0.60
乌拉圭	0.80	0.80	0.80	0.80	0.8	0.80	0.80
乌兹别克斯坦	0.60	0.60	0.60	0.60	0.6	0.60	0.60
西班牙	0.80	0.80	0.80	0.80	0.8	0.80	0.80
希腊	0.80	0.80	0.80	0.80	0.8	0.80	0.80
新加坡	0.80	0.80	0.80	0.80	0.8	0.70	0.80
新西兰	0.70	0.70	0.70	0.60	0.6	0.60	0.60

续表

年份 国家	2016	2017	2018	2019	2020	2021	2022
匈牙利	0.70	0.70	0.70	0.70	0.7	0.70	0.70
牙买加	—	—	—	—	—	—	0.70
亚美尼亚	0.80	0.80	0.80	0.80	0.8	0.80	0.80
伊拉克	0.60	0.60	0.60	0.60	0.6	0.60	0.60
伊朗	0.80	0.80	0.80	0.80	0.8	0.80	0.80
以色列	0.80	0.80	0.80	0.80	0.8	0.80	0.80
意大利	0.80	0.80	0.80	0.70	0.7	0.70	0.70
印度	0.60	0.60	0.60	0.60	0.6	0.60	0.60
印度尼西亚	0.70	0.70	0.70	0.70	0.7	0.70	0.70
英国	0.60	0.60	0.60	0.60	0.6	0.60	0.60
约旦	0.80	0.80	0.80	0.80	0.8	0.80	0.80
越南	0.60	0.60	0.60	0.60	0.6	0.60	0.60
赞比亚	0.70	0.70	0.70	0.70	0.7	0.70	0.70
智利	0.80	0.80	0.80	0.80	0.8	0.80	0.80

资料来源：德尔菲法。

表43　　　　　　　　　　双边政治关系

年份 国家	2016	2017	2018	2019	2020	2021	2022
阿尔巴尼亚	0.64	0.64	0.64	0.64	0.62	0.62	0.500
阿尔及利亚	0.79	0.79	0.79	0.79	0.78	0.79	0.775
阿根廷	0.71	0.63	0.70	0.71	0.73	0.77	0.850
阿联酋	0.66	0.63	0.69	0.74	0.75	0.78	0.875
阿曼	0.77	0.77	0.77	0.77	0.76	0.76	0.750
阿塞拜疆	0.77	0.77	0.77	0.77	0.75	0.73	0.700
埃及	0.68	0.70	0.75	0.78	0.78	0.77	0.825
埃塞俄比亚	0.74	0.70	0.78	0.80	0.81	0.82	0.875
爱尔兰	0.68	0.68	0.68	0.68	0.70	0.70	0.650
爱沙尼亚	0.64	0.64	0.64	0.64	0.66	0.61	0.450

续表

年份 国家	2016	2017	2018	2019	2020	2021	2022
安哥拉	0.75	0.75	0.75	0.75	0.74	0.74	0.750
奥地利	0.68	0.68	0.68	0.68	0.70	0.71	0.625
澳大利亚	0.68	0.57	0.67	0.58	0.48	0.49	0.325
巴布亚新几内亚	—	—	—	—	—	—	0.725
巴基斯坦	0.91	0.90	0.89	0.91	0.90	0.90	1.000
巴拉圭	0.70	0.70	0.70	0.70	0.70	0.68	0.450
巴林	0.75	0.75	0.75	0.75	0.74	0.75	0.750
巴拿马	0.68	0.68	0.68	0.68	0.69	0.73	0.600
巴西	0.74	0.70	0.75	0.72	0.70	0.72	0.800
白俄罗斯	0.78	0.78	0.79	0.82	0.80	0.81	0.950
保加利亚	0.62	0.63	0.70	0.66	0.66	0.68	0.500
比利时	—	—	—	—	—	—	0.475
冰岛	0.67	0.67	0.67	0.67	0.67	0.69	0.475
波兰	0.73	0.70	0.72	0.68	0.68	0.67	0.400
玻利维亚	0.74	0.74	0.74	0.74	0.73	0.74	0.650
博茨瓦纳	0.72	0.72	0.72	0.72	0.72	0.73	0.550
布基纳法索	0.75	0.75	0.75	0.75	0.73	0.73	0.550
丹麦	0.69	0.69	0.69	0.69	0.66	0.67	0.475
德国	0.78	0.73	0.77	0.71	0.71	0.71	0.700
多哥	0.66	0.66	0.66	0.66	0.67	0.67	0.675
俄罗斯	0.90	0.93	0.84	0.87	0.86	0.87	0.950
厄瓜多尔	0.71	0.71	0.71	0.71	0.71	0.71	0.750
法国	0.78	0.70	0.73	0.70	0.71	0.72	0.600
菲律宾	0.38	0.37	0.69	0.80	0.76	0.76	0.575
芬兰	0.68	0.68	0.68	0.68	0.69	0.69	0.525
哥伦比亚	0.68	0.68	0.68	0.68	0.69	0.70	0.600
哥斯达黎加	0.70	0.70	0.70	0.70	0.70	0.70	0.575
哈萨克斯坦	0.89	0.78	0.81	0.84	0.82	0.81	0.950
韩国	0.86	0.62	0.63	0.76	0.75	0.76	0.575

续表

年份 国家	2016	2017	2018	2019	2020	2021	2022
荷兰	0.76	0.67	0.71	0.68	0.67	0.67	0.500
洪都拉斯	0.63	0.63	0.63	0.63	0.63	0.61	0.500
吉尔吉斯斯坦	0.74	0.67	0.73	0.78	0.75	0.72	0.800
几内亚	0.72	0.72	0.72	0.72	0.70	0.71	0.600
加拿大	0.70	0.63	0.71	0.56	0.52	0.54	0.275
加纳	0.70	0.70	0.70	0.70	0.70	0.71	0.650
柬埔寨	0.88	0.88	0.81	0.88	0.88	0.86	0.975
捷克	0.64	0.67	0.71	0.66	0.58	0.59	0.375
喀麦隆	0.68	0.68	0.68	0.68	0.68	0.67	0.625
卡塔尔	0.77	0.77	0.77	0.77	0.76	0.75	0.750
科威特	0.80	0.80	0.80	0.80	0.79	0.78	0.700
克罗地亚	0.66	0.66	0.66	0.66	0.68	0.68	0.600
肯尼亚	0.69	0.67	0.75	0.76	0.76	0.74	0.775
拉脱维亚	0.63	0.63	0.63	0.63	0.64	0.62	0.375
老挝	0.79	0.80	0.80	0.86	0.84	0.84	1.000
黎巴嫩	0.75	0.75	0.75	0.75	0.74	0.73	0.725
立陶宛	0.63	0.63	0.63	0.63	0.64	0.49	0.325
卢森堡	0.66	0.66	0.66	0.66	0.66	0.67	0.575
罗马尼亚	0.64	0.63	0.71	0.69	0.69	0.68	0.550
马达加斯加	0.73	0.73	0.73	0.73	0.72	0.72	0.750
马耳他	0.66	0.66	0.66	0.66	0.67	0.67	0.625
马来西亚	0.71	0.63	0.74	0.78	0.78	0.78	0.825
马里	0.76	0.76	0.76	0.76	0.74	0.74	0.675
美国	0.63	0.65	0.67	0.42	0.40	0.46	0.250
蒙古国	0.68	0.62	0.70	0.72	0.73	0.71	0.800
孟加拉国	0.73	0.73	0.74	0.78	0.78	0.78	0.850
秘鲁	0.73	0.73	0.73	0.73	0.74	0.75	0.775
缅甸	0.63	0.62	0.72	0.78	0.78	0.75	0.900
摩尔多瓦	0.64	0.64	0.64	0.64	0.65	0.66	0.500

续表

年份\国家	2016	2017	2018	2019	2020	2021	2022
摩洛哥	0.76	0.76	0.76	0.76	0.75	0.73	0.675
莫桑比克	0.73	0.73	0.73	0.73	0.72	0.74	0.700
墨西哥	0.68	0.53	0.68	0.66	0.67	0.67	0.575
纳米比亚	0.72	0.72	0.72	0.72	0.71	0.70	0.600
南非	0.76	0.63	0.72	0.76	0.76	0.77	0.850
尼加拉瓜	0.75	0.75	0.75	0.75	0.74	0.75	0.625
尼日尔	0.75	0.75	0.75	0.75	0.74	0.75	0.650
尼日利亚	0.73	0.65	0.72	0.73	0.74	0.74	0.800
挪威	0.64	0.64	0.64	0.64	0.64	0.65	0.500
葡萄牙	0.71	0.71	0.71	0.71	0.70	0.70	0.625
日本	0.39	0.33	0.47	0.70	0.69	0.67	0.400
瑞典	0.67	0.67	0.67	0.67	0.64	0.65	0.375
瑞士	0.70	0.70	0.70	0.70	0.70	0.71	0.575
萨尔瓦多	—	—	—	—	—	—	0.625
塞尔维亚	—	—	—	—	—	—	0.975
塞内加尔	0.72	0.72	0.72	0.72	0.71	0.71	0.650
塞浦路斯	0.65	0.65	0.65	0.65	0.65	0.65	0.525
沙特阿拉伯	0.68	0.67	0.71	0.74	0.74	0.73	0.900
斯里兰卡	0.68	0.63	0.74	0.77	0.77	0.74	0.750
斯洛伐克	—	—	—	—	—	—	0.600
斯洛文尼亚	0.65	0.65	0.65	0.65	0.66	0.66	0.550
苏丹	0.73	0.68	0.68	0.68	0.69	0.70	0.700
塔吉克斯坦	0.73	0.67	0.75	0.76	0.75	0.73	0.775
泰国	0.76	0.73	0.79	0.81	0.79	0.79	0.900
坦桑尼亚	0.80	0.80	0.80	0.80	0.80	0.81	0.900
突尼斯	0.75	0.75	0.75	0.75	0.74	0.75	0.675
土耳其	0.64	0.63	0.68	0.67	0.63	0.64	0.675
土库曼斯坦	0.74	0.72	0.72	0.77	0.75	0.72	0.700
危地马拉	0.62	0.62	0.62	0.62	0.63	0.63	0.400

续表

年份 国家	2016	2017	2018	2019	2020	2021	2022
委内瑞拉	0.81	0.95	0.95	0.95	0.89	0.87	0.825
乌干达	0.70	0.70	0.70	0.70	0.70	0.71	0.675
乌克兰	0.66	0.70	0.70	0.67	0.67	0.69	0.425
乌拉圭	0.70	0.70	0.70	0.70	0.70	0.70	0.625
乌兹别克斯坦	0.69	0.68	0.75	0.79	0.79	0.77	0.725
西班牙	0.70	0.70	0.70	0.70	0.69	0.69	0.575
希腊	0.73	0.70	0.72	0.76	0.75	0.74	0.775
新加坡	0.76	0.70	0.66	0.79	0.78	0.77	0.825
新西兰	0.73	0.70	0.72	0.72	0.71	0.72	0.675
匈牙利	0.66	0.65	0.72	0.71	0.70	0.72	0.750
牙买加	—	—	—	—	—	—	0.650
亚美尼亚	0.68	0.68	0.68	0.68	0.67	0.65	0.625
伊拉克	0.63	0.62	0.70	0.70	0.70	0.69	0.725
伊朗	0.73	0.73	0.73	0.77	0.77	0.76	0.900
以色列	0.74	0.68	0.74	0.65	0.69	0.70	0.625
意大利	0.74	0.68	0.70	0.70	0.69	0.69	0.625
印度	0.73	0.67	0.58	0.75	0.47	0.50	0.425
印度尼西亚	0.73	0.68	0.73	0.78	0.76	0.75	0.875
英国	0.76	0.67	0.76	0.66	0.65	0.64	0.325
约旦	0.76	0.76	0.76	0.76	0.75	0.73	0.625
越南	0.52	0.63	0.68	0.76	0.72	0.69	0.775
赞比亚	0.71	0.60	0.75	0.77	0.75	0.76	0.675
智利	0.75	0.75	0.75	0.75	0.74	0.76	0.800

资料来源：德尔菲法。

王碧珺，中国社会科学院世界经济与政治研究所国际投资研究室主任、副研究员、经济学博士。研究领域：国际投资，在《世界经济》《世界经济与政治》《China & World Economy》等国内外核心期刊发表相关学术论文数十篇，撰写了《中国对外直接投资的理论、战略与政策》等专著。

周学智，中国社会科学院世界经济与政治研究所国际投资研究室助理研究员、商学博士。研究领域：国际投资、国际金融、全球及中国宏观经济等，在《世界经济》《国际金融研究》《国际经济评论》等国内外核心期刊发表了多篇学术论文。